金融危機管理の
成功と失敗

徳丸 浩
Hiroshi Tokumaru

日本評論社

はしがき

　本書は，著者が社会人大学院生として作成した博士学位論文「金融危機管理の国際比較分析によるプルーデンス政策の研究」（埼玉大学大学院経済科学研究科，2011年）を，最近の金融規制改革等をふまえ加筆したものである。

　上記論文で著者は，金融危機管理の理論的・制度的基礎，金融危機の発展段階および政策対応を整理した後，各国における金融危機管理をケースとして比較分析することにより，プルーデンス政策上の含意を導出しようと試みた。本書では，今次の世界金融危機を契機として欧米諸国を中心に進められてきた金融規制改革を織り込み，その他必要な補正を施した（これらの作業は，概ね2017年までに入手可能な情報に基づいて行った）。

　著者が金融危機管理を研究対象とした契機は，1990年代以降国際機関や中央銀行で金融危機管理を担当したことである。金融危機の現場で，利害関係の錯綜に悩まされつつ対応策を練り上げる中，多くの苦い，しかし貴重な教訓を得た。このような教訓が積み重なるにつれ，これを何らかの形でまとめたいという思いが募った。こうした中，2008年に埼玉大学大学院に社会人大学院生として入学し，上記論文で学位をいただくことができた。

　その後，2012年に立命館大学国際関係学部教授として赴任し，講義・研究を行ううち世界金融危機から10年が経過し，金融危機管理の体験を世に問いたいと改めて願うようになった。そうした折，日本評論社からお話をいただいたことが，本書の出版につながった。

　金融危機管理を含む金融監督の歴史は，成功よりも失敗に彩られている。資産バブル崩壊後のわが国における不良債権処理の曲折や，著者がIMF代表団の一員として参加したアジア通貨危機の初期対応の蹉跌を振り返ると，忸怩たる思いである。その意味で本書は，金融危機管理の現場で経験した失敗の告白である。ただ，本書にささやかでも意義があるとすれば，わが国と海外で金融危機管理を実際に担当した実務者による，現場経験をふまえた研

究であることと自負している。

　2018年4月　京都・立命館大学にて

徳丸　浩

謝　辞

　本書の作成に当たり，埼玉大学大学院経済科学研究科（伊藤修研究科長）においてご指導いただいた先生方に深謝申し上げる。さらに，学際的な立場から常に学問的刺激を与えてくださる立命館大学国際関係学部の先生方にお礼申し上げたい。本書はまた，著者の日本銀行，IMF，世界銀行，連邦準備制度理事会勤務時の同僚との議論に多くを負っている。

　しかし，本書における事実認識，解釈，結論，ありうる誤りはすべて著者個人に帰属し，著者が以前に所属した日本銀行，IMF，世界銀行，連邦準備制度理事会，その他いかなる組織，個人とも無関係である。

　日本評論社の高橋耕氏，永本潤氏には，出版企画から校正に至るまでお世話になった。記して感謝したい。

●目次

　　はしがき　*iii*
　　謝　辞　*v*

〈序　章〉　本書の主題・構成・要旨　……………………………………… 1
　　本書の主題と分析手法　*1*
　　本書の問題意識　*2*
　　本書の構成　*3*
　　本書の要旨　*4*

〈第1章〉　金融危機管理の理論的・制度的基礎　……………………… 7
　　第1節　金融危機管理に関連する基本的な概念　*7*
　　第2節　公的当局による金融危機管理の理論的根拠　*20*
　　第3節　各国における金融監督体制とその変遷　*26*
　　第4節　小括　*34*

〈第2章〉　中央銀行のプルーデンス政策と金融危機管理　………… 37
　　第1節　中央銀行のプルーデンス機能の費用・便益　*37*
　　第2節　中央銀行の金融危機管理　*43*
　　　　　1.情報生産手段
　　　　　2.相対手段
　　　　　3.市場取引手段
　　第3節　小括　*60*

〈第3章〉　金融危機の発展段階と政策対応　……………………………… 63
　　第1節　金融危機の進行とプルーデンス当局の対応　*63*
　　第2節　小括　*73*

〈第4章〉 1990年代における金融危機管理のケース分析 ················ 75
　　第1節　北欧銀行危機におけるスウェーデンの政策対応　77
　　　　　　1. 北欧銀行危機の様相
　　　　　　2. 北欧銀行危機への対応
　　　　　　3. スウェーデンによる危機対応の政策的教訓
　　第2節　アジア通貨危機下のインドネシアに対するIMFの政策対応　95
　　第3節　わが国における邦銀の不良債権処理　106
　　第4節　小括　117
　　付　論　資産管理会社に関する若干の国際比較　120

〈第5章〉 世界金融危機への政策対応と問題点 ························ 123
　　第1節　各国政府・中央銀行による政策対応　123
　　第2節　世界金融危機をめぐる政策対応,金融監督体制等の問題点　126
　　第3節　小括　136

〈第6章〉 金融規制改革の現状と展望 ······························· 139
　　第1節　金融規制改革の概要　139
　　第2節　英国における金融規制改革　144
　　第3節　EUにおける金融規制改革　150
　　第4節　米国における金融規制改革　159
　　第5節　小括　165

〈第7章〉 金融危機が提起したプルーデンス政策上の論点 ············ 171
　　第1節　1990年代の北欧,アジアにおける金融危機管理の政策的含意　171
　　第2節　世界金融危機が提起したプルーデンス政策の論点　173
　　第3節　マクロ・プルーデンス政策の導入　175
　　第4節　中央銀行の「最後の貸し手」機能の変容　185

第5節　世界金融危機が提起したその他の論点　*190*
第6節　小括　*202*

〈終　章〉　金融危機の再発は防止できるか……………………………**205**

参考文献　*211*
あとがき　*219*
索　引　*221*

〈序章〉
本書の主題・構成・要旨

本書の主題と分析手法

　本書の主題は，金融危機管理の国際比較分析によるプルーデンス政策上の含意の導出である。金融危機管理の理論的・制度的基礎，金融危機の発展段階と各局面における政策対応等を整理した後，各国における金融危機管理を比較ケース分析することにより，プルーデンス政策上の含意の導出を試みる。

　本書におけるケース分析は，金融危機管理の決定過程（政策問題の認定→政策アジェンダ〔政策課題・目標・施策の企画と施行工程〕の設定→政策手段の選択・執行）を中心的な視点とする。これは，プルーデンス政策実務の立場からは，こうした視点からの分析が有用であるためである。

　ケース分析の対象は，まず1990年代における金融危機管理のケースとして，スウェーデン（北欧銀行危機），インドネシア（アジア通貨危機），日本（資産バブル崩壊後の邦銀の不良債権問題）を取り上げる。これは，スウェーデンは金融危機管理のモデルとして国際的に高く評価されているのに対し，インドネシアと日本の初期対応は否定的評価が一般的であり，それぞれプルーデンス政策上の教訓が豊富であることによる。

次に，今次の世界金融危機をケースとして取り上げ，各国政府・中央銀行による政策対応を検証する。また，世界金融危機を契機として欧米諸国を中心に取り組まれてきた金融規制改革を考察する。

この間，近年の金融制度改革において，重要な論点の一つとなったのが中央銀行のプルーデンス政策である。本書では，中央銀行のプルーデンス政策を重点的に論ずる。

本書の問題意識

本書において著者は，金融危機管理の事例を自らの実務経験をふまえて比較ケース分析することにより，プルーデンス政策上の含意を導出しようと試みた。

著者は日本銀行において，資産バブル崩壊後の邦銀の不良債権処理を担当した。その後世界銀行勤務時には，アジア通貨危機下のインドネシアを担当し，国際通貨基金（IMF）代表団の一員として，金融システム安定化をめぐる同国当局との政策協議を行った。この時，IMF代表団に参加していたStefan Ingves 氏（Sveriges Riksbank〔スウェーデン中央銀行〕総裁）から，同氏が中核的な役割を果たした北欧銀行危機への対応を直接学ぶ機会を得た。世界金融危機については，日本銀行において欧米金融機関や各国当局の対応をつぶさにみてきた。本書におけるケース分析の対象として，スウェーデン，インドネシア，日本の金融危機，および世界金融危機を選択したのは，プルーデンス政策上の含意が豊富であることはもとより，著者の実務経験に基づく分析が可能であるためである。ただし，守秘義務のため開示できない事項があることを，あらかじめお断りしておきたい。

著者は，公権力を行使する行政庁の立場ではなく，中央銀行および国際機関の立場で金融危機管理に携わった。このため，本書における金融危機管理の考察は，金融危機管理事例の国際比較分析を縦糸とし，中央銀行によるプルーデンス政策の視点を横糸として行った。

本書は，実務の批判に耐えうる学術論文を目指した。もちろん，単なる事実の羅列ではなく，金融危機管理の理論的・制度的基礎をふまえ，演繹的・

実証的な観点から知見としての体系化を試みた心算である。そのため，先行研究を含めた理論・実証分析に拠りつつ，ケース分析を用いる中で，実務的・技術的な論点を多く取り上げた。政策実務の観点からみると，各国のプルーデンス当局がいかなる過程を経て金融危機に対応したかを，証跡を緻密に点検することにより跡づけるケース分析が，最も実り多い手法である。

金融危機管理の現場では，政策決定過程において顧慮すべき事項が質・量両面で多く，単純な前提で政策を決定することはできない。情勢判断に基づき政策問題と多くの顧慮すべき事項を認定し，政策アジェンダを設定し，比較考量等に基づき最適な（と思われる）政策手段を選択・執行する。意思決定を行う際には，合理的な（と思われる）判断を積み上げ，最良な（と思われる）結論を導いていく。本書では，こうした政策実務の視点を織り込みつつ，金融危機管理のケースから導出されるプルーデンス政策上の含意の体系化を目指した。

本書の構成

本書の構成は以下のとおりである。序章に続き，第1章「金融危機管理の理論的・制度的基礎」は，公的当局による金融危機管理の理論的背景，各国における金融監督体制など，本書全体の議論の基礎的論点を整理する。

第2章「中央銀行のプルーデンス政策と金融危機管理」は，中央銀行の金融危機管理手段など，中央銀行のプルーデンス政策と金融危機管理機能を敷衍する。

第3章「金融危機の発展段階と政策対応」は，金融危機の発展段階と各局面における政策対応を整理する。

第4章および第5章はケース分析である。第4章「1990年代における金融危機管理のケース分析」は，スウェーデン，インドネシア，日本における金融危機管理を分析する。第5章「世界金融危機への政策対応と問題点」では，サブプライム・ローン問題に端を発する今次の世界金融危機に対し，各国政府・中央銀行が行った政策対応を取り上げる。

第6章「金融規制改革の現状と展望」は，世界金融危機を契機として各国

で進められてきた金融規制改革を考察する。

　第7章「金融危機が提起したプルーデンス政策上の論点」は，各国における金融危機および危機管理の経験から得られるプルーデンス政策上の含意を検討する。

　終章は，第1章から第7章までの分析をふまえ，本書全体を総括する。

　なお，第1章から第7章までの最終節は小括とし，各章の要点を取りまとめた。

本書の要旨

　本書の要旨をあらかじめまとめると以下のとおりである。

　本書の主題は，金融危機管理の国際比較分析によるプルーデンス政策上の含意の導出である。金融危機管理の理論的・制度的基礎，金融危機の発展段階と政策対応等を整理した後，スウェーデン（北欧銀行危機），インドネシア（アジア通貨危機），日本（資産バブル崩壊後の邦銀の不良債権問題），および世界金融危機をケースとして，金融危機管理の決定過程（政策問題の認定→政策アジェンダの設定→政策手段の選択・執行）を中心的な視点として比較分析することにより，プルーデンス政策上の含意の導出を試みた。

　公的当局による金融危機管理の理論的背景としては，情報の非対称性と負の外部性による市場の失敗が挙げられる。世界金融危機においては，市場流動性の枯渇のため，中央銀行が信用リスクを取って流動性を供給するなど，公的当局が市場機能を広範に代替した。市場流動性の枯渇に伴う市場価格と公正価値の乖離など，市場機構の合理性・公正性が喪失した状況下では，市場は金融システムの安定に対する桎梏となりうる。この場合，時価による資産評価を一時的に停止する措置は合理的である。

　金融危機は，個別的な金融リスクの増嵩→金融機関の財務・経営内容の悪化→金融機関の破綻→システミック・リスクの顕現化→金融規制・制度改革という局面をたどって展開する。各局面において，プルーデンス当局は，政策問題を認定し，政策アジェンダを設定し，最適と思われる政策手段を選択・執行する。世界金融危機においては，危機の展開速度が速まった。これ

は，金融取引の複雑化を背景に，情報の非対称性に起因する市場参加者の行動が誘引されたことや，市場に内在するリスクが同質・同方向化したことなどによるものである。

本書において分析の対象としたケースのうち，スウェーデンは金融危機管理のモデルとして，インドネシア，日本は否定的な事例として，各々プルーデンス政策上重要な含意が得られる。こうした政策的含意としては，①政策問題の的確な認定に基づく政策アジェンダの合理的な設定，②政策目標と政策手段の整合的な割当，③情報の非対称性を低減する適時開示による透明性の確保，④経済合理性の高い危機管理機構の設計（動機整合的で，処理対象企業のコア・コンピタンスを極大化させる資産管理会社の運営等）が挙げられる。さらに，非金融法人の財務内容がシステミック・リスク要因となりうること，経済の発展段階に適合しない金融規制は金融機関に歪んだ動機を与えることなども，プルーデンス政策上留意すべき教訓である。

世界金融危機における各国プルーデンス当局の対応については，公的資金を用いた金融機関の資本再構築が迅速に実施されたことや，通貨スワップを用いた外貨資金供給など中央銀行が国際的に連携したことなどは，システミック・リスクが顕現化した段階での対応として評価に値する。また，市場操作の対象先・期間・額の拡充（量的緩和），適格資産・担保要件の緩和（質的緩和）など，各国中央銀行による流動性支援は，リスク・プレミアムの縮小など市場心理を好転させた。

この反面，政策問題の認定（金融危機の初期段階におけるプルーデンス当局のシステミック・リスク認識が不十分であったこと）や，問題金融機関の破綻処理方策の選択をめぐる当局と市場の認識の乖離などの面で問題がみられた。金融監督体制の面では，市場・業態横断的な視点から金融システム全体のシステミック・リスクを監視する枠組みが不十分であった。

世界金融危機を契機として欧米諸国を中心に進められてきた金融規制改革は，①マクロ・プルーデンス政策の導入をはじめ公的なシステミック・リスク管理体制の強化，②中央銀行のプルーデンス機能の拡充，③自己資本，流動性など金融機関の財務耐性の向上，④金融監督の国際的な連携強化，⑤規制客体の拡大，⑥Too Big To Failの排除と公的資金負担の極少化を目指し

た破綻処理制度の整備などを中心に進められている。このうちマクロ・プルーデンス政策は，金融政策の副作用を抑制し，金融政策の自由度を高めつつ，金融システムを安定化させる効果が理論的には期待できるものの，その的確な運営は各国プルーデンス当局の今後の課題である。

　注目されるのは，中央銀行である Bank of England（BoE）にミクロ・マクロ両面にわたるプルーデンス機能を移管した英国における金融規制改革である。これは，金融政策とプルーデンス政策の互恵作用，中央銀行の金融市場に対する知見，変容した「最後の貸し手」機能の的確な行使などを顧慮した措置である。今後 BoE は，物価・金融システムという2次元の座標軸の中で，ミクロ・マクロ両面にわたるプルーデンス政策と金融政策を運営することとなる。これは，中央銀行にとって政策実務的にも歴史的にも重大な挑戦であるといえよう。

　世界は，20世紀までに多くの金融危機を経験し多くの教訓を得ながら，21世紀に至っても金融危機から解放されることはなかった。世界金融危機が収束した今，われわれは今度こそ安定した金融システムを構築できるであろうか。

〈第1章〉
金融危機管理の理論的・制度的基礎

　本章は，本書全体の議論の基となる金融危機管理の理論的・制度的基礎を整理する。第1節は金融危機管理に関連する基本的な概念を，第2節は公的当局による金融危機管理の理論的根拠を，第3節は各国における金融監督体制を取り上げる。第4節は本章の主な論点をまとめる。

第1節　金融危機管理に関連する基本的な概念

　本節は，金融危機管理を論ずる基礎となる，金融システム，システミック・リスク，プルーデンス政策など，基本的な概念を整理する。

［金融システム］
　金融システムは，金融機関，市場，金融商品・サービス，情報処理ハード・ソフトウェア，取引慣行，規制・監督等の要素から構成される，金融取引を円滑に行うための複合的なインフラストラクチャーの総称である。
　金融システムの構成要素は多様であり，いくつかの視点から整理できる。すなわち，金融システムは，①組織的にみると，プルーデンス当局（金融規制・監督当局〔行政当局〕，中央銀行，預金保険機構など），市中金融機関（預金金融機関，投資銀行，保険会社など），預金者，投資家などから構成され，②

機能的な観点からみると，短期金融市場，資本市場，外国為替市場などから構成され，③規範的な観点からみると，法令・規則，規制・監督，会計・税制，金融取引慣行などから構成され，④業務の観点からみると，金融商品・サービス，情報処理ハード・ソフトウェアなどから構成される。

金融システムのあり方は，金融部門はもとより，生産・所得・貯蓄などの実体経済，情報処理技術，企業・家計の行動様式，海外部門との取引などを説明変数として決定される。したがって，これらの説明変数が国ごとに異なるに伴い，また歴史的に変化するに伴い，金融システムのあり方も変化する。

金融システムの重要な特性は，公共財に類した性格を有することである。これは，金融商品・サービスは主に営利企業である金融機関によって供給され，排除不能性はないものの，①金融システムは，金融機関の信用に基づき公衆から資金を吸収する受信業務を行う場であり，社会的な観点からの保護が求められること，②金融システムは，資金余剰主体から資金不足主体への資金仲介，経済主体相互間のリスクの移転・配分，資金・証券決済など，国民経済の基盤としての機能を果たすこと，また，③金融政策は主に金融市場を通じ，金融機関の行動に働きかけることを通じて波及するため，金融システムが円滑に機能することが金融政策の前提条件であることなどによる。

金融機関・市場が支障なく機能し，家計・企業による預送金，信用の供与・回収，資金・有価証券決済等の金融取引が円滑に処理されていれば，金融システムは安定的である。換言すれば，金融システムの安定性は，個別金融機関の安全性・健全性，金融市場・取引の円滑な運営，情報処理システムの安定的な稼動等が前提であり，政府や中央銀行はこれらに重大な関心を有する。

［システミック・リスク］

システミック・リスクとは，個別金融機関の債務不履行，決済における事故，また市場における資産価格や流動性の低下が，金融機関相互間の債権・債務関係を通じて，または市況の変動そのものを通じて，他の金融機関に波及し，金融システムを不安定化させるリスクである。こうしたシステミック・リスクが顕現化し，金融機能が著しく低下し，実体経済に重大な影響を

及ぼす事態が，金融危機である[1]。

　経営内容が悪化した銀行の破綻や，情報処理システム障害による債務不履行が，金融機関相互の債権・債務の連鎖を通じて他の金融機関に波及するというのが，古典的なシステミック・リスクの顕現化である。銀行に代表される預金金融機関は，短期の資金調達である預金を元手に，長期の資金運用である貸出を行うため，預金取り付け等に伴う資金流動性の低下に対して脆弱な資産負債構造を有する。こうした銀行が資金決済の担い手として相互にリンクしているため，一つの銀行の破綻が連鎖的に波及する危険性がある，というのがシステミック・リスクに対する伝統的な認識であった。

　これに対し，システミック・リスクの今日的なあり方をみると，世界金融危機の際には，市場流動性の急速な枯渇，それによる市場金利およびその変動の急上昇，金融機関によるリスク・テイキングの消極化など，金融市場に強いストレスがかかり，金融システムが急速に不安定化した（図表1-1，1-2，1-3）[2][3]。この背景としては，① Value at Risk を用いたリスクの計量化が普及したことを背景に，金融機関のリスク管理手法が均一化し，市況の変化に対する反応が同質化したこと，また②金融機関が取る個別リスクの相関が高まり，金融システムに内在するリスクが同質・同方向的となったこと，③証券化商品に代表される複雑な構造の金融取引の増加を背景に，取引先が保有するリスクの量・内容が把握し難くなり，情報の非対称性に起因するカウンターパーティ・リスク認識が高まったことなどにより，システミック・リスクが顕現化する速度が速まったと指摘されている（西口，2010等）[4][5]。

---

1) 複数の金融機関が破綻しても，それが他の金融機関に波及せず，金融取引が問題なく行われれば，金融市場は正常に機能している。この場合は金融システムが不安定化したとはいえない。
2) 市場流動性の低下ないし枯渇とは，リスク認識の高まりなどのため市場参加者が取引を忌避し，このため市場での売買が極端に減少し取引が成立しないとか，通常よりも著しく不利な価格での取引を余儀なくされる事象である。
3) 白川（2008）は，こうしたシステミック・リスクを「市場型システミック・リスク」と呼称し，「資産価格の急激な変動に伴い，特定ないし複数の金融市場における流動性が急激に低下し，その結果，決済不能と金融機関破綻の連鎖が引き起こされる」と説明している。

図表1-1　世界金融危機における市況のボラティリティ

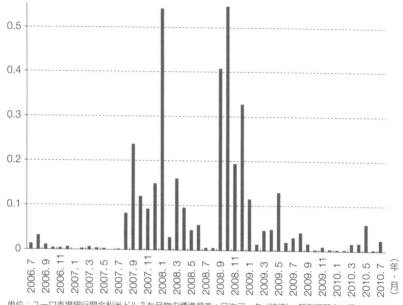

単位：ユーロ市場銀行間金利米ドル３か月物の標準偏差；日次データ（終値），観測期間１か月
出所：Bloomberg

　また，世界金融危機においては，リスクが波及する態様として，市場価格の変動を通じた波及，ないし市場型取り付けというべき事象が観察された。すなわち，手許流動性が低下した金融機関が資金調達のため金融資産の投げ

4）Value at Risk（VaR）は，保有期間中に一定の確率で発生しうる最大損失額を統計的に表した指標で，算式はVaR＝資産保有額×ボラティリティ×保有期間×信頼区間である。過去の一定期間（観測期間）において観察された資産価格の変動性（ボラティリティ）に基づき，今後特定の期間中（保有期間）に，一定の確率の範囲内（信頼水準）において，市場が不利に動いた場合に予想される損失額を，リスク量として認識する。ボラティリティは，どの程度価格が変動する可能性があるかを標準偏差で表したもので，過去の市場データから計測する。VaRは，先進的なリスク管理手法として，1990年代から欧米や日本の金融機関に普及した。

5）証券化とは，不動産，住宅ローンなどの原資産を複数プールし，原資産の生み出すキャッシュフロー（賃料，利子等）を裏づけとした有価証券を発行し，市場で流通させる仕組みである。なお，情報の非対称性については20～22頁，カウンターパーティ・リスクについては本章の脚注26を参照。

図表 1-2　世界金融危機における市場のリスク回避姿勢の高まり

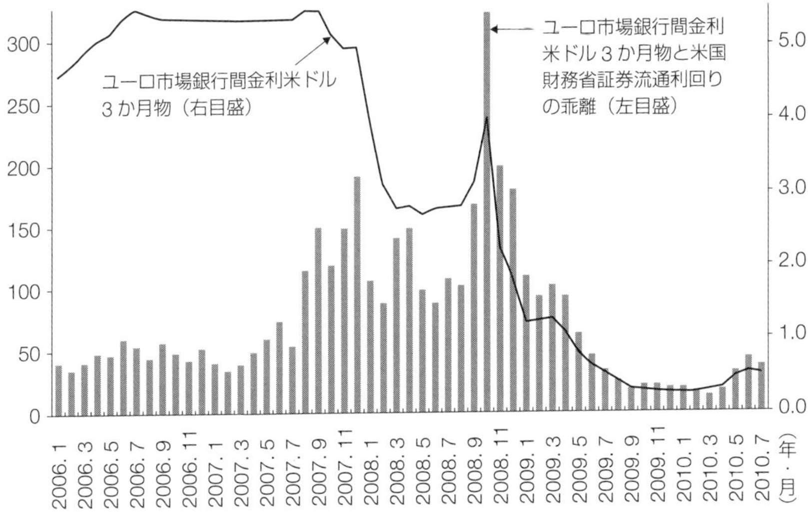

300
250
200
150
100
50
0
5.0
4.0
3.0
2.0
1.0
0.0
ユーロ市場銀行間金利米ドル
3か月物（右目盛）
ユーロ市場銀行間金利
米ドル３か月物と米国
財務省証券流通利回り
の乖離（左目盛）
2006. 1
2006. 3
2006. 5
2006. 7
2006. 9
2006. 11
2007. 1
2007. 3
2007. 5
2007. 7
2007. 9
2007. 11
2008. 1
2008. 3
2008. 5
2008. 7
2008. 9
2008. 11
2009. 1
2009. 3
2009. 5
2009. 7
2009. 9
2009. 11
2010. 1
2010. 3
2010. 5
2010. 7
（年・月）

参考：銀行間貸借はリスク資産，財務省証券は安全資産を代理すると想定。
単位：ベーシス・ポイント（＝0.01%，左目盛），％（右目盛）
出所：IMF, *International Financial Statistics*

売りを行い，このため当該金融資産の市場価格が下落し，これが同じ資産を有する他の金融機関の資金調達余力を低下させ，さらなる投げ売りにつながるという事象である[6]。このように，世界金融危機においては，直接的な取引関係や決済の連鎖がなくとも，市場価格の変動を通じてシステミック・リスクが顕現化しうることが認識された。

［金融システム上重要な金融機関］

金融システム上重要な金融機関（Systemically Important Financial Institutions；SIFIs）とは，その破綻が金融システム全体を不安定化させ，家計・企業部門に重大な影響を与えるなど，金融システムや実体経済に重大な波及

6）債券取引の例でみると，①債券の価格が下落→②差し入れた担保価値が下落→③担保価値下落分の資金を新たに手当てする必要が発生→④資金調達のため手持ちの債券を売却→⑤債券の価格が下落，という過程が観察された。

図表1-3 世界金融危機における「逆ジャパン・プレミアム」*1

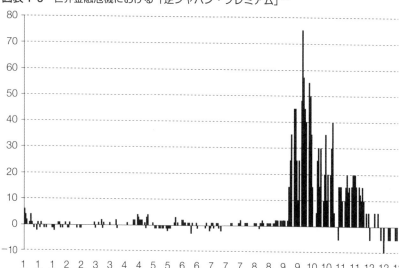

*1：ユーロドル・銀行間市場におけるバークレイズ銀行と三菱東京UFJ銀行の調達金利の乖離幅（2008年）。
単位：ベーシス・ポイント（＝0.01％）
出所：Bloomberg

効果を及ぼしうる銀行，証券会社等である[7]。金融システム上の重要性は，資産・取引規模，取引の相互連関性，代替可能性，国際的活動，業務の複雑性などの観点から，資産，対金融機関与信・債務，対外与信・債務，決済等を指標として判断される[8]。金融システム上重要な金融機関は，その破綻が金融システムの安定性に対する重大な脅威となるため，自己資本比率規制上の自己資本の上乗せをはじめ，他の金融機関より高い健全性が求められる（詳細は第6章）。ただ，実際に金融システムの安定性に対する脅威となる金

---

7) SIFIsのうち，グローバルな金融システム上重要な銀行はGlobal Systematically Important Banks（G-SIBs）とされ，Financial Stability Board（FSB，主要25か国・地域の金融監督当局，国際機関等が参加する金融安定理事会）がJPモルガン・チェース（米国），HSBC（英国），ドイツ銀行（独）等30の銀行をG-SIBsに指定している。また，国内経済に多大な影響を及ぼしうる銀行はDomestic Systemically Important Banks（D-SIBs）とされ，わが国では金融庁が7社の金融機関をD-SIBsに指定している。

図表1-4　金融システム上の重要性・脅威のスパイラル

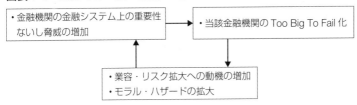

出所：著者作成

融機関は，SIFIsと指定される金融機関には限られず，また金融システムの状況によっても左右されることに留意する必要がある[9]。

SIFIsは，換言すれば，"Too Big To Fail"（業容が大き過ぎて破綻させられない）ないし"Too Connected To Fail"（他の金融機関等との取引の連関性が強過ぎて破綻させられない）の対象となりうる金融機関である。すなわち，ある金融機関が資産規模や他の金融機関との取引の連関性を増大させると，その破綻が金融システム全体に重大な影響を及ぼす（システミック・リスクを顕現化させる）までに至りうる。こうした金融機関は，当局が破綻を容認できないという問題を生じさせる。これは，当局による暗黙の保証を通じた補助金効果を当該金融機関に与え，資金調達費用の低下など他の金融機関との競争条件を有利化し，業容拡大やリスク・テイキングの前傾化など金融システムに対する潜在的な脅威度を一段と高め，負の外部性をさらに拡大する誘因となる（図表1-4）[10]。

---

8) G-SIBsを選定する場合，①資産・取引規模が大きい，②取引が他の金融機関と相互に高く連関している，③他の金融機関による代替が難しい，④国際的活動が活発である，⑤業務が複雑であるという五つの判断基準を，①資産・取引残高，②金融機関等向け与信等残高，③金融機関等に対する債務等残高，④発行済有価証券残高，⑤信託財産等残高，⑥店頭派生商品取引等残高，⑦売買目的有価証券残高，⑧公正価値評価された資産残高，⑨対外与信残高，⑩対外債務残高，⑪決済システムによる決済の年額，⑫債券・株式引受の年額という12の指標を点数化した結果により選定される。

9) 例えば，1990年代後半のわが国における金融危機の発端は，1997年11月の三洋証券に対する会社更生法の資産保全命令に伴う金融市場における債務不履行であった。当時，三洋証券は準大手と呼ばれた証券会社であり，資産・取引規模の点からみると必ずしも金融システム上重要とは考えられていなかった。

[プルーデンス政策]

　プルーデンス政策とは，規制，監督，検査，モニタリング，流動性供給，預金保険，破綻処理等の政策手段を用い，金融システムを安定化させる政策である（広義には，コンプライアンスを通じた投資家保護を目的とする行為規制を含めることがある）[11)12)]。金融危機管理は，プルーデンス政策の一環である。プルーデンス政策の担い手であるプルーデンス当局には，金融監督当局（わが国の金融庁など，法律に基づいて金融規制・監督を行う行政官署），中央銀行，預金保険機構などが含まれる。金融危機管理には，財政当局，資産管理会社も状況に応じ政策主体として参加する。

　プルーデンス政策は，事前・事後の観点からみると，①金融機関の通常の経営活動に関して一定の制約を加える方法（事前的手段）と，②金融機関が経営上の危機に陥った場合に，その事後的な処理の過程に公的当局が介入する方法（事後的手段）の二つに分類することができる。

　事前的手段は，ⓐ金融機関活動を直接制限する競争制限的規制，ⓑ金融機関の健全性指標を通じて間接的に制限する非競争制限的規制（健全経営規制），ⓒ当局による検査・モニタリング，是正措置に分類できる（図表1-5）。事前的手段のうち，競争制限的規制は，金融市場の効率的な資源配分機能を妨げるなど市場機能を歪める可能性があることから，撤廃していくことが望ましいと考えられてきた。しかし，世界金融危機後の金融制度改革では，競争制限的な規制を復活させようとする動きがみられる（詳細は第6章）。

---

10) ある金融機関が，その破綻を防止するため当局が支援すると期待された場合，当該金融機関の信用度は高まる。このため，リスク・プレミアム（高リスクの対価として投資家が要求する上乗せ収益で，リスク性資産の金利（期待収益率）と無リスク資産の金利の差として算定される）が縮小し資金調達費用が低下するなどの効果が考えられる。

11) 規制（regulation）と監督（supervision）は，区別せず用いられることもあるが，厳密には異なる概念である。規制は法令・規則など金融機関行動の規範となるルールの制定・施行や，法令・規則に基づく処分などが主な内容である。監督はより広い概念であり，法令・規則のほか，検査・モニタリング，金融機関に対する是正指導などが含まれる。

12) 流動性供給は，中央銀行が貸出等により金融機関に当座預金等を供与することである。

図表 1-5　事前・事後の観点からみたプルーデンス政策の枠組み

事前的手段	・競争制限的規制 　—金利規制，参入規制，業務分野規制，店舗規制など
	・非競争制限的規制 　—諸比率規制（自己資本比率規制，流動性比率規制，大口融資規制，外国為替持高規制など） 　—早期是正措置（自己資本比率を単一の判断指標として銀行の健全性を早期に区分評価し，過小資本の銀行に速やかな経営改善を求める）
	・金融機関の検査・モニタリング（経営内容やリスク管理を点検する） ・金融機関に対する是正指導・処分（業務改善命令，業務停止命令など）
事後的手段	・中央銀行による流動性供給（貸出，公開市場操作などによる） ・預金保険制度（金融機関が預金保険料を預金保険機関に支払って基金を設け，金融機関の破綻処理と預金保護の原資として用いる） ・破綻処理制度（破綻または破綻懸念金融機関の資本再構築，合併支援，国有化，清算など）

出所：著者作成

　事後的手段は，個別金融機関の経営破綻が金融システム全体に波及することを防止し，預金者・市場参加者の金融システム全体への信認を維持する公的なセーフティ・ネットとして不可欠である。しかし，事後的手段は民間金融機関の経営破綻を預金保険など公的なセーフティ・ネットに負担させる性格を有するため，モラル・ハザードを招くという問題がある[13]。

　プルーデンス政策のうち，規制・監督は，健全性規制（監督）と行為規制に区分できる。健全性規制と行為規制は，その目的を異にし，また手法も異なる（図表1-6）[14]。行為規制は法規・規制遵守の点検が中心であり摘発的な性格を有する一方，健全性規制は規制に従った指導・処分を通じリスク管理をはじめ金融機関経営の健全化を促す。こうした健全性規制と行為規制をどの組織がどのように担うべきかという問題は，各国における長年の政策課題である（本章第3節を参照）。

---

13) ここでモラル・ハザードとは，預金保険など公的なセーフティ・ネットが整備されることにより，経営健全化の動機が弱まるなど，金融機関の行動を歪める作用を指す。
14) 行為規制当局は警察官に，健全性規制当局は医師にしばしば喩えられる。

図表1-6　健全性規制と行為規制の目標・手段

	健全性規制	行為規制
中間目標	・金融機関の健全性の保持	・金融機関による法令・規制の遵守
最終目標	・金融システムの安定	・投資家の保護
主な政策手段	・法令・規則，免許・許認可 ・検査，モニタリング ・是正指導，行政処分	
	・セーフティ・ネット（預金保険，破綻処理制度等）	・投資家に対する情報開示

出所：著者作成

[ミクロ・プルーデンス，マクロ・プルーデンス]

　プルーデンス政策は，個々の金融機関の健全性を指向するミクロ・プルーデンスと，金融システム全体のシステミック・リスク管理を指向するマクロ・プルーデンスに区分される（図表1-7）。ミクロ・プルーデンスとマクロ・プルーデンスは，手法や中間目標は異なるが，金融システムの安定化を最終目的とする点は共通である。

　ミクロ・プルーデンスは，個々の金融機関が経営の健全性を維持するよう指導・監督を行うことにより，金融システムを安定させようとする。これは，金融システムを構成する個々の金融機関が健全であれば，金融システム全体も安定化するという考え方に基づく。

　一方，マクロ・プルーデンスは，金融システム自体に着目し，内在するシステミック・リスクを時系列的また市場横断的な観点から定量的・定性的に分析し，政策対応を行うことにより，金融システムを安定させようとする。これは，個々の金融機関が合理的な経営・リスク管理を行ったとしても，金融機関の同調的行動などによるシステミック・リスクの顕現化は排除できないという考え方に基づく。また，金融自由化や技術革新による金融取引の増加・複雑化に伴い，個々の金融機関を監視するだけでは金融システムの安定性を維持できないという認識が，マクロ・プルーデンスの背景に存在する。

　マクロ・プルーデンスの概念そのものは新しくなく，中南米等途上国向け融資の拡大に伴う銀行の経営悪化を背景に，1970年代後半から用いられてきた。その後，1980年代以降に進んだ金融技術革新や国際資本移動などを背景

図表1-7 マクロ・プルーデンスとミクロ・プルーデンスの枠組み

	マクロ・プルーデンス	ミクロ・プルーデンス
最終目標	・金融システムの安定性	・金融システムの安定性 ・消費者・投資家の保護
中間目標	・金融システムに内在するシステミック・リスクの制御	・個別金融機関の安全性・健全性の保持育成(健全性規制) ・個別金融機関による法令・規則の遵守(行為規制)
基本原理	・個々の金融機関が健全であっても,金融機関の同調的行動,金融取引の高速・複雑化,リスクの偏在等のため,金融システムの安定性は保証されない	・金融システムを構成する個々の個別金融機関の安全性・健全性が維持できれば,金融システムは安定する
注意を要する金融機関	・金融システム上重要な金融機関	・資産内容[*1]や経営に問題がある金融機関
システミック・リスクの認識	・金融・経済データや市場情報を定性的・定量的に分析して認識する	・個々の金融機関のリスク関連データや定性的情報を積上げて認識する
手法	・データや情報の分析により,システミック・リスクを評価する ―与信/GDP比率等の指標を分析してシステミック・リスクを時系列的に監視する ―特定分野への与信集中,リスク内容の同一化傾向等を市場横断的に監視する ・可変的自己資本比率等の政策手段を動員しシステミック・リスクの顕在化を抑制する	・検査・モニタリングにより,金融機関の経営を,資産内容,自己資本,流動性,収益性,リスク・経営管理などの観点から点検し,問題があれば指導・処分により是正させる ・金融機関の法令・規則の遵守状況を点検し,指導・行政処分により是正させる

[*1]: 資産内容とは回収可能性,収益性など資産の健全性である(本章脚注44を参照)。
出所:翁(2009);淵田(2010);宮内(2015);小立(2017)等を基に著者作成

に,国際機関や各国当局の間でマクロ・プルーデンスの必要性が議論されたものの,実践的な政策として導入されるには至らなかった。

今次の世界金融危機以後,プルーデンス当局が金融システム全体に内在するシステミック・リスクを十分に監視・監督できなかったことが危機の一因であるとの反省をふまえ,マクロ・プルーデンスを政策として導入すべきであるとの主張が強まった(Blanchard, 2010)。世界金融危機後の金融規制改革で,英国等各国が実践的な政策としてのマクロ・プルーデンスを導入したことが新たな動きである。

図表1-8 国際統一基準による銀行自己資本の構成

区分		主な内容
Tier1	普通株式等 Tier1 [*1]	普通株（およびその新株予約権），内部留保，その他包括利益（有価証券評価差額金等）
	その他 Tier1	優先株，その他高い損失吸収力を有する資本性商品
Tier2		劣後債，劣後ローン，一般貸倒引当金

[*1]：自己資本の質を強化するため，のれん等の無形資産，繰延税金資産，他の金融機関の資本保有等は，原則として普通株式等 Tier1 から控除される。
出所：佐原（2017）等により筆者作成

[自己資本比率規制]

銀行の自己資本比率規制は，Basle Committee on Banking Supervision（BCBS，バーゼル銀行監督委員会）が国際統一基準を制定し，銀行経営の健全性を示す最も重要な指標として，各国で施行されている[15)16)]。

国際統一基準による銀行の自己資本比率は，分子を Tier1, Tier2 等に区分した自己資本とする（図表1-8）。分母はリスク資産として算出される額（貸出等の各資産残高に各々のリスク・ウェイト〔掛目〕を乗じて得た額〔信用リスク〕，資産の市場変動リスク相当額〔市場リスク〕，各種の事務リスク相当額〔オペレーショナル・リスク〕の和）である[17)18)]。

---

15) 自己資本比率規制の目的は，当期損失が発生しても自己資本で吸収し，債務超過（資産価額が預金等の負債価額を下回る）に陥らないよう，銀行に一定の自己資本を保有させる。
16) バーゼル銀行監督委員会は，銀行に関する国際金融規制を協議する場として，G10（主要10か国）中央銀行総裁会議により1974年に創設された。27か国・地域の金融監督当局および中央銀行により構成され，国際決済銀行（BIS）に事務局が設けられている。
17) 信用リスクは企業など貸出先の債務不履行により損失を受けるリスク，市場リスクは金利・為替等の変動により保有する資産価格が下落し損失を受けるリスク，オペレーショナル・リスクは事務事故，システム障害，職員の不正等により損失を受けるリスクである。
18) 信用リスクを算定する標準的手法で用いられるリスク・ウェイト（掛目）は，債務者の信用度に応じて定められている。例えば，政府・中央銀行向け債権は外部格付に応じて0～150%（自国通貨建ての自国国債は0%に設定することができる），事業法人向け債権は外部格付に応じて20～150%，中小企業・個人向け債権は75%と定められている。

図表 1-9 バーゼルⅢにおける自己資本政策の主な見直し

項目	主な内容
所要自己資本の引き上げ	普通株式等Tier1を4.5％以上に設定する Tier1比率を6％以上に設定する
自己資本バッファーの導入[21]	資本保全バッファー 金融システム上重要な銀行に対する追加バッファー カウンターシクリカル資本バッファー[22]
レバレッジ比率の導入	国際統一基準による自己資本比率の補完として、Tier1資本の対エクスポージャー比率を3％以上に設定する[23]
自己資本控除の強化	経営悪化時に価値が見込めない等の控除項目を追加・拡大する（資本嵩上目的の持合出資を全額控除等）

出所：佐原（2017）等により筆者作成

　銀行に対する自己資本比率規制の推移をみると、最初の国際統一基準（バーゼルⅠと呼称される）は、中南米の債務危機を契機に、金融システムを安定させつつ、国際業務を行う銀行の競争環境を公平化することを目的として、1988年に制定された。バーゼルⅠにより、銀行の自己資本比率の算定方法や基準値（8％以上）が定められた[19]。

　その後、2004年に合意されたバーゼルⅡは、①最低所要自己資本算定の見直し（銀行が抱えるリスク計測〔自己資本比率を算出する際の分母〕の精緻化）、②銀行による所要自己資本額の検討とプルーデンス当局による検証（銀行がリスク認識に見合った自己資本額を算定し、その妥当性を当局が検証する）、③市場規律の活用を三つの柱として改定された。

　今次の世界金融危機後に合意されたバーゼルⅢでは、金融機関の財務的な耐久力を強め、金融システムの安定性を高めるため、自己資本比率規制が厳格化されたほか、レバレッジ比率等が新たに導入された（図表1-9）[20]。

---

19) 1988年のバーゼルⅠで合意された自己資本比率の算定方法は、分子の自己資本をTier1（普通株式、内部留保等）とTier2（劣後債、有価証券評価益〔45％相当額〕等の一定限度額）の合計額とし、分母の資産を信用リスク資産額（貸出、保有有価証券等の残高に、与信先区分に応じたリスク・ウェイト〔掛目〕を乗じた合計額）として算出された。その後1996年、市場業務の増加に伴うリスクに対応するためバーゼルⅠを改定し、自己資本比率の分母であるリスク資産に市場リスク相当額を加えた。

第2節　公的当局による金融危機管理の理論的根拠

　金融危機は，市場機能のみによっては対処できず，金融監督当局，中央銀行をはじめとするプルーデンス当局による公的管理が必要となる。この理論的根拠としては，市場の失敗，すなわち情報の非対称性と負の外部性が挙げられる（小田・清水，1999等）。

　［情報の非対称性］
　まず，情報の非対称性についてみると，金融機関の財務・経営内容に関する，経営者等の内部者と，取引先や預金者等の外部者との間に存在する情報の質的・量的な差は，法定開示，適時開示などの情報開示（ディスクロージャー）によっても完全に解消されることはない[24]。金融機関の内部者は，自社の経営見通し，リスク・テイキング方針，事務事故などの不祥事をはじめ

---

20) バーゼルⅢでは，世界金融危機時に問題となった流動性リスク（市場取引の減少や予期しない資金流出等により，銀行が預金払戻等の取引の履行に必要な資金確保が困難となるとか，通常より高い金利での調達を余儀なくされるリスク）に対応するため，Liquidity Coverage Ratio（LCR，流動性カバレッジ比率）や Net Stable Funding Ratio（NSFR，安定調達比率）などの流動性規制比率も導入された（各比率の内容は，第6章の脚注11を参照）。
21) 資本保全バッファーは，将来の財務的ストレス（市況変動による財務内容の悪化など）に備え普通株式 Tier1で2.5%を積み立てる。金融システム上重要な銀行に対する追加バッファーは，銀行の重要度に応じ一定率を上乗せする。カウンターシクリカル資本バッファーは，プロシクリカリティ（景気循環増幅効果）を抑制するため，景況や信用供与の状況に応じ0〜2.5%の範囲で調整する（景気過熱時に引き上げ，不況期に引き下げる）。
22) プロシクリカリティ（景気循環増幅効果）とは，好況時には銀行収益が改善し自己資本が増加する結果，銀行は一定の自己資本比率の下で信用供与を拡大させる余地が生じるため，景気過熱を一層加速する。一方，不況時には銀行の資産内容の悪化により自己資本が減少し，銀行は自己資本比率を維持するため信用供与を縮小する結果，景気悪化を一層加速する。カウンターシクリカル資本バッファーの目的は，こうしたプロシクリカリティの抑制である。
23) エクスポージャーとは一般に，信用リスクや市場リスクなどのリスクにさらされている保有資産の総額を意味する。レバレッジ比率の分母としてのエクスポージャーは，貸出等の貸借対照表額，デリバティブ取引等のリスク相当額の単純合計額である。

とする私的情報を保有している。こうした私的情報は，情報開示や取引先との交渉の過程でも明らかにされない。

　また，法定開示や適時開示の内容は，ある時点における財務・経営内容の描写に過ぎない。金融派生商品，情報システムの進化により，金融機関はリスクや財務内容を短期間で変化させることが可能となっている。このような金融機関が内包するリスクの実態，財務・経営内容を，外部者が常時認識することはほぼ不可能である。

　預金者は，預金の安全性に重大な関心を有し，金融機関の債権者として金融機関の健全性を維持・改善する動機を有する。金融機関は法定開示等により経営情報を公開しているため，預金者は開示情報を入手できる。しかし，預金者が金融機関の経営情報を自ら分析し，経営を監視し，是正を働きかけることは実際にはほぼ不可能である[25]。ことに，家計をはじめとする通常の小口預金者は，情報生産費用が大きいため，金融機関の財務・経営内容について十分な情報をもたない。このため，預け先金融機関の健全性に関して疑義が生じた場合，預金者にとって合理的な行動は，金融機関の財務を分析することではなく，速やかに預金を引き出し現金として手許に置くことである。

　情報の非対称性に基づく行動は，ホールセール取引においても生ずる。例えば，銀行間取引において，取引先の信用度に疑義が生じた場合，カウンターパーティ・リスク分析によって取引の継続の適否を判断するより，取引を即座に停止する方が合理的な場合がありうる[26]。こうした取引の忌避が民間金融機関の間に広汎化すると，市場流動性が急激に低下し，中央銀行がカウンターパーティ・リスクを肩代りすることによって市場機能を代替せざる

---

24) わが国のディスクロージャーを例にとると，金融機関を含む企業は，法定開示（企業が会社法，金融商品取引法等の規定に拠って行う，有価証券報告書，四半期報告書などの開示），適時開示（上場企業が証券取引所規則の規定に拠って行う決算短信などの開示），任意開示（投資家等を対象とした企業内容の説明）により，財務・経営情報を公開している。
25) こうした機能は，公的当局が預金者の代表として担う方が経済全体として効率的である。公的当局が預金者の代表として金融機関を監視するという考え方が，代表者仮説である。

をえなくなる[27]。このように，個々の預金者や金融機関が合理的な行動をとるにもかかわらず，金融システムが不安定化し，市場機能のみによっては安定化が期待できない場合，プルーデンス当局による介入が正当化される。

　また，金融危機が顕現化している中で金融機関の破綻処理を行う場合，民間資金を十分に動員することは難しく，財政や預金保険基金など公的資金を中心とした資本再構築や合併支援に依存せざるをえない。これは，金融システムが不安定化し，信認が低下すると，市場参加者の間で情報の非対称性が強く意識され，カウンターパーティ・リスク認識が高まるためである。金融システムが安定的である時は，金融機関は新株や劣後債発行により民間のリスク・マネーを調達し，自己資本を拡充させることが可能である。しかし，金融危機下においては，市場参加者のカウンターパーティ・リスク認識が極度に高まるため，公的当局以外にリスクを取る主体はみられなくなる。この結果，公的資金をリスク・マネーとして供給し，破綻した金融機関の自己資本を再構築するなど，公的当局が主導して金融機関の破綻処理を行うことが不可避となる[28]。

---

26) カウンターパーティ・リスクとは，もともとは店頭デリバティブ取引（取引所を介さず，相対で行うスワップ等の金融派生商品取引）等において，取引相手（カウンターパーティ）との間の店頭デリバティブ取引が正の価値を有する場合，当該取引先が破綻した場合に正の価値の金額を取り損なうリスクと定義されていた。最近では，取引相手の破綻や事務事故等により，契約どおりの支払が受けられなくなるリスクを意味する。その内容は，信用リスク，市場リスク，オペレーショナル・リスクなどを内包する複合的なリスクである。

27) こうした事例として，1997年11月4日の三洋証券の債務不履行に端を発する，わが国の銀行間市場における市場流動性の急激な低下がある。この時，少数の高格付先を除き，本邦の金融機関は資金調達がきわめて困難となった。また，世界金融危機では，2008年9月15日のリーマン・ブラザーズによるChapter 11申請を契機に，短期金融市場におけるドル資金の市場流動性が急速に低下した。この時，金利は100ベーシス・ポイント単位の値幅で極端に変動し，オーバーナイト（翌日返済）より長期の資金調達はきわめて困難となった。

28) こうした状況は，多くの金融危機においてみられる。北欧銀行危機時のスウェーデンでは，銀行の不良債権を資産管理会社に移管するに当たり，政府がリスクを取らない限り，民間出資を誘引することは困難であったため，資産管理会社は100％国有とした（Ingves, 1999）。

［負の外部性］

　負の外部性についてみると，個別金融機関の債務不履行または破綻の影響は，当該金融機関の取引先（貸出先法人・個人，取引先金融機関など），債権者（預金者など），株主・出資者その他利害関係者だけでなく，より広い範囲（銀行間市場，債券市場など金融市場の参加者，地域・国民経済）に及び，金融危機の誘因となりうる。しかしこれは，当該金融機関の収益に直接影響しないため，金融機関が収益極大化を追及する過程で勘案される動機はない。ここに負の外部性が存在する。すなわち，金融機関に対する出資額以上の損失を被らない株主や，その代理者として自社の経営のみに責任を有する経営者は，金融危機を抑止する直接的な動機をもたない。こうした与件の下，金融機関の破綻が金融システム全体に波及するリスクがある場合でも，このリスクは，株主，経営者の最適化行動において内部化されることがない。むしろ，金融機関経営者は，金融システムの安定性を詐害する行為を行う可能性すらある[29]。この結果，金融システム全体からみれば，金融機関による過大なリスク・テイキングや業容拡大が行われ，最適ではなくなる。こうした負の外部性は，どの金融機関についても生じうるが，金融システム上重要な金融機関の場合，より重大な問題となる。

　また，金融システムには預金保険制度に代表されるセーフティ・ネットが存在するため，預金者，債権者などによる経営者に対する外部からの規律づけが希釈化する。さらに，金融機関がセーフティ・ネットの存在を暗黙の政府保証とみなし，リスク・テイキングを前傾化する可能性は否定できない。

　金融機関が不健全な経営を行った結果破綻すれば，その影響を被った取引先金融機関や貸出先企業は，財務・経営内容が悪化する可能性がある。個別の金融機関や企業は，健全なリスク・経営管理を行っていたとしても，自社の対応のみによってこうした外部効果を回避することは困難である。

　こうした負の外部性が，金融監督当局や中央銀行による是正指導・処分，公的資金を用いた金融機関の資本再構築や国有化を含む問題金融機関の処理

---

[29] こうした事例として，資産バブル崩壊後のわが国において破綻した一部の証券会社や旧長期信用銀行の経営者による財務操作を挙げることができる。

制度等，公的当局による介入を正当化する根拠の一つとなる。

　［金融システムの安定をめぐる市場規律と規制・監督の協同と相克］
　情報の非対称性と負の外部性をめぐる論点は，金融システムを安定化させる上で，市場原理に基づく市場規律と，当局による規制・監督を，それぞれの特性を活かしつつどのような局面で用いることが適当かという問題に根差すものといえよう[30]。そこで以下，金融システムの安定をめぐる市場規律と規制・監督の協同と相克につき，若干の整理を行う。
　市場規律と規制・監督による規律の特性や相互関係については，翁(2010)が整理しているとおり，①市場規律が規制・監督による規律づけに比べ優位にある場合，②市場規律が規制・監督の補完的役割を有する場合，③市場が規制・監督に対立する場合に区分できる。まず，市場規律が優位にある場合についてみると，市場規律は，金融機関が開示した財務・リスク情報を，投資家，格付会社など多くの市場参加者が多角的に形成した評価に基づいて形成される。金融機関は，株価，格付など市場の評価が高まることにより，リスク・プレミアムの縮小に伴う資金調達費用の低下が期待できるため，開示される財務・経営内容やリスク管理を改善しようとする動機を有する。多角的に形成された市場の評価が金融機関に還元され，これに基づき金融機関には，市場における評価を高めるため，自発的に財務・経営内容を改善しようとする動機が働く。
　市場規律による金融機関に対する働きかけは，先端的で生産性が高い技術分野への資金供与など積極的なリスク・テイキング，定量・定性分析に基づく革新的なリスク管理など，規制・監督による規律づけでは期待し難い，資源配分の効率化，経済効率の向上につながる効果を有すると考えられる。また，不稼動資産比率などネガティブな情報が開示されるため，金融機関は早期に資産内容を改善しようと試みるなど，経営問題の先送りに対する歯止め

---

30) 市場規律とは，市場による企業行動への箍（たが）である。すなわち，市場による企業評価が株価や債券利回等の市況に反映され，それが圧力となって企業経営を改善させる作用である。

としての効果が期待できる。

　市場規律が規制・監督の補完的役割を有する場合としては，市場参加者が生産した情報の当局による活用がある。こうした例としては，英国の金融監督当局であった Financial Services Authority（FSA，金融サービス機構）が監査人による監査結果を監督情報として用いていたほか，FSA・監査人・金融機関による三者会合がある。この方法は，市場参加者が生産した情報を当局が活用することにより，規制・監督を効率化する可能性がある。

　一方，市場が規制・監督に対立する，ないしその桎梏となるのは，市場規律の前提条件である市場機能の公正性が満たされない場合である。市場規律は，市場参加者が生産する情報に基づいて作用するが，何らかのイベントにより市場参加者の期待形成が一方的となる場合や，そもそも市場における取引が極端に減少し，市場価格が公正に形成される前提条件が損なわれた場合には，市場規律は合理的ではなくなる[31]。こうした条件は，市場流動性が枯渇し，取引量が極端に減少するなど，金融システムが不安定化している場合に実現する。世界金融危機においては，2008年9月のリーマン・ショック時において観察されたように，市場流動性が急減し，金融商品の市場価格は公正価値から乖離した。また，格付会社などの市場参加者が生産する情報は，他の市場参加者の信頼を得るものではなくなった[32]。

　このようにみてくると，金融システムが安定し，市場参加者の生産する情報に基づき市場価格が公正に形成される限り，市場規律が金融機関の経営改善に向けた動機を附与し，これを通じた金融システムの安定化が期待できる。しかし，金融危機時において，市場規律の前提である市場機能の公正性が損なわれる状況下においては，市場規律に依存した金融システムの安定化，金融機関の経営改善は期待できず，公的当局による介入が必要となる。

---

31) Rowe（2010）が指摘するように，市場取引が個々の市場参加者に特有の状況に基づき，統計学的に独立して決定される限り，市場の変動は正規分布に概ね従う。しかし，そこに誰の目にも明らかな共通の事象が存在する時（換言すれば，市場に明確な方向性を与える含意をもった事象が表面化し，しかも他の市場参加者も同じように考えているとすべての市場参加者が知っている時），正規分布に必須の前提が崩壊する。

32) 例えば，リーマン・ブラザーズに対する格付会社による格付は，破綻直前の9月9日において，A格を維持していた。

金融機関の健全性が維持される中で，金融仲介機能・決済機能が技術革新を伴いつつ効率的に運営されることが望ましいことに疑問の余地はないであろう。このためには，健全かつ革新的な金融機関が時価総額，資金調達費用等の点で市場から評価され，不健全ないし陳腐な経営を行う金融機関が市場にペナルティを科されるという市場規律が有効に働く必要がある。このための枠組みとしては，①金利形成や商品開発における自由が確保され，②金融機関の経営内容を的確に市場の目にさらす会計制度，情報開示制度等のインフラが整備されていることが重要である。こうした機能は，金融当局が果たすことは難しく，市場に委ねられるべきものである。しかし，市場価格が公正性を喪失し，システミック・リスクを顕現化する引き金とすらなりうる場合，プルーデンス当局による公的介入が正当化される。

第3節　各国における金融監督体制とその変遷

　世界金融危機を契機に，欧米諸国を中心に金融規制改革が進められている（詳細は第6章）[33]。本節ではその前提として，IMF（2004），Nier（2009）等に拠り，世界金融危機に至るまでの各国における金融監督体制を整理する。

　金融規制・監督を誰がどのように行うべきか（例えば，行政当局か中央銀行か），健全性規制と行為規制をどの組織が担うべきか（健全性規制と行為規制をそれぞれ別個の組織が担うか，単一の組織が双方を担うか）という問題は，各国における長年の政策課題である[34]。金融規制・監督体制は，金融部門の発展段階，金融革新の進展，家計・企業が保有する金融資産・負債構成等を映じて構築される。また，各国の歴史的経緯も重要な決定要素である。このため，各国における金融規制・監督体制は多様であり，特定のモデルがすべ

---

[33] 規制と監督は厳密には異なる概念である（本章の脚注11を参照）が，規制と監督が区別されずに用いられることも，慣用として用例が決まることもある（例えば，健全性規制は健全性監督ともいわれるが，行為規制を行為監督ということは通常ない）。本節では，規制と監督を厳密に区分しなくとも議論の正確性に影響はなく，煩を避けるため規制と監督を区別せずに用いる（例：金融規制体制⇌金融監督体制）。

[34] 健全性規制と行為規制の区分については，本章第1節を参照。

ての国に適合するわけではない。

　1980年代までは，業態別監督が各国で一般的であり，金融機関に対する規制・監督は，銀行，証券，保険といった業態別に設立された監督当局が担っていた。こうした体制下では，英国の中央銀行である Bank of England（BoE）に典型的にみられるように，中央銀行は商業銀行を監督することが多かった。

　1990年代以降，先進国では金融のコングロマリット化が進展し，グループ内で商業銀行業務，投資銀行業務，資産管理業務，さらには保険業務までカバーする金融機関が増加した。また，非預金金融機関が一定の決済機能を伴う金融商品を提供するなど，金融商品相互間の境界が曖昧となった。これにより，金融機関のリスク・テイキングの機会が増加するとともに，組織やリスクが複雑化し，それまでの業態別監督では金融機関行動への対応が困難となった。これは，金融コングロマリット内でリスクが顕現化しても，個別の業態・業務のみを専門的に規制・監督する機関では問題に対処できないからである。業態別監督機関が個別に使命を適切に遂行しても，全体として一貫性のある効率的な金融監督ではなくなった。

　こうした状況下，多くの国が当局を統合し業態横断的な金融監督体制に移行した。この中で，健全性規制と行為規制を単一の機関に帰属させた国と，別個の機関に帰属させた国がみられた。こうした動向に着目し，Nier（2009）は，金融監督の組織構成を，健全性規制と行為規制の権限の帰属により，Single Integrated Regulator Model（統合モデル）と Twin-Peaks Model（双頭モデル）に整理し，その他の多層的な監督組織を Hybrid Model（ハイブリッド・モデル）に区分し，その特徴を論じている（図表1-10）[35]。

　以下では，第6章において，世界金融危機をふまえた金融制度改革の現状を論ずる前提として，主として Nier（2009）に拠りつつ，各国における従来の金融監督体制のモデルを考察する。

35）統合モデルと双頭モデルは，健全性規制と行為規制を担う組織が単一か複数かに着目した区分である。業態をまたがる規制権限を有するという点では，統合モデルと双頭モデルは共通である。一方，ハイブリッド・モデルはそうした統一的な規制当局を有しない。

図表 1-10　金融監督体制のモデル

	統合モデル	双頭モデル	ハイブリッド・モデル
代表例	英国	オランダ	米国
監督権限の帰属	・単一の統合金融規制監督当局（Financial Services Authority〔FSA〕） ―業態をまたがる規制監督権限を有する ―健全性規制と行為規制の両方を担当する	・健全性監督当局（中央銀行である De Nederlandsche Bank〔DNB〕） ・行為規制当局（Autoriteit Financiële Marketen〔AFM〕）	・多層的規制監督体制 ―連邦当局（通貨監督庁、連邦準備制度、証券取引委員会等） ―州当局（銀行局等） ―業態をまたがる単一の金融監督当局は存在しない
中央銀行の機能	・Bank of England（BoE）は、金融機関の規制監督権限を有しない ・金融システムのモニタリング、流動性供与等に特化する	・DNB は、保険を含む全金融機関の監督権限を有し、健全性規制や金融システムの安定化を担当する ・行為規制権限は有しない	・中央銀行（FRB、連邦準備銀行）は、連邦準備制度加盟州法銀行、銀行持株会社等（国法銀行等を除く）の規制監督権限を有する

出所：IMF（2004）；Nier（2009）

［統合モデル］

　統合モデルは、金融規制・監督における互恵効果をねらい、健全性規制と行為規制を含む金融監督全般を単一の機関に帰属させたモデルである[36]。

　統合モデルの代表的な国であった英国をみると、1997年にFSAが単一の統合監督当局として新設され、銀行、証券、保険、年金・投資ファンド等に対する健全性規制と行為規制の両方を担当することとなった[37)38]。一方、

---

[36] Nier（2009）によると、代表的なケースである英国（1997）のほか、スウェーデン（1991）、韓国（1999）、オーストリア（2002）、ベルギー（2004）、フィンランド（2009）、スイス（2009）などが、統合モデルを採用していた。統合モデルを採用する国は、1990年の10か国から、2006年には39か国に増加した（デイビス、2009）。

[37] 英国では、ベアリングズ事件をはじめとする1990年代の金融不祥事を契機に、それまでの多元的な金融監督体制（中央銀行である BoE が商業銀行を監督し、自主規制機関〔Securities and Futures Authority 等〕が業態別の規制を担当）が批判され、すべての金融機関・サービスに対する一元的な監督機関である FSA が設立された。

[38] 英国は、世界金融危機の経験をふまえた金融規制改革において、統合モデルから双頭モデルへと転換することとなった（詳細は第6章第2節を参照）。

中央銀行である BoE は，従来有していた銀行監督権限を分離され，金融政策のほか，マクロ的な金融安定化機能（流動性の供給，決済システムの監視など）に特化することとなった。こうした FSA と BoE の分業・協力のため，両機関の間で覚書が締結された。

統合モデルの長所は，以下の点が挙げられる（デイビス，2009等）。

①単一の組織に統合することによる，規模と範囲の利益――規制・監督や是正指導・処分の一体的な企画・執行が可能となるため，規模や範囲の経済性を実現できる。また，複数の当局による業態別金融監督に比べ，リスクの高い金融機関や金融業務への重点的な規制・監督など，効率的に資源を投入できる。複数の関係当局間の調整も不要となる。

②公平な競争環境の提供――各業態・業務に対し同等の基準による許認可・是正指導・処分を行うことにより，金融機関による規制裁定（商業銀行，投資銀行，ノンバンクなど複数の業態で可能な業務を，規制が緩やかな業態に移転させ，規制を潜脱する）を防止し，金融部門の中で規制の緩い業態・業種にリスクが集中することを回避できる。

③監督費用の低下――単一の当局が規制・監督を行うため，検査が一本化されるなど監督費用が低下する。

④透明性の向上――金融機関の規制・監督責任を単一の機関が負うこととなるため，説明責任が果たされやすい。

この反面，統合モデルの弱点としては，目的・手法が異なる健全性規制と行為規制を同一の組織が担うことに伴う背反の可能性がある。投資家保護を目的とし，法令・規則違反に対する摘発的なアプローチを取る行為規制と，金融システムの安定を目的とし，自己資本比率規制や早期是正措置といった手段を用いて行う健全性規制では，目的・手法が異なり，必ずしも互恵効果があるわけではなく，むしろ背反の可能性がある。また，健全性規制に比べ，行為規制は政治的・社会的に注目度が高く，このため規制当局の内部において，行為規制に資源配分が傾斜しがちである[39]。

統合モデルの下では，中央銀行は金融システムを監視するものの，金融システムを構成する個々の金融機関に対する監督権限をもたず，金融機関の財務・経営に関する監督情報を直接入手できない。是正指導や行政処分などの

プルーデンス政策手段は規制当局に帰属する。このため，金融機関の行動や財務・経営内容が金融システムの安定上問題があると認識された場合でも，中央銀行はこれを是正することが難しい。さらに，金融システムの安定性を損なう問題が認識されても，複数の関係当局の調整のため対応が遅れる可能性があるほか，金融システム安定化の政策責任の所在が曖昧となりかねない。

[双頭モデル]

双頭モデルは，中央銀行がシステミック・リスクの監督者として健全性規制および金融システムの安定を担当し，行為規制当局が行為規制を行う二元体制である。双頭モデルは，金融コングロマリット化の進展を映じた，業態横断的な規制モデルであることは，統合モデルと同様である。ただ，統合モデルが健全性規制と行為規制の双方を単一の主体に帰属させるのに対し，双頭モデルは，投資家保護を目的とする行為規制と，金融システムの安定を目的とする健全性規制およびシステミック・リスクの監督を目的別に区分し，別個の主体に帰属させるモデルである。

このモデルの代表的なケースはオランダである[40]。オランダでは2002年以降，業態別の規制から双頭モデルへ転換した。中央銀行であるDNB (De Nederlandsche Bank) がシステミック・リスクの監督者として，すべての金融システム上重要な金融機関の健全性規制と，金融システムの監視を担当する。一方，AFM (Autoriteit Financiële Marketen) が行為規制当局として，銀行，証券，保険など全ての金融機関・取引所に対する行為規制を担当する。

オランダにおける双頭モデルの背景として，同国では ING など少数の大

---

39) Nier (2009) は，行為規制をめぐる社会的注目度の高い事案として，Madoff 事件 (NASDAC 会長を務めた B.L. Madoff による巨額投資詐欺事件) を挙げている。世界金融危機後，米国の証券規制当局である U.S. Securities and Exchange Commission (SEC，米国証券取引委員会) は，投資銀行の健全性規制が不十分であったと批判され，英国 FSA も資源配分が行為規制に傾斜していたことが問題であったと認めている (Turner, 2009等)。祝迫 (2010) は，英国において統合的な金融規制当局であった FSA が，金融システムの安定に失敗したことは明らかであると指摘している。

40) Nier (2009) は，このほかフランス，ギリシャ，イタリア，ポルトガル，スペインを双頭モデルに分類している。

手金融コングロマリットのプレゼンスが高く，これらに対する統合的な健全性規制が金融システムの安定性の上でも重要であるという金融構造がある。また，システミック・リスク管理および健全性規制と行為規制とを，それぞれ別の組織に担当させることにより，組織の目的を明確化し，組織内の目的背反を回避するねらいがある。

　双頭モデルは，取引を通じて金融機関・市場の動きを直接把握できる中央銀行の利点を活用するとともに，システミック・リスク管理の動機を有する中央銀行に健全性規制を行使させる動機整合的なモデルである。この反面，双頭モデルは中央銀行が金融政策と，ミクロ・マクロ双方のプルーデンス政策を担当するだけに，中央銀行が過大な負荷を負うこと，金融政策とプルーデンス政策の利益・目的相反が起きうること，金融機関に対する「最後の貸し手」機能の安易な行使につながりかねないこと等の問題が指摘されている[41]。また，行為規制の中で，中央銀行が担当するシステミック・リスク管理方策で補完せねばならない分野がある場合，規制当局との調整負担が増加する。さらに，健全性規制当局と行為規制当局が複数存在するため，金融機関の規制遵守費用も大きくなる。

[ハイブリッド・モデル]

　ハイブリッド・モデルは，実際には多くの類型があるが，ここでは米国のケースを取り上げる。米国では，歴史的な経緯を背景に，連邦当局と州当局が業態別に規制を行っており，一元的な金融監督当局は存在しない。銀行についてみると，国法銀行（連邦政府による銀行免許）は，連邦当局であるOffice of the Comptroller of the Currency（OCC，通貨監督庁）が許認可の附与，検査・監督等に関する権限を有する。州法銀行（州政府による銀行免許）は，各州の銀行局（State Banking Department）が許認可の附与，検査や監督等の権限を有する。さらに，預金保険機関であるFederal Deposit Insurance Corporation（FDIC，連邦預金保険公社）に加盟した州法銀行は州に加え

41）もっとも，ユーロ圏に属するオランダの場合，金融政策はヨーロッパ中央銀行（ECB）が行うため，金融政策とプルーデンス政策の相克の問題はない。

FDIC の検査・監督を，中央銀行である連邦準備制度に加盟した州法銀行は州，FDIC のほか FRB・連邦準備銀行の検査・監督を受ける[42]。

　米国における中央銀行のプルーデンス機能をみると，連邦準備制度（FRB，連邦準備銀行）は，法律に基づく規制・監督権限を有し，連邦準備制度加盟州法銀行，銀行持株会社，在米外国銀行等に対する検査・監督のほか，金融システム全体の監視を行う[43]。米国の銀行システムは，少数の大手銀行のほか，多数の中小銀行で構成されるため，中央銀行がすべての銀行の健全性監督当局になるのは資源配分の点から実際的ではなく，FDIC が第2の健全性監督当局として，金融システム上の影響が限定的な金融機関の検査・監督に当たっている。これにより，中央銀行である連邦準備制度は，銀行持株会社，大手銀行ほかの連邦準備制度加盟州法銀行など，重要度の高い金融機関の監督に対し資源を重点配分すると説明されてきた。

　米国型のハイブリッド・モデルは，各業態に特有の監督上の専門知識・技術が組織的に蓄積されやすく，また業態に対する監督責任の所在が明確であるという長所がある。この反面，問題点としては，システミック・リスク管理機能が弱いこと，すなわち，①複数の業態が関与する商品スキームや金融取引に内在するリスク，およびそれが金融システム全体に及ぼす影響を一元的に把握し，必要な政策措置を講ずる監督当局が不在ないし不明確となること，②金融システム全体の安定性を保持する機能と責任の所在が曖昧となることである。この点に関し，世界金融危機において，米国当局の間でも，「金融システム全体の保護を職務と考える規制当局は存在していなかった」，「監督当局の側で，誰も全体をみている者はおらず，明らかに監督の枠組みの失敗であった」と指摘されている（池尾，2010等）。

---

[42] 米国の中央銀行である連邦準備制度（Federal Reserve System, Fed）は，ワシントン DC の連邦準備制度理事会（Board of Governors of the Federal Reserve System, FRB）とニューヨークほか12の連邦準備銀行（Federal Reserve Banks）から構成される。銀行監督についてみると，FRB は行政立法，行政処分，規制監督政策の起案，金融システム全体の監視等を担当する。連邦準備銀行は銀行検査・モニタリング，是正指導，行政処分等を担当する。

[43] 世界金融危機後の米国の金融規制改革において，金融システム上重要なノンバンク金融会社の監督など FRB のプルーデンス機能が拡大された（詳細は第6章第4節）。

［世界金融危機を受けた金融規制改革］

　世界金融危機の影響を，統合モデルと双頭モデルで比較してみると，資産内容の悪化や当期損失の額でみて双頭モデルの機能度が良好であったとの分析がある[44)45)]。

　統合モデルの代表例であった英国においては，規制当局のあり方に対する問題提起がなされ，FSA は行為規制に傾斜していたと認めている（Turner, 2009）。この間 BoE は，金融システムを監視していたが，個別金融機関の監督などのプルーデンス政策手段は FSA が有していた。このため，BoE は金融システムを構成する金融機関に対し，有効な是正措置を講ずることができなかった。こうした状況下，システミック・リスク管理責任の帰属が曖昧となり，どちらの組織にもシステミック・リスクを制御する動機が減少した。

　また，BoE は個別金融機関の経営内容を把握していなかった。この点に関しては覚書が締結されていたにもかかわらず，FSA の監督情報の開示が十分でなく，金融危機時の情報交換が十分に行われなかった。こうした教訓をふまえ，英国は規制モデルの転換に踏み切り，FSA が健全性規制と行為規制の双方を担う統合モデルを廃止し，BoE（健全性規制を担当）と Financial Condcut Authority（FCA，金融行為規制機構）（行為規制を担当）から構

---

44) 資産内容とは，金融機関が保有する資産の健全性である。プルーデンス当局は，金融機関の検査において，貸出先など債務者の経営内容や債務の履行状況を点検することにより，金融機関が保有する貸付金，有価証券等の債権（資産）の健全性を，回収可能性（約定した期限に元利金が全額回収できるか），収益性（約定どおりの金利等が支払われるか），保全状況（保証や担保が十分か），貸倒引当・償却（必要な貸倒引当金が繰り入れられ，また償却が行われているか）などの観点から分類評価する（この作業が資産査定である）。

45) Nier（2009）によると，世界金融危機後に発生した国内与信に対する損失は，オランダを始め双頭モデル6か国の平均が0.49％であったのに対し，英国をはじめ統合モデル9か国の平均は2.89％であった。また，金融機関の当期損失をみても，統合モデルの下にあった英国，スイス等の金融機関の損失額が，双頭モデルの下にあったオランダ等の金融機関の損失額を上回った。

　もっとも，Nier（2009）の分析は，示唆的ではあるが，世界金融危機によって金融機関が被った損失と規制モデルを並置した，かなり単純な手法である。世界金融危機で金融機関が受けた影響は，業務内容やビジネス・モデルの相違，リスク・経営管理の巧拙などによっても決定され，規制モデルのみによって説明できるものではない。したがって，Nier（2009）の分析は，幅をもって解釈すべきものと思われる。

成される双頭モデルへと転換することとなった（詳細は第6章第2節）。

　米国におけるハイブリッド・モデルについても，2010年7月に成立したドッド・フランク法により，連邦・州レベルの監督体制自体を根本的に変革はしないものの，システミック・リスクを監視する専担組織の設立，金融システム上重要な金融機関に対するFRBの監督権限の強化などの改革が進められることとなった（詳細は第6章第4節）。

第4節　小括

　本章は，金融危機管理に関連する基本的な概念（第1節），公的当局による金融危機管理の理論的根拠（第2節），各国における金融監督体制とその変遷（第3節）など，金融危機管理の理論的・制度的基礎を論じた。

　金融危機に対するプルーデンス当局の公的介入が情報の非対称性と負の外部性によって正当化されうることは，かねてより認識されていたが，世界金融危機はプルーデンス政策の重要性を再認識させ，各国で金融監督体制の改革が進められることとなった。

　世界金融危機では，市場流動性の急激な枯渇，市場価格の公正価値からの乖離など，市場機能が大幅に低下した。これとともに，情報の非対称性に起因するカウンターパーティ・リスク認識の強まりもあって，システミック・リスクが顕現化する速度が著しく速まった。こうした状況下，流動性供給など伝統的な危機管理に加え，中央銀行による市場機能の代替など，公的当局による金融危機管理の重要性が再認識された。また，組織・政策手段まで踏み込んだマクロ・プルーデンス政策の体系化や，金融システム上重要な金融機関（非預金金融機関を含む）に対する追加的な規制など，欧米諸国を中心に改革が着手された。

　金融監督体制の変遷をみると，1980年代以降の金融コングロマリット化の進展を背景に，業態別規制に替わり，単一の規制当局が業態横断的に健全性規制・行為規制の双方を担う統合モデルが支配的となった。しかし，世界金融危機では，行為規制への傾斜や中央銀行のプルーデンス機能の不全など統合モデルの問題点が明らかとなった。また，証券化商品が金融システム全体

に内包させたリスクに対する認識の不足など，ハイブリッド型の規制体制をとる米国でも監督体制の問題が認識された。こうした状況下，英国がミクロ・マクロ両面のプルーデンス政策を中央銀行が担う体制へ移行するなど，金融システムの安定化における中央銀行の機能が各国で拡大している。

〈第2章〉
中央銀行のプルーデンス政策と金融危機管理

本章では,第1節において中央銀行のプルーデンス機能の費用・便益を検討し,第2節において中央銀行の金融危機管理とその手段を整理する。第3節は本章における主な論点をまとめる。

第1節　中央銀行のプルーデンス機能の費用・便益

中央銀行のプルーデンス機能のあり方は,時代により,また国により多様である[1]。1990年代以降,世界金融危機に至るまでの金融監督体制の変遷をみると,英国をはじめ多くの国が中央銀行から銀行監督等のプルーデンス機能を分離した。これは主に,中央銀行という一つの政策主体が,物価の安定と金融システムの安定という二つの政策目標を同時に追求することに伴う利益相反に着目した措置であった。

これに対し,今次の世界金融危機を契機とした金融制度改革では,中央銀

---

1) 例えば,米国の中央銀行である連邦準備制度は,行政立法権,免許・許認可権を有するほか,金融機関の検査結果に基づき法的強制力を伴う行政処分(Formal Enforcement Actions)を執行するなど,行政権限を有する。これに対し日本銀行は,取引先金融機関に対する考査やモニタリングを行うものの,法律に基づく行政権限は有していない。

行のプルーデンス機能のあり方が重要な論点となった。そこでは，中央銀行が金融システムの安定のため，明確な権限と責任をもつべきであると主張された。この結果，BoE, FRB, ECB (European Central Bank, 欧州中央銀行) など中央銀行のプルーデンス機能が拡大された（詳細は第6章）。

中央銀行が金融規制・監督権限を有すべきか否かをめぐる議論は結局，中央銀行がプルーデンス機能を担うことの費用・便益の比較考量に帰着するといえよう。そこで本節では，中央銀行がプルーデンス機能を担う費用・便益につき，理論的・制度的な考察を行う。考察すべき点は，中央銀行が金融政策とプルーデンス政策を同時に遂行することに伴う便益（規模と範囲の利益など）と費用（利益相反の可能性など）のどちらを優先すべきか，また，中央銀行が金融システムを安定させる強い動機を有するかどうかである。

[規模と範囲の利益]

規模と範囲の利益についてみると，まず中央銀行の金融政策とプルーデンス政策の間に，明確な互恵性が認められる。これは，金融政策が有効に機能するためには，安定した金融システムの下で，金融政策の伝達機能を担う金融機関の健全性が不可欠だからである[2]。

中央銀行が日常の金融調節や金融政策運営のために行う金融機関の資金繰りや信用供与方針のモニタリングと，プルーデンス政策のために行う金融機関の資産内容やリスク・経営管理のモニタリングとの間にも，明らかな互恵関係が存在する。中央銀行が，金融政策・プルーデンス政策双方の観点から金融機関・市場のサーベイランスを行うことにより，深度のある分析が可能となることは，容易に理解できるであろう。このように，規模と範囲の利益の観点からみれば，中央銀行が両政策を併せて行なう便益は大きい。

さらに，中央銀行関係者からは，①中央銀行はマクロ的な金融分析の専門的な技術を有しており，これをプルーデンス政策に活かすことができる，②中央銀行は，金融・決済システムに関する専門知識を有しており，これは金

---

[2] 中央銀行が金融緩和政策を実施しても，銀行の資産内容が悪化し自己資本が毀損していれば，銀行は自己資本比率規制の制約のため融資を伸ばすことは困難である。

融危機管理を行う上で有用である，③プルーデンス当局として得られる情報は，金融市場の動向やマクロ経済に与える影響を理解する上で有用であるなどの観点から，中央銀行が金融政策とプルーデンス政策の双方を担う便益が主張されている（Bernanke, 2010a 等）[3]。ことに，マクロ・プルーデンスの観点からの監視・監督には，金融機関相互間の取引関係を認識することが重要な前提条件となる。この点，決済システムを自ら運営する中央銀行は，金融機関相互間の取引関係をリアル・タイムで把握し，これを金融監督・監視における政策問題の認定に用いることができる。

[中央銀行の金融システム安定化への動機]

金融機関の健全性，金融システムの安定性は中央銀行の重大な関心事項であり，中央銀行は金融システムを安定させる動機を有する。これは，金融政策の波及経路である金融機関の健全性，金融システムの安定性が，金融政策の有効性の前提条件となるためである。

さらに，システミック・リスクの顕現化は，中央銀行にとって大きな費用負担となる。中央銀行は金融危機による市場流動性の減少に対処すべく，信用リスク・市場リスクを有する担保を見合いに流動性を供給するため，中央銀行の財務が悪化する可能性が高まる。また，中央銀行は金融調節のための流動性供給姿勢と市場流動性の不足に対処するための流動性供給の区別を市場に説明する必要に迫られるほか，不胎化を行うなど金融政策が複雑化する。このように，システミック・リスクが顕現化しないことは中央銀行の利益であり，中央銀行はマクロ・ミクロ両面の政策手段を用いてシステミック・リスクを制御する強い動機を有する[4]。

---

3) 中央銀行に監督権限を附与すれば万能というわけではもちろんない。アジア通貨危機当時，インドネシアの中央銀行である Bank Indonesia は銀行監督権限を有していたが，政治的配慮から国営銀行をはじめとする市中金融問題の法令違反を是正していなかった。この場合の問題は，監督当局である中央銀行の権限不足ではなく，権限を有しているにもかかわらず，政治的圧力，業界との利害関係，金融機関破綻の責任を問われることへの懸念，金融機関から提訴されることへの危惧等から，監督権限が適切に行使されなかったことであった。

[金融政策とプルーデンス政策の互恵と相克][5]

　金融政策とプルーデンス政策の最終目標に関しては，究極的には利益相反は存在しない。これは，金融政策が目標とする物価の安定は，金融システムの安定のための必要条件の一つであり，また，金融政策が有効に機能するためには，金融政策の波及経路を構成する金融機関の健全性と金融システムの安定が不可欠だからである。

　にもかかわらず，中央銀行が物価の安定と金融システムの安定という二つの目標を追及することは適切でないと主張されてきた[6]。この政治経済的な背景として，中央銀行が金融機関の監督責任を有する立場に置かれた場合，政策金利の変更が物価の安定のため適切な情勢であっても，金融機関の経営に及ぼす影響を懸念し，政策金利の変更をためらうおそれがある[7]。

　政策金利の変更と金融機関の財務との関係につき，やや敷衍すると次のとおりである。中央銀行による政策金利の調整は，金融機関の資産・負債の現在価値を変動させ，その結果金融機関の純資産（資産－負債）価値も変動する。中央銀行による政策金利の変更が金融機関の資産・負債の割引現在価値を変化させる以上，金融政策が金融システムの安定性の前提である金融機関の財務に影響を及ぼすことは避けられず，これが金融政策の運営上の顧慮事項となる可能性は排除できない。こうした金融政策と金融機関の財務との関係を単純な金利感応度分析に基づいて整理すると図表2-1のとおりである。

4）ただ，こうした中央銀行の動機が，行政当局の動機より強いかどうかは明確ではない。金融秩序を維持する法的権限を有する行政当局としても，金融システムが不安定化すれば問責の対象となり，また必要な場合には財政資金を投入せざるをえなくなるため，金融システムを安定させる動機を有すると考えられる。

5）金融政策とプルーデンス政策の関係については，世界金融危機後の金融規制改革の一環としてのマクロ・プルーデンス政策の導入に伴い，新たな論点が浮上している。こうした論点は第7章第3節で取り上げる。

6）これらの主張は，英国をはじめ各国において，中央銀行からの銀行監督機能の分離，独立した統合規制機関の設立という形で実現されてきた（第1章第3節を参照）。

7）政策金利は，中央銀行が金融政策を実施するために金融調節の基準とする金利である。政策金利は国によっても異なるが，市中金融機関に対する中央銀行の貸出金利や，銀行間市場金利（金融機関が資金過不足を調整する短期金融市場の金利）が政策金利とされる。

図表 2-1　金融政策による金利調整と金融機関の財務内容の関係[8]

	金融引締による金利上昇	金融緩和による金利低下
資産の金利感応度が負債の感応度より大きい場合	金融機関の財務内容好転（純資産価値の増加）	金融機関の財務内容悪化（純資産価値の減少）
負債の金利感応度が資産の感応度より大きい場合	金融機関の財務内容悪化（純資産価値の減少）	金融機関の財務内容好転（純資産価値の増加）
資産の金利感応度が負債の感応度と等しい場合	金融機関の財務内容不変（純資産価値は不変）	金融機関の財務内容不変（純資産価値は不変）

出所：著者作成

　一般に，金融機関の負債の金利感応度は資産の金利感応度よりも高いと考えられる。これは，短期市場性資金の金利や期限の定めのない預金金利は政策金利の変更にほぼ同時に追随するのに対し，貸出金利は取引先との関係を映じ政策金利との連動に時間差が伴うためである。こうした標準的な金融機関の資産・負債構成を前提とすると，金利の低下（上昇）は金融機関の純資産価値を増加（減少）させると考えられる[9]。このことは，中央銀行による政策金利の調整（引き下げ）が，金融機関の収益を短期的に支援しうること，また金融危機における危機管理手段たりうることを示している。

［中央銀行のプルーデンス機能の適否をめぐる議論の要諦］

　政策運営の局面によっては，金融政策とプルーデンス政策の間に相克が生じる可能性は排除できない。中央銀行の危機管理機能が，物価の安定など中央銀行の他の政策目標と相反する場合，どのように対応すべきであろうか。例えば，物価抑制のための金融引締時に金融危機が発生し，危機対応として流動性を供給する必要がある場合が考えられる。中央銀行が流動性を供給すれば，期待物価上昇率が高まり，実際に物価が上昇する可能性がある。一方，流動性を供給しなければ，支払能力がある（solvent，債務超過に陥っていない

8）ここでは，利回り曲線が平行に移動することを前提としている。
9）本文で述べた金利感応度アプローチのほか，より直感的な説明としては，政策金利の引き下げを受けた市場金利の低下は，債券の市場価格（時価）を上昇させる。これは，債券を保有する金融機関の債券関係損益を好転させ，資金利益を増加させる。

こと）金融機関まで破綻するなど金融危機が悪化するおそれがある。

　こうした状況下での現実的な対応は，中央銀行の政策意図を市場に正確に伝達することによって，行動を透明化することであろう。中央銀行の政策広報が市場参加者に対し，政策目的は何であり，それぞれの目的にどれだけの比重や時間を置いているか等につき，正確な情報を発信する必要がある。市場参加者に対し，中央銀行の物価抑制方針からの乖離が一時的であるという時間軸を示し，政策意図を十分に説明すれば相反を回避できる可能性がある。

　また，留意しておくべきは，中央銀行が直面するジレンマ（物価の安定のために金融引締が必要だが，政策金利を引き上げれば金融機関の収益を毀損する）は，中央銀行の銀行監督権限と不可分ではないことである。中央銀行が取引先である金融機関の経営に関心を有する以上，監督権限を有するか否かにかかわらずこうしたジレンマは生じうる。プルーデンス機能を分離しても，中央銀行は直ちにこうしたジレンマから解放されるわけではない。

　以上みてきたとおり，中央銀行がプルーデンス機能を担うべきか否かは，その費用・便益の比較考量に帰着する。規模と範囲の利益，金融政策とプルーデンス政策の目標，金融システムの安定に向けた中央銀行の動機などに鑑みると，中央銀行からプルーデンス機能を排除することは合理的とはいい難い。局面によっては，金融政策とプルーデンス政策の間に利益相反が起きうるが，政策の時間軸の設定と市場への適時適切な説明により，克服が可能である。

　この間，中央銀行がプルーデンス機能を担うことが適切かについての実証分析として，Melecky and Podpiera（2015）が注目される。Melecky and Podpiera（2015）は，金融危機の早期警戒モデルを用い，「厚みのある金融市場が存在し，金融技術革新により多様な金融商品・サービスが提供される国では，中央銀行がプルーデンス機能を担う方が金融システムは安定する」との結論を得ている。この実証結果は，金融部門が高度に発達した経済では，金融市場の参加者として，市場の構造・動態に通暁する中央銀行の知見が，金融システムを安定化させる上で有効であることを示唆していると解釈できよう。

図表 2-2　中央銀行の金融危機管理手段

区分	個別手段	用法・特性
情報生産手段	・検査 ・モニタリング/監視[10] ・政策広報	・システミック・リスクを認識する ・市場参加者の合理的な行動に向けた動機を附与する
相対手段	・是正指導 ・行政処分 ・信用供与（貸出，保証） ・資本拠出（出資，劣後債務の引受）	・少数の大手金融機関の財務・経営問題がシステミック・リスク要因となる場合，システミック・リスクの顕現化を抑止する上で有効である
市場取引手段	・政策金利調整 ・公開市場操作 ・外国為替等市場介入 ・決済システム操作	・金融市場を通じ，広汎に影響を及ぼす ・多くの金融機関を対象に速やかに政策措置を講ずる必要がある場合に有効である

出所：Estrella（2001）に基づき著者作成

第 2 節　中央銀行の金融危機管理

　本節では，中央銀行が金融危機に対応するために用いる手段を，各国中央銀行による用例とともに整理する。対象は，システミック・リスクが顕現化した段階に限定せず，金融危機の初期段階を含めた広義の管理を取り上げる。

　中央銀行の金融危機管理手段は，Estrella（2001）が，Targeted Tools（個別的手段），Generalized Tools（一般的手段），Informational Tools（情報手段）に分類し，それぞれの用法・特性を整理している。Targeted Tools には，監督，貸出等がある。これらは，少数の個別金融機関の経営問題がシステミックな影響を及ぼしうる場合，これを是正するうえで有効である。Generalized tools としては，公開市場操作が代表的で，金融市場を通して多くの金融機関に広汎に政策効果を及ぼすことが可能である。Informational Tools には，モニタリング，内外関係当局との情報交換・連携等が含まれる。

　ここでは，Estrella（2001）の分類を実務に即して修正し，中央銀行の金融危機管理手段を情報生産手段，相対手段，市場取引手段に区分する（図表2-2）。

　図表2-2からも明らかなとおり，中央銀行が用いることのできる金融危機

管理手段は多様である[11]。行政当局など他のプルーデンス当局に比較し，こうした多用な手段を具備している点が，中央銀行の危機管理機能の特色である。また，中央銀行は，市中金融機関との取引関係に基づいた，技芸的な危機管理手法を用いることができる[12]。また，中央銀行による政策の施行は，財政政策と異なり，通常は議会の承認を得る必要がないため，機動的な危機対応が可能である。

情報生産手段には，検査，モニタリング，政策広報が含まれる。検査，モニタリングによる情報生産は，金融政策，プルーデンス政策はもとより，金融危機対応に当たって，政策判断の重要な前提となる。一方，中央銀行は生産した情報を市場に均填することにより，市場参加者を合理的な行動に向けて誘導することができる。

相対手段としては，是正指導，行政処分，信用供与等が挙げられる。これらは，個別の問題金融機関を対象とし，金融機関に内在する財務・経営上の問題を是正し，また流動性供給等の財務的な支援を行うことにより，システミック・リスクの顕現化を抑止するために用いられる。

市場取引手段は，市場全体を対象とし，政策金利調整，公開市場操作，決済システム操作等が含まれる。これらは，金融市場を通して政策効果を広汎に及ぼすことが可能であり，多くの金融機関を対象として早急な措置が必要な場合に有効である。

以下では，図表2-2で整理した金融危機管理手段の内容を，各国の中央銀行による具体的な用例とともに敷衍する。

---

10) モニタリングのほか，監視（サーベイランス）という用語が用いられることがある。これは，広い意味でのモニタリングの一環であるが，プルーデンス政策の実務的な用法としては，金融機関から財務・経営データを徴求してデータ・ベース化し，分析することにより金融機関の経営動向やリスクを点検するといった，財務分析的な活動をさす場合が多い。

11) ただし，こうした危機管理手段は各国の中央銀行に共通するわけではない。例えば，日本銀行は行政権限を有しないため，金融機関に対し法的強制力を伴う処分を行うことはできない。

12) この典型的な事例として，1990年代初にBoEが行った，中小銀行に対する信用補完を用いた流動性支援がある（詳細は本章53頁の［信用補完］の項を参照）。

1．情報生産手段
(1) 検査

　金融機関に対する検査（実地検査）は，金融機関に立ち入り，帳票・書類の点検や役職員との質疑により，金融機関の財務・経営の健全性を，資産内容（資産の健全性），収益，自己資本，流動性，リスク管理等の観点から検証する作業である[13)14)]。検査の結果は，資産内容，リスク管理等の個別評価項目，および総合評価の評定で示される[15)]。

　検査は，金融機関への立入を伴わないモニタリングに比較すると，数週間ないし数か月の時間をかけて実地に調査するため，金融機関の経営実態を深く分析できる[16)]。検査は個別金融機関を対象に実施されるが，プルーデンス政策上の関心はむしろ，金融機関の財務・経営内容の悪化が金融システムの混乱につながる可能性の有無である。このため，検査は，決済システムに占めるプレゼンスの高い金融機関や，資産内容など財務・経営問題を有する金融機関に対して重点的に実施するなど，システミック・リスク要因が内在する金融機関に重点が置かれることが多い。

　検査は，金融リスクの顕現化により金融機関の財務内容が悪化し，さらに一部の金融機関が破綻するに至った段階では，資産内容を中心に金融機関の継続可能性を判定する手段として用いられる場合がある。こうした事例として，わが国で1998年6月から実施された「集中検査」が挙げられる[17)]。

---

13) 日本銀行によるこうした検査は考査と呼称される。
14) 資産内容については，第1章脚注44を参照。
15) 米国連邦準備銀行の検査結果は，CAMELS評定によって示される。CAMELSは，自己資本の充実性（Capital adequacy），資産内容（Asset quality），経営・リスク管理（Management and administration），収益性（Earnings），流動性（Liquidity），市場リスクに対する感応性（Sensitivity to market risk），およびこれらの総合評定で，それぞれ5段階評価（「1」が最高のStrong，「5」が最低のUnsatisfactory，「2」のSatisfactiory以上が合格点）で評定が付される。
16) 金融機関に対する立入りの有無を強調するため，検査を「実地検査」または「オンサイト検査」，モニタリングを「オフサイト・モニタリング」と呼称する場合がある。

(2) モニタリング

　モニタリングは，金融機関等に対する聴取と財務データの徴求により，金融機関の経営内容，金融システム全体に内在するリスク，金融市場における市況等を分析する活動である。多くの中央銀行は，金融政策とプルーデンス政策双方の観点から，モニタリングを行っている[18]。プルーデンス政策の観点からみたモニタリングの主な目的は，個別金融機関の経営・リスク内容，金融市場全体に内在するリスクの動向を恒常的に把握すること，ことにシステミックな問題を早期に認識することである[19]。

　検査は，立入調査により金融機関の経営実態を深く分析できる一方，実施頻度が限定されるため，金融システムや金融機関の動態を常時把握するには適さない[20]。一方，モニタリングは，金融機関・市場を機動的に調査できるため，時系列的・市場横断的な観点から金融システムや金融機関の動態をリアル・タイムで分析することが可能である。

　モニタリングの具体的な作業は，金融機関の役職員との面談等により，経営方針，経営・リスク管理，財務内容（資産内容，流動性，収益，自己資本等）を聴取し，関係するデータを徴求する。計量的な手法で捕捉し難い経営者の資質やリスク・テイク方針などの経営情報もモニタリングの重要な対象

---

17) 集中検査は，金融監督庁（当時）と日本銀行が分担して実施した。その内訳は，主要銀行：金融監督庁検査12行，日本銀行考査5行，地方銀行：金融監督庁検査30行，日本銀行考査24行，第二地方銀行協会加盟行：金融監督庁検査37行，日本銀行考査19行である。この集中検査の結果，第二地方銀行協会加盟行5行が経営継続は困難であると判定された。

18) 日本銀行の場合，金融機関の経営計画，収益，資金需給等について，データの徴求と業況の聴取を行っている。これにより，金融機関の経営，金融市場の動向を恒常的に把握するほか，収集したデータ・情報を集計し，金融システム全体に内在するリスクを分析する。日本銀行のモニタリングの対象は，取引先金融機関が中心であるが，保険会社等の非預金金融機関のほか，一般企業に対しても主に企業金融面からモニタリングを行っている。

19) 白川（2008）は，モニタリングでは，①金融市場における価格（市況）の分析，②金融機関という主体の分析，③これらをふまえたマクロ的な金融システムの動向の把握という三つの要素が必要であるとしている。

20) 検査は，経営内容に問題がある金融機関等の場合を除き，通常2～3年に1回の頻度で実施される。

である。中央銀行にとって，直接の人的接触により金融機関の経営内容・方針を常に認識しておくことは，プルーデンス政策上のみならず金融政策上も重要である[21]。

また，財務データの徴求・分析は，金融機関等から提供を受けた財務計数，経営情報をデータ・ベース化し，時系列的な傾向，業態内での横断的な比較等の観点から，金融機関の経営動向や金融市場の動向を把握するものである。徴求される財務計数，経営情報は，主要勘定残高，資産内容，収益等の計数のほか，リスクの源泉となる各種取引内容（有価証券投資の内訳，派生商品取引の状況等）に関する経営資料が含まれる。中央銀行は，こうした財務計数や経営情報をデータ・ベース化し，金融機関の資産・負債構成，金融機関および金融システム全体に内在する信用・市場・流動性リスク，市場の価格変動が及ぼす影響等を分析する。一部の中央銀行では，こうしたデータ・ベースを基に，問題金融機関を早期に認識する一手段として，金融機関の健全性予測モデルを開発している[22]。

(3) 政策広報

中央銀行は，多くの金融機関と預金，貸出，内国・外国為替，有価証券売買など広汎な取引関係をもち，また検査・モニタリング機能を有しているため，金融機関および市場全体の動向に関する情報を効率的に生産することができる。中央銀行は生産した情報を市場に還元することにより，市場参加者に合理的な行動を促し，また情報の非対称性による金融システムへの圧力を

---

21) こうしたモニタリングを行いうるのは，金融機関をはじめとする市場参加者に日常的に直接接触できる金融監督当局，中央銀行などの現地当局である。国際機関にこうした機能を期待することは非現実的である。

22) 例えばFRBは，金融機関に内在するリスク・経営管理の問題点を早期に発見するため，金融機関が四半期ごとに提出する財務報告（コール・レポート）から，自己資本充実度（Tier1自己資本比率），資産内容（不良資産比率，延滞債権比率），収益性（総資産利益率），流動性（純流動性資産比率），資産増加速度（総資産の前年同期比増加率），資金調達における変動性負債に対する依存度（変動性負債比率）の6項目が，同規模行と比較して異常な結果となる先を抽出したException List（異例リスト）を作成している。また，CAMELS評定を推計するため，有意な説明変数（延滞債権率，収益率，資産増加率ランク，引当率）を説明変数とした回帰分析を行っている。

低減することが可能である。ことに、金融危機時においては、情報の非対称性に基づく市場参加者の行動が危機を増幅する可能性があるだけに、政策広報は金融危機管理の重要な一環となる[23]。

2．相対手段

(1) 是正指導

中央銀行は、検査、モニタリングの結果に基づき、経営・リスク管理上の問題点を指摘し、是正指導を行う。是正指導は、検査報告書に金融機関が実施すべき是正措置を示す形式が一般的である。米国の連邦準備銀行による検査の事例をみると、是正措置として示達される主な内容は図表2-3のとおりである。

財務・経営上の問題点が相対的に重大であると判断された場合には、個別に是正指導文書が発出され、改善措置の進捗状況を定期的に報告すべきことが求められる。連邦準備制度の事例をみると、Supervisory Letter 等の是正指導文書が発出される（図表2-4）[24]。これらの是正指導文書は、後述する行政処分と異なり、法的強制力を有しない。

(2) 行政処分

各国の中央銀行のうち、行政権限を有する中央銀行は、検査等により金融機関の財務・経営内容に重大な問題があると認識した場合、また重大な法令・規則違反がある場合、これを是正するため、法的強制力を伴う行政処分を行う。この事例としては、連邦準備制度による Formal Enforcement Actions がある。連邦準備制度は、監督対象である連邦準備制度加盟州法銀行、銀行持株会社、在米外国銀行等の金融機関および役職員に対し、重大な財

---

[23] 金融システム危機時に中央銀行が発出する声明は、市場の懸念を払拭する、有効な危機管理手段となる。発表すべき内容は状況によって異なるが中央銀行の運営する決済システムが稼動していること、「最後の貸し手」として流動性を供給する用意があることなどが主たる内容となる（白川, 2008）。

[24] 連邦準備制度による、法的強制力の伴わないこれらの是正指導文書の発出は、Informal Enforcement Actions（略式執行行為）と呼称される。

図表 2-3　是正指導の主な項目・内容

経営管理	・経営管理組織の見直し ・経営改善計画の作成・提出 ・予算計画・収益分析の作成・提出 ・事業内容・事業拡大の制限 ・人事異動の事前報告 ・役職員の給・賞与の支払制限 ・配当・費用支出の事前報告・承認
財務内容	・資産増加の制限 ・資産構成の改善（大口融資や信用集中の是正等） ・資産内容の改善（不良債権の処理，貸倒引当・償却等）[*1] ・負債構成の改善（金利感応度の高い預金への依存の是正等） ・自己資本の充実
リスク管理	・債権管理の改善 ・融資・投資基準の改善 ・流動性管理の改善 ・関係会社管理の改善
法令規則違反	・法令・規則違反行為の再発防止

*1：FRB等米国当局が定義する不良債権は，Substandard（債務者の弁済能力や担保による保全が不十分），Doubtful（元利金の回収が疑問），Loss（回収不能）に分類される。

出所：FRB（2016）等

図表 2-4　連邦準備制度による是正指導文書

名称	発出主体	主な内容
Supervisory Letter （監督文書）	連邦準備銀行	・対象金融機関の問題点を是正するための連邦準備銀行の意思表示としての書簡（金融機関との合意文書ではない） ・検査結果に基づき連邦準備銀行から金融機関の取締役会宛に交付される
Memorandum of Understanding （合意書）	連邦準備銀行	・対象金融機関の問題点を是正するための連邦準備銀行と金融機関との合意文書（双方の代表者が署名する） ・検査結果に基づき連邦準備銀行が作成し，対象金融機関の取締役会の合意を得て作成される

出所：FRB（2016）等

務・経営上の問題や法令違反などを是正するため，行政処分を行う（図表2-5）。

　Formal Enforcement Actions は法的強制力を有し，金融機関がこれらの処分に従わない場合，FRB または連邦準備銀行は地方裁判所に提訴できる。

　連邦準備制度が，金融機関に対して行う是正措置としては，①検査報告書

図表2-5　連邦準備制度による Formal Enforcement Actions

名称	発出主体	主な内容
Written Agreement	連邦準備銀行	・問題点是正のための合意文書（連邦準備銀行，対象金融機関双方の代表者が署名する） ・15～30の是正項目が列挙される
Cease and Desist Order	FRB	・Written Agreement よりも厳格な行政処分 ・検査の結果，重要法令違反等重大な問題が発見された場合や，経営陣の信頼性に問題があると考えられる場合に発出される ・20～50の是正項目が列挙される
Prompt Corrective Action Directive	FRB	・検査等の結果，自己資本が過小と判定された金融機関に対し，新規業務の制限，新株発行増資等による過小資本の解消等を命ずる[25]
Removal and Prohibition Order	FRB	・個別の法令違反等が発見された場合に行われ，特定業務の停止，役職員の職務禁止等を命ずる[26]
Civil Money Penalty	FRB	・法令・規則違反等による過料[27]

参考：Written Agreement は協定書（当事者間の合意による法律文書），Cease and Desist Order は排除命令，Prompt Corrective Action Directive は早期是正措置指令，Removal and Prohibition Order は解職命令，Civil Money Penalty は課徴金である。
出所：FRB（2016）等

に記載する指摘→②法的強制力を伴わない是正指導文書の発出（Informal Enforcement Actions）→③法的強制力を伴う Formal Enforcement Actions の順に厳しいものとなる[28]。選択の基準としては，総合評定，問題点の内

---

25) Prompt Corrective Action（早期是正措置）は，自己資本比率により銀行の自己資本を Well Capitalized（充実）から Critically Undercapitalized（危機的過小，レバレッジ比率2％以下）までの5段階に分類する。危機的過小資本に分類された銀行は，大口取引など業務を制限されるほか，原則として90日以内に破産管財人を選任される。早期是正措置は，問題銀行が名目的には資産超過の段階で，早期に破綻処理を開始しうる途を開いた点に意義を有する。
26) Removal and Prohibition Order は，マネー・ロンダリングなど誠実義務違反や背任等の違法行為を行った役職員に対し，金融機関の役職員となること，金融業務に従事すること，金融機関の株主となりまたは株主権を行使すること等を禁止する処分である。
27) Civil Money Penalty は，法令違反を行った役職員個人に対して科される場合もある。
28) 問題が重大である場合は，直ちに Formal Enforcement Actions が発出されることもある。

容・性質，法令・規則違反の程度，経営の信頼性，各是正措置の特性等を総合的に判断し，同一の効果を上げうる措置の中でより緩やかなものを用いることを原則として決定される。とくに，経営の信頼性（management integrity：対象となる金融機関の経営陣が経営改善を誠実かつ実効的に実施する意思および能力を有すること）が重視され，経営の信頼性が低く自主的な経営改善が期待できないと判断される場合は厳しい措置が取られる

(3) 信用供与
[貸出]

中央銀行による金融機関への貸出（窓口貸出とも呼称される）は，資金不足に陥った金融機関に対し，相対で資金供与を行う方法である[29]。中央銀行による貸出は，公開市場操作に比べると，資金不足に陥った金融機関に確実に資金を供給できるという長所がある[30]。貸出は中央銀行固有の危機管理手段であるため，以下ではその内容をやや敷衍する。

中央銀行による貸出は，供与の目的に応じ，いくつかの類型に区分することができる。まず第1の類型は，支払能力はあるものの，一時的に流動性が不足した金融機関に対して供与される貸出であり，中央銀行による「最後の貸し手」機能の典型である[31]。金融機関の資金繰りは，取引先の事務過誤，情報システム障害など様々な理由で困難化する可能性がある。継続可能性を有する金融機関が，一時的に市場から資金調達できないために破綻すること

---

29) ここで資金不足とは，預金等の払戻など取引を実行するための手許資金が足りず，また十分に調達できない状況を意味する。
30) ただ，中央銀行からの借入の事実が知られた場合の信用度の低下や風評を懸念して，金融機関が借入れを避ける場合には，相対型の貸出は必ずしも所期の安定化効果を発揮できない（白川，2008）。
31) 「最後の貸し手」（Lender of Last Resort; LLR）機能とは，資金不足に陥った金融機関に対して，他に資金供給を行う主体がいない場合に，中央銀行が一時的な資金の貸付（流動性の供給）を行う機能である。例えば，日本銀行による「最後の貸し手」としての資金の供与は，通常は国債等を担保として行われる（日本銀行法33条）が，情報システムの故障など偶発的かつ予見不能の資金不足が生じた場合（同法37条）や，金融システムの安定のためとくに必要として内閣総理大臣及び財務大臣から要請があった場合（同法38条）には，無担保で行われることがある。

は合理的ではなく，金融システムを不安定化させるリスクがある。このため，中央銀行による信用供与が正当化される。中央銀行は，通常の場合，貸出の返済可能性を審査し，国債等信用度や流動性の高い担保（適格担保）を徴求したうえで貸出を行う[32]。

中央銀行による貸出の第2の類型は，支払不能（insolvent）に陥った金融機関に対し，最終的な破綻処理までの間，必要最小限の資金繰りを付けるためのつなぎ資金を供給するための貸出（事後支援型の流動性供給）である。日本銀行の特融（日銀特融）と称される貸出は，この類型が多い[33]。破綻処理に伴う損失処理は預金保険制度ないし政府の役割であるが，こうした最終処理までの間，中央銀行が流動性を供給する。この貸出は，破綻処理計画の枠内で返済されることを前提とする[34]。

第3の類型としては，金融危機に対する制度的枠組が整備されていない場合等に，財務支援等を目的に緊急避難的に供与される貸出である。この事例としては，破綻した信用組合の処理費用のため，日本銀行が1995年4月，東京共同銀行（55頁を参照）に対し収益支援を目的とした貸出を行った[35]。

第4の類型としては，企業金融など特定目的のための制度融資である。その事例として，日本銀行が1998年11月に導入した企業金融支援のための臨時貸出制度がある[36]。

---

32) 日本銀行が，金融市場の機能維持と安定性確保のため，2001年2月に導入した補完貸付は，対象先金融機関が日本銀行に差入れた適格担保の範囲内で，金融機関の借入申込（希望する金額およびタイミング）に対し受動的に供与される。
33) 日本銀行が特融を行う場合，①システミック・リスクが顕現化するおそれがある，②日本銀行の資金供与が必要不可欠である，③モラル・ハザード防止の観点から，関係者の責任の明確化が図られるなど適切な対応が講じられる，④日本銀行自身の財務の健全性維持に配慮するという四原則に基づいて判断している。
34) わが国では，1990年代後半から金融機関の破綻が相次ぐ中，特融（預金保険の発動が前提）が常態化した。こうした特融は，1995年7月のコスモ信用組合を皮切りに，ピーク時には3兆2,054億円（1998年3月末）に達した。
35) この貸出は，預金保険機構による特別資金援助が導入される前段階において，処理費用の確保が困難であった状況下，異例措置として実施された。貸出の内容は，①金額：2,200億円，②期間：5年間（手形貸付〔3か月ごとに書替〕），④担保：国債その他の債券（手形貸付の適格担保），⑤利子：年0.5％であった。

［信用補完］

　中央銀行信用は，直接的な貸出のほか，保証などの信用補完の形でも供与される。こうした信用補完が金融システム安定化策として用いられた事例としては，1990年代初に英国の中央銀行である Bank of England（BoE）が問題中小銀行の経営悪化に際して行った信用ライン保証が挙げられる[37]。1990年6月の British & Commonwealth Merchant Bank の破綻で顕在化した英国中小銀行の経営問題は，1991年7月の Bank of Credit and Commerce International（BCCI）の閉鎖による市場心理の悪化もあって，金融システム全体を不安定化するリスクが高まった。このため，BoE は資金ポジションが脆弱な問題中小銀行に支援を供与することを決定した。BoE の支援は，直接 BoE の貸出を供与した1例を除き，クリアリング・バンクが中小銀行に供与する信用ラインを BoE が保証するという形をとった[38]。

　こうした BoE による支援スキームは，非開示とされた。BoE が支援供与を秘密裏に行ったのは，開示することによって問題の解決が BoE の責任とされ，モラル・ハザードを喚起することを防止するためであった[39]。また，この時の BoE による信用補完は，クリアリング・バンクとの秘密裏の協議により策定された，民間銀行部門を通じた支援という意味でも注目される[40]。こうした支援は，BoE とクリアリング・バンクとの間の信頼関係があって初めて可能となった。

---

36) これは，年末・年度末の企業金融を円滑化するため，金融機関に企業向け貸出を増加する動機を与えるべく，企業向け融資を拡大させた金融機関に対して，同年10～12月における貸出増加額の50％まで0.5％の金利で日本銀行がリファイナンスを行った。担保は国債のほか，日本銀行が適格と認める民間企業債務とし，原則として担保価額の50％以上は，民間企業債務とした。
37) 信用ラインは，あらかじめ約定した限度額・期間内で請求に応じ資金を供与する与信である。
38) クリアリング・バンクとはバークレイズ銀行等，手形交換所に加盟する大手銀行である。
39) BoE は，支援供与を開示することにより市場の不安を和らげる便益よりも，問題の解決が BoE に押し付けられるリスクを回避した。BoE 関係者によると，BoE が支援した問題中小銀行の中には，BoE が信用補完を供与したことを，当時も今も知らない銀行がある。

(4) 資本拠出

資本拠出は，債務超過に陥っているか，過小資本の状態にあり，外部からの資本注入・再構築を行わない限り継続可能性がない金融機関に対して実施される。中央銀行が資本を拠出することは，貸出よりも大幅に前傾化したリスク・テイキングである[41]。ことに，過小資本に陥った金融機関の資本再構築に当たり，中央銀行がいかに対応すべきかについては，困難な政策判断を伴う[42]。

1990年代のわが国において日本銀行が行った資本拠出の事例をみると，第1の類型は，過小資本の状態にあるが，政府または預金保険機構の支援や信用補完により，自らの収益で支払能力を回復し継続可能と評価しうる金融機関に対し，出資等の形で資本を拠出した。こうした事例としては，経営再建策を策定した日本債券信用銀行に対する，日本銀行による新金融安定化基金の資金800億円を活用した優先株式の引受がある。この株式引受は，公的資本注入スキームが整備される以前，他に手段がない切迫した状況の中で，金融システムの安定のため資本を拠出したものである[43]。

第2は，破綻処理や資本再構築のための制度的枠組の一環として行われる

---

40) BoEが支援を供与することを決定した当初，BoEの支援は資金繰り支援であったが，これはその後支払能力支援に転化した。このため，BoEは貸倒引当金繰入が必要となり，1991年度に25百万ポンド，1992年度に90百万ポンドを繰り入れた。この貸倒引当金繰入は，市場に与える影響を考慮し当初は開示されなかった。1993年度入り後，BoEは貸倒引当金を開示した。

41) 日本銀行は，1990年代の金融システム不安の局面において，様々な形態で「最後の貸し手」機能を発動した。「最後の貸し手」機能の基本が短期の流動性供与であることに鑑みると，出資や収益支援貸出は，中央銀行の資源を特定の者に還元するという意味でも，異例である。しかし，他に金融システム安定化手段がない状況下，緊急避難的措置として実施された。

42) 白川（2008）は，「金融システムの機能低下の原因がソルベンシー（支払能力）の問題であれば，中央銀行は基本的には対応手段を有していない。中央銀行の基本的な役割は流動性の供給であり，損失発生の可能性のある資本の供給については，政府が担うべきと考えられる。ただし，現実に金融機関が資本不足に直面し，これが原因となって経済活動が収縮するおそれがある極限的な状況に直面する場合，中央銀行がどのように対応すべきかは難しい問題である」と述べている。

43) その後，金融機能安定化法や早期健全化法の制定により，財政資金が投入されることとなった。なお，日本債券信用銀行は1998年12月に特別公的管理銀行となった。

資本拠出である。その嚆矢は，経営破綻した東京協和信用組合，安全信用組合の承継機関である東京共同銀行の設立のため，1995年に日本銀行が実施した民間金融機関との共同出資（200億円）である。その後日本銀行は，みどり銀行に対する劣後ローンの供与（1,100億円，1996年），紀伊預金管理銀行設立のための新金融安定化基金を通じた出資（100億円，1996年）を行った。いずれも金融機関の破綻処理を行う上で不可欠の前提条件であった承継機関の確保のための措置である[44]。

海外中央銀行による資本拠出の事例としては，BoE が Johnson Matthey Bankers（JMB）に対して行った資本拠出（1984年）がある。1984年8月，JMB は監査人により債務超過と指摘された。BoE は当初，JMB の承継先を探したが，実現に至らなかった。BoE は，JMB の倒産を容認すれば，国際的にも信用不安が波及するほか，ロンドン市場の信認が失墜すると判断し，自ら JMB を同行の親会社から持分のすべてとして1ポンドで買収し，1億ポンドの出資（普通株50百万ポンド，普通償還株25百万ポンド，劣後ローン25百万ポンド）を行った。BoE はその後，経営者の更迭など同行の経営を再構築した上で，1986年4月に同行を売却し，投入資金の75％程度を回収した。

このほか，北欧銀行危機の下で，フィンランドの中央銀行である Bank of Finland が，Scopbank（同国の貯蓄銀行の中央機関でもある商業銀行）に対して行った資本拠出（1991年）がある。Bank of Finland による Scopbank への出資は，同行の中央機関としての機能に鑑み，また当時，問題に対応できる機関が中央銀行以外に存在しなかったため，緊急避難的な措置として実施された[45][46]。

このように，中央銀行による資本拠出は，いずれもシステミック・リスクの顕現化を防止するため，制度的に他に手段がない状況下で実施された。中

---

44) こうした経験をふまえ，整理回収銀行（現整理回収機構）の承継機関機能附与や，金融整理管財人，承継銀行制度の導入といった預金保険制度におけるセーフティ・ネット面の拡充が行われ，その後は日本銀行が破綻金融機関の承継機関設立に財務的に関与する必要性はなくなっている。
45) 北欧銀行危機下のフィンランドにおいて，中央銀行による資本拠出はこの1件のみであり，その後は，新たに設立された政府保証基金が資本注入を行った。

央銀行によるリスク資本の供与である資本拠出は，こうした場合に限り正当化しうると考えるべきであろう。

3．市場取引手段

市場取引手段は，相対手段に比べ，金融市場を通じて広い範囲に効果を及ぼすことができる。システミック・リスク要因が少数の金融機関に集中している場合よりも，多くの金融機関を対象に早急な措置が必要な場合に有効である。

(1) 政策金利調整

金融システムの機能が低下し，これが実体経済活動に影響を与える場合，政策金利の引き下げが中央銀行の選択肢となる。

この事例として，日本銀行は1991年7月以降12回にわたり公定歩合を引き下げ，1990年代前半がその大宗を占める（7回，累計4.25％）[47]。この間，日本銀行による市場金利の低め誘導も4回にわたって実施された。短期金利の引き下げにより，企業活動の活性化による景気浮揚を図ると同時に，金融機関の資金利益を増嵩させ，資産内容の改善（業務純益と内部留保を償却原資とした不良債権処理の促進）が期待された[48)49)]。

---

46) 1991年9月，Bank of Finlandは，経営が悪化したScopbankを管理下に置き，全債務を保証した。さらに，Bank of Finlandが全額出資して中央銀行の子会社3社を設立し，第1の子会社がScopbank本体を，他の2社は同行の不良債権を取得した。1992年6月，第1の子会社は，同年4月に設立された政府保証基金にScopbankを売却した（不良債権は引き続き他の子会社が保有し，市況の回復後市場に売却した）。

47) わが国における政策金利の代表指標とされてきた「公定歩合」は，2000年10月13日以降，二本建てから一本化（日本銀行による優良な商業手形割引利率および適格担保付手形貸付利率とその他のものを担保とする貸付利率）され，2000年7月14日以降，「基準割引率および基準貸付利率」とされた。

48) 金利と銀行収益の関係については，本章40～41頁を参照。

49) 不良債権を貸倒引当・償却によって会計処理すれば，貸倒損失が発生する。これによる収益悪化を危惧し，銀行が不良債権処理を先送りする可能性がある。そこで，業務純益を増加させれば，それだけ貸倒損失を吸収する余地が大きくなり，当期損失を回避しつつ不良債権処理を促進する効果が期待された（邦銀の不良債権問題は第4章第3節を参照）。

図表 2-6　米国における政策金利*1の推移

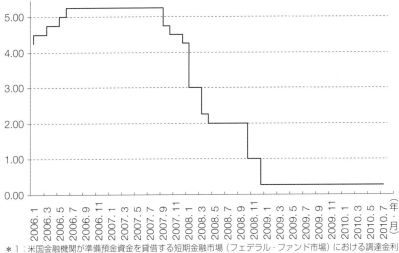

*1：米国金融機関が準備預金資金を貸借する短期金融市場（フェデラル・ファンド市場）における調達金利（オーバーナイト）で，金融政策の誘導目標金利である。
単位：％
出所：*Federal Reserve Bulletin* 各号

　また，世界金融危機においても，FRB をはじめとする各国中央銀行が政策金利の機動的かつ大幅な引き下げを実施した（図表2-6）。

(2) 公開市場操作

　中央銀行は，公開市場操作により，金融市場全体に直接流動性を供給することができる[50]。金融危機時においては，中央銀行は，市場操作の頻度・額の引き上げによる流動性供給の量的拡大のみならず，対象先の拡充，期間の長期化，対象資産・適格担保の拡大（信用リスク面の緩和）など，操作内容を多様化・拡大する。これは，金融危機時には，市場参加者の間でカウン

---

[50] 公開市場操作（オペレーション）とは，中央銀行が金融機関の保有する資金量を調整する手段である。中央銀行が金融市場で金融機関から国債，手形などの資産を買い入れ，金融機関に資金を供給する操作が資金供給オペレーション（買いオペ）である。中央銀行が保有する国債等を金融機関に売却し，金融機関から資金を吸収する操作が資金吸収オペレーション（売りオペ）である。

図表 2-7　1990 年代後半における日本銀行の市場操作の多様化

1997 年 9 月 11 月	・CP オペレーションを再開 ・国債レポ（買戻または売戻条件付）オペレーション（レポオペ）の新規導入
1998 年 11 月	・買入 CP 期間を拡大 ・手形買入オペレーションの適格担保を拡大（社債，証書貸付債権，資産担保証券を付加）
1999 年 10 月	・短期国債の買切りオペレーションを新規導入（1999 年 10 月開始） 　―従前は長期国債のみを対象に実施していた。 ・レポオペ対象銘柄およびオファー先の拡大

参考：CP はコマーシャル・ペーパーで，優良企業が短期の資金調達のため，無担保で発行する期限が 1 年未満の約束手形である。資産担保証券（Asset-Backed Securities; ABS）とは，住宅ローンなど複数の金銭債権等の資産を束ね，これから発生する元利金を裏づけとする有価証券の形で発行（証券化）される債券である。
出所：日本銀行「政策委員会月報」等

ターパーティ・リスク認識が著しく高まり，リスク取引が忌避されるため，中央銀行がマーケット・メイカーとして市場機能を代替せざるをえなくなることによる[51]。

この事例として，日本銀行は1990年代後半，金融システムの混乱に対応するため市場操作の内容・手段を多様化した（図表2-7）。日本銀行による市場操作の多様化は，世界金融危機における各国中央銀行の対応の先鞭となった。

こうした多様化操作のうち，CP オペレーションは，民間信用を中央銀行が民間信用を積極的に肩代わりした措置として注目される（白川，2008）。これは，事業法人が発行する CP を日本銀行が積極的に購入することにより，金融緩和効果とともに企業の資金調達の順便化を図った。

また，邦銀の資金繰りの円滑化のためにも，日本銀行はマーケット・メイカーとして機能した。この時期，信用度が低下し，米ドルの調達が困難であったわが国の銀行（邦銀）は，日本銀行による市場操作で調達した円資金を為替スワップで米ドルに転換した。日本銀行は，邦銀の為替スワップ取引先

---

51) マーケット・メイカーとはもともと証券用語で，取引所から指定され，株式や債券などの取引において投資家に取引機会を保証すべく，一定量の在庫を保有し，市場参加者に売値と買値を恒常的に提示し，その価格で自ら売買に応じる証券業者である。

である外資系金融機関に安全な金融資産運用手段として売出手形を振出した。これにより，外資系金融機関は邦銀の信用リスクを回避しつつ，邦銀との為替スワップ取引を行う途が拓かれ，邦銀の外貨資金繰りが支援された（白川，2008）。

(3) 外国為替等市場介入
[外国為替売買]

中央銀行による外国為替売買は，公開市場操作と同様，市場全体に影響を及ぼす。金融危機に対応する目的をもって行なわれた外国為替介入の事例としては，アジア通貨危機の際に行なわれたインドネシア・ルピア協調介入が挙げられる。1997年11月3日，日本銀行，シンガポール通貨庁，インドネシア銀行は，ルピアの対ドルレートの下落に対応して，シンガポール市場においてルピア買い・ドル売りの協調介入を行なった[52]。

[株式買入]

2002年10月，日本銀行は，金融機関による保有株式の価格変動リスクの軽減努力をさらに促すための施策として，金融機関から株式の買入れ等を行うことを決定した[53]。具体的には，2003年9月末までの期間，株式等保有額が中核的自己資本（Tier1）を超えている銀行を対象として，その超える額等の範囲内で，BBB格相当以上の上場企業の株式を，銀行からの申込みに応じて買い入れることとした[54]。

---

52) 日本銀行による介入は390億円相当額であった。この協調介入の結果，1997年10月末に1ドル＝3,590ルピアだった為替レートは，11月3日に1ドル＝3,207ルピアまで回復した。しかしその後，地元の中小銀行16行の閉鎖等が金融不安を助長させ，ルピアは1998年1月には1ドル＝10,000ルピア割れまで暴落した（詳細は第5章第2節を参照）。
53) 株式買入れの実施に当たっては，日本銀行法（第43条第1項ただし書）に基づく認可を取得した。
54) 日本銀行は，2003年3月に，株式買入総額の上限を当初の2兆円から3兆円に引き上げることを決定したほか，同年9月には，買入れを行う期間を2004年9月末まで1年延長することを決定した。

(4) 決済システム操作

　銀行やその他の金融機関は，金融仲介のみならず，決済システムにおいても重要な機能を果たしている。決済において重要度の高い金融機関の破綻や，決済システムに参加している多くの金融機関に及ぶ混乱・途絶は，決済機能を麻痺させ，金融システムのみならず実体経済に深刻な影響を及ぼす可能性がある。中央銀行は，決済システムの運営状況をモニターし，決済の障害を軽減し，また大規模な決済障害危機を直接管理することにより，そうした混乱に対応する。中央銀行は，民間当事者間の資金決済が確実に行われるよう，当座貸越など日中与信の供与や，自らが運営する決済システムの稼働時間を延長することなどにより対応する[55]。

第3節　小括

　本章では，第1節において中央銀行のプルーデンス機能の費用・便益，第2節においては中央銀行の金融危機管理手段を取り上げた。

　中央銀行が監督権限を有し，金融システムの安定性に責任をもつべきか否かをめぐる議論は，中央銀行がプルーデンス機能を担うことの費用・便益の比較考量に帰着する。規模と範囲の利益，金融政策とプルーデンス政策の目的の互恵関係，金融システムを安定させる動機などに鑑みると，中央銀行からプルーデンス機能を排除することは合理的とはいい難い。政策の局面によっては，金融政策とプルーデンス政策の間に利益相反が起きうるが，これは政策の時間軸の設定と市場に対する説明により，克服が可能である。最近では，「金融部門が発達した経済では，中央銀行がプルーデンス政策を担う方が金融システムは安定する」という実証分析が注目される。

　中央銀行の金融危機管理手段は，検査，モニタリングなどの情報生産手段，指導・処分，信用供与，資本拠出などの相対手段，政策金利調整，公開市場

---

[55] 決済システムの物理的障害発生時や金融市場の価格が急激に変動した場合，民間当事者の資金決済が確実に行われるようにするため，中央銀行の運営する決済システムが稼動できる状態にあるとともに，状況に応じて稼働時間を延長することも有効である（白川, 2008）。

操作などの市場取引手段に分類することができる。これら危機管理手段の利用可能性は，各国における中央銀行の権限範囲によって，また政策の局面によって異なるが，多様な手段を具備している点が中央銀行の危機管理機能の特色である。また，中央銀行は，市中金融機関との取引関係に基づいた，信用補完などの技芸的な手段を用いることができる。中央銀行による危機管理は，原則として議会の承認を得る必要がないため，機動的な対応が可能である。中央銀行によるリスク資本の拠出は，日本銀行等による拠出の事例から明らかなとおり，金融システムの安定性を維持するために他に利用可能な選択肢がなく，緊急避難的な措置としてやむをえない場合に限定されるべきである。

〈 第3章 〉
金融危機の発展段階と政策対応

　本章は，各国における金融危機管理の経験をふまえ，金融危機の発展段階，各段階における政策対応，および各発展段階と対応においてプルーデンス政策上注意を要すべきポイントを整理する[1]。

第1節　金融危機の進行とプルーデンス当局の対応

　各国における金融危機をみると，金融危機は，個別的な金融リスクの増嵩→金融機関の財務・経営内容の悪化→金融機関の破綻→システミック・リスクの顕現化という経過をたどる（小林，2002; Blanchard, 2009等）。
　金融機関のリスク・テイキングが前傾化し，信用・市場リスクなど個別的な金融リスクが増嵩する段階では，プルーデンス当局は検査等を通じ，金融機関のリスク管理や経営内容の是正を図る。金融機関の財務内容が悪化してくると，プルーデンス当局は金融機関の財務・経営内容の改善を試みつつ，システミック・リスクへの転化の防止に努める。金融危機が顕現化すると，

---

[1] 今次の世界金融危機を契機とした金融規制改革においてマクロ・プルーデンス政策など新たな対応手段が導入され，金融危機管理のあり方にも変革が予想される。これについては第7章で検討する。本章では，これまでの金融危機の進行と政策対応を基本に論ずる。

プルーデンス当局は，流動性供給等の危機管理手段を動員し金融システムの安定化を図りつつ，破綻金融機関の処理に当たる。金融危機の収束が視野に入ってくると，危機の再発を防止する観点から，金融規制・制度の改革論が浮上する。このようにみると，金融危機の発展段階は，次の五つに分けることができよう。第1段階は個別的な金融リスクの増嵩，第2段階は金融機関の財務・経営内容の悪化，第3段階は金融機関の破綻，第4段階はシステミック・リスクの顕現化，第5段階は金融規制・制度改革である[2]。

　金融危機の各段階において，プルーデンス当局（金融監督当局〔行政当局〕，中央銀行等）は，政策問題を認定し，政策アジェンダ（政策課題・目標と施策，その立案・施行工程）を設定し，最適な（と思われる）政策手段を選択・執行するという過程により，金融危機管理を行う。また，金融危機管理に当たり，プルーデンス当局は，直接的な政策目標だけでなく，政策の環境，前提条件（例えば，金融機関や預金者をはじめとする市場参加者の動向，金融システムの特性，経済・経営環境），副作用など，種々の顧慮すべき事項（considerations）に留意しつつ行動する必要がある。同一の事項が，金融危機の段階によって，直接的な政策目標とも，顧慮すべき事項ともなりうる。

　金融危機の発展段階と，各段階における政策対応を整理すると図表3-1のとおりである。以下ではこれをやや敷衍する。

[第1段階──金融リスクの増嵩]

　金融危機の第1段階においては，金融機関の破綻を誘引する個別的な金融リスクが増嵩する。こうした金融リスクとしては，信用リスク（例：不動産など単一の業種・部門に対する与信集中，大口融資），市場リスク（例：経営体力に比して過大な金利・為替ポジションの形成，複雑な構造や高リスクの金融商品による資産運用），経営リスク（例：経営陣によるリスク認識・管理への容喙，

---

[2] 金融危機の各段階は，必ずしも時間的経過と同一ではない。例えば，破綻金融機関の処理（第3段階）は，システミック・リスクが顕現化（第4段階）する中で行われることも，第2段階で行われることもある。また，先行する段階で用いられる政策手段は，次の段階でも用いられる。例えば，第2，第3段階においても，プルーデンス当局は金融機関や金融市場の動向を監視・点検する。

図表 3-1　金融危機の発展段階と政策対応

	段階	政策主体	政策目的	主な政策手段	顧慮すべき事項
1	・個別的な金融リスクの増嵩（資産内容、自己資本は劣化しない）	・金融監督当局 ・中央銀行	・リスク管理の改善 ・経営の慎重化	・検査 ・モニタリング ・是正指導 ・規制・監督	・金融仲介機能の維持 ・金融革新・効率化の促進 ・金融経済動向
2	・金融機関の財務内容の悪化（資産内容の悪化や過小資本が表面化）	・金融監督当局 ・中央銀行 ・預金保険機構	・システミック・リスクへの転化の防止 ・不良債権処理等財務内容の改善[*1]	・流動性供給 ・信用補完 ・資本増強 ・指導・行政処分 ・政策広報	・情報の非対称性 ・負の外部性 ・市場心理
3	・金融機関の破綻	・金融監督当局 ・中央銀行 ・預金保険機構 ・財政当局 ・資産管理会社	・市場の信認の維持 ・破綻処理費用の極小化 ・金融仲介機能の維持 ・金融機関経営の再構築 ・不良債権処理	・流動性供給 ・Diagnostic Review[*2] ・破綻処理方策[*3]	・情報の非対称性 ・負の外部性 ・実体経済への影響 ・国内・海外金融市場への影響
4	・システミック・リスクの顕現化（市場流動性が枯渇、金融仲介機能が低下）	・金融監督当局 ・中央銀行 ・預金保険機構 ・財政当局	・金融仲介機能の維持・回復 ・内外金融市場と実体経済への波及の防止 ・市場の信認の維持・回復	・流動性供給 ・ブランケット保証[*4] ・公的資本注入 ・政策広報	・情報の非対称性 ・負の外部性 ・市場心理 ・金融機関経営の再構築
5	・金融規制改革	・金融監督当局 ・中央銀行	・金融危機の再発防止 ・金融機関経営の改善	・法令・規則 ・規制・監督	・金融の効率化 ・金融革新と信用秩序の均衡

*1：不良債権（資産）とは、金融機関が保有する貸付金や有価証券のなどの債権（資産）のうち、元本の回収可能性が低下したり、収益性が悪化（約定どおりの利払いが行われない）など、経済価値が低下した債権（資産）である。不稼働債権（資産）とも呼称される。
 2：Diagnostic Review は、問題金融機関の資産内容、収益力、自己資本などに基づき継続可能性を判定する。この結果に基づいて金融機関の処理方策を決定する。
 3：破綻処理方策は、救済、国有化、資本再構築、資金援助・合併、清算等がある。
 4：ブランケット保証とは、預金者、内外債権者が損失を被らないよう、預金、対外借入など銀行の債務を原則として無制限に政府が保証する。
出所：Estrella（2001）; 小林（2002）; Blanchard（2009）等を参考に著者作成

経営陣のリスク認識の不足）等，多様である。経験的にみると，長期にわたる低金利や資産価格の上昇などのマクロ経済環境が，経営体力に比して過大なリスク・テイキングへと金融機関を誘引し，経済環境が反転するに伴って金融機関の財務内容が急激に悪化することが少なくない[3]。

第1段階における政策対応としては，金融監督当局または中央銀行が，検査やモニタリングを通じて，金融機関に内在するリスクや経営管理上の問題を認定し，指導または行政処分によって財務・経営内容を是正する。

プルーデンス政策の観点から注意すべき点として，第1に，個別的な金融リスクが増嵩する過程では，金融機関の業績はむしろ改善する（金融機関のリスク・テイキングが前傾化するに伴い，それに見合って収益が増加する，高リスク・高リターン）[4]。これに伴って，金融機関の資産内容，自己資本比率，収益率などプルーデンス政策上重要な指標も良好となることが多い。こうした場合，リスクの増嵩にもかかわらず，プルーデンス当局が金融機関の経営を是正することは困難である[5]。

第2のポイントは，金融危機の誘因となる個別の金融リスクは，金融機関に内在するとは限らないことである。アジア通貨危機を例にとると，その誘因となった「二重のミスマッチ」（資産負債構造における満期構成と通貨構成双

3）その事例は，1980年代後半から1990年代のわが国における資産バブルの形成と崩壊に伴う，邦銀の不動産関連融資への信用集中と資産内容の悪化である。

4）1980年代後半のわが国における資産バブルの形成過程では，不動産・資産関連融資への信用集中が進む中で邦銀の収益は好調であった。また，世界金融危機が顕現化する以前，欧米主要金融機関の収益も好調であった。利回曲線のフラット化，リスク・プレミアムの縮小という環境下で，欧米金融機関は，より厚い利鞘を求め，レバレッジド・ファイナンスや証券化に向かった。良好な実体経済環境下で，金融機関の収益が増加し，自己資本が厚く，リスク・テイキング姿勢が前傾化する中で，リスク管理（リスク限度枠やストレス・テストなど）による歯止めは有効に機能しなかった（詳細は第5章）。

5）1980～1990年代以降，各国の金融監督当局は，リスク重視検査，早期是正措置，評定制度の見直しなど，早期発見・早期是正の努力を続けてきた。しかし，資産内容，流動性，収益，自己資本比率等の指標が良好な業績を示す金融機関に対し，リスクの増嵩のみを理由として是正措置を講ずることは，実務的には依然として困難であった（詳細は第5章の［リスク重視検査の限界］の項を参照）。また，金融機関にとっても，プルーデンス当局にとっても，リスクと収益・経営体力のバランスを見極めることは困難である。

方におけるギャップ）は，銀行ではなく，借り手である企業の財務に形成されていた。したがって，金融機関の財務内容が健全にみえても，金融システムの安定性は必ずしも保証されず，企業・家計部門の財務の健全性に留意すべき場合があることに注意を要する[6]。

[第2段階——金融機関の財務内容の悪化]

　金融機関に内在する信用リスク等のリスクが顕現化すると，不良債権の増加など資産内容の悪化，収益性の低下，貸倒損失（貸倒引当・償却）による自己資本の毀損など，金融機関は財務内容が悪化する。これにより信用度が低下すると，当該金融機関は資金調達費用が増加し，ひいては資金調達が困難となる。資金調達が困難となった金融機関は，運用資産を流動化することによって手許流動性を積み上げようと試みる。また，資産内容の劣化による貸倒損失により自己資本が毀損した金融機関には，自己資本比率を回復させるため，企業向け貸出等のリスク資産を削減する動機が働く。

　自己資本の毀損がさらに進んで債務超過に陥った金融機関は，手許流動性が枯渇し，また資金調達も不可能であれば，期限が到来した債務を履行できず（債務不履行，支払不能），破綻に至る。ことに，市場でのプレゼンスが高い金融機関が破綻した場合，金融システムや実体経済に与える影響が大きい。

　こうした状況下，プルーデンス当局は，問題金融機関の財務・経営内容の悪化が，他の金融機関，ひいては金融システム全体に波及し，システミック・リスクへと転化することを防止せねばならない。このための主な政策手段としては，個別の問題金融機関を対象とした，中央銀行の貸出による流動性供給や，信用ライン保証等の信用補完，政府（または中央銀行）の出資による公的資本増強などが用いられる。この間，第1段階と同様，プルーデンス当局は問題金融機関に対し指導や行政処分を発出し，リスク・経営管理上の問題点を是正しようと試みる。

---

6) アジア通貨危機における「二重のミスマッチ」，金融システムの安定性における企業財務，それらのプルーデンス政策上の含意については，第4章第2節において論ずる。

図表 3-2　破綻金融機関処理の選択肢

処理方式＼政策目標	迅速性	処理コストの極小化	銀行経営改善への動機づけ	銀行システムへの信認	金融仲介機能の維持
救済	●●●●●●●	●	●	●●	●●●●●
国有化	●●●●	●●	●●	●●●●●●	●●●●
資金援助・合併	●●	●●●●●	●●●	●●●●	●●●●●
資本再構築	●●●	●●●●	●●●●	●●●●●	●●●●●
事業再構築	●●	●●●●●●	●●●●●●	●●●●●	●●●
清算・ペイオフ	●●●●●●	●●●	●●●●●●	●	●

注：●が多いほど，当該目標のために望ましいことを示す。
参考：国有化の事例としては，金融再生法（当時）により日本長期信用銀行等に実施された特別公的管理がある。資金援助・合併は，預金保険からの金銭贈与などの資金援助により，破綻金融機関（稼働資産と債務）を健全な金融機関と合併させる。破綻処理策としての資本再構築は，預金保険や財政資金により破綻金融機関の新株引受を行う増資である。
出所：World Bank (1998); 著者による修正

　また，プルーデンス当局は，金融機関や預金者をはじめとする市場参加者による情報の非対称性に起因する行動を防止することが必要である。このためには，プルーデンス当局による情報の適時開示などの政策広報が有効な場合がある。政策広報により，市場心理の動揺を低減し，市場参加者の合理的な行動を誘引することが可能である。中央銀行総裁が発出する声明が，市場参加者の心理を改善するなど，有効な危機管理手段となりうる。こうした政策広報は金融危機管理の重要な一環である。

［第3段階――金融機関の破綻］

　第3段階において，プルーデンス当局は，破綻した金融機関を処理（破綻処理）し，当該金融機関の不良債権（劣化した企業債務）を再構築する。不良債権の再構築は，短期的な政策目的とされる（米国の事例）ことも，より中長期的な政策目的（スウェーデンの事例）こともある。また，破綻処理の一環として，不良債権を当該金融機関から切り離し，資産管理会社へ移管した上で処理する（グッドバンク・バッドバンク方式）ことも多い。

　破綻金融機関の処理に当たっては，プルーデンス当局はトレード・オフに直面する（図表3-2）。プルーデンス当局は，できるだけ迅速に，処理コスト

を極小化しつつ破綻処理を行う必要がある。しかもこの間，実体経済への影響を防ぐため，金融システムへの信認を維持しつつ，金融仲介機能を維持することが重要である。また，金融機関が公的支援に安易に依存するモラル・ハザードを回避しなければならない。

プルーデンス当局は，金融システムの状況を判断し，政策目標を達成するため，問題金融機関を閉鎖し預金を払い戻す（清算・ペイオフ）か，救済する（金融機関を閉鎖せず，預金保険等による資金援助により営業を継続させるOpen Bank Assistance）か，合併資金を公的に援助することにより他の金融機関に合併させるかといった処理方式を選択する。清算・ペイオフは，迅速であり，問題金融機関に対し経営改善に向けた強い動機を与えるが，金融危機の渦中では，情報の非対称性もあって預金者など市場心理を動揺させ，金融システムをかえって不安定化する可能性が高い[7]。一方，問題金融機関に公的資金を用いた資本注入を行い，事業再構築を行った上で再生する方法は，銀行部門への信認を向上させ，金融仲介機能を維持する上でも望ましい。しかし，この選択肢は処理の過程に長時間を要するというコストを伴う。このように，プルーデンス当局は，政策目標と処理方式の得失を比較考量し，適切な破綻処理方策を選択する必要がある。

破綻金融機関の処理に当たっては，その影響に対する顧慮が他の段階において以上に重要となる。実際の破綻処理に当たっては，プルーデンス当局は，実体経済や国内外の金融・資本市場に対する影響など，多くの要素を顧慮した上で，破綻処理の手法を選択せねばならない。情報の非対称性に起因する預金取り付けの可能性は，問題金融機関の処理に当たってプルーデンス当局が顧慮すべき要素の一つであるに過ぎない。破綻金融機関の清算・ペイオフを選択すれば，当該金融機関が提供していた金融機能は停止し，貸出先企業や地域経済に影響を及ぼす。金融機関は，顧客企業について生産した情報に基づき，経営リスクを評価したうえで取引関係を構築する。こうした情報生

7）アジア通貨危機当時，インドネシアでは中小の問題銀行16行を清算したが，地場民間銀行から国営銀行や外国銀行への預金シフトを誘引した（詳細は第4章第2節を参照）。

産費用は,新規取引の時点で高く,取引が継続するに従って逓減する。このため,自社の取引銀行が営業を停止した企業が,銀行取引を再構築するため別の銀行に取引開始を申し込むと,当該銀行は高い情報生産費用をかけて審査を行わねばならなくなる[8]。

また,国際業務を行う大規模金融機関の場合,その破綻が海外を巻き込んだ金利,為替相場の変動を引き起こす可能性を顧慮する必要がある。こうした事例としては,1998年10月,特別公的管理によって処理された日本長期信用銀行が挙げられる。当時,同行は派生商品市場において主要なプレーヤーの地位にあり,仮に同行が破綻・清算されれば,市場が吸収できない程の調整取引が一斉に発生し,海外市場を巻き込んだ大幅な市況変動(長期金利,円レート)が発生する可能性があった[9]。

[第4段階——システミック・リスクの顕現化]

金融機関の財務内容の悪化に歯止めがかからず,債務不履行,破綻が金融機関へ連鎖的に波及する事態に至れば,システミック・リスクの顕現化である。システミック・リスクが顕現化する中では,一部金融機関の経営内容の悪化が契機となって,市場参加者のカウンターパーティ・リスク認識が著しく高まる。情報の非対称性を背景に,個々の金融機関にとって,取引先金融機関の財務内容を点検するより,取引を停止し手許流動性を積み上げる方が

---

8) 取引先金融機関を喪失した企業は,新たに別の金融機関と取引を再構築しないと,営業を継続することが困難となる。そうした企業から借入申込を受けた金融機関は,新規融資に伴う貸出審査等の情報生産費用を要する。当該企業の経営内容に問題がなくとも,情報生産費用が高い,業種の点で与信集中度が高まる,自己資本規制比率の制約がある等の理由で,新規取引が不可能となる可能性がある。

9) 日本長期信用銀行の破綻に伴いデフォルトと認定された場合,クロス・デフォルト条項の発動により,同行が取り組んでいたすべての派生商品取引が自動的に解約されることが想定された。取引の強制終了を余儀なくされた同行のカウンターパーティーは,ポジションをスクウェア化するため,大量の日本国債売却,円売りを一斉に行うと予想され,この結果,国内市場はもとより,海外市場まで巻き込んだ長期金利の高騰,円レートの下落といった市場の攪乱が発生する可能性が否定できなかった。こうした要因をも顧慮し,同行に対する処理方策としては,法人格の一体性を保持する一時国有化(特別公的管理)が適用されることとなった。

合理的な場合が増加する。このため，金融市場では期間の長い資金取引を中心に市場流動性が急減し，中央銀行をはじめとする公的機関以外にリスクを取る者がみられなくなる。また，自己資本比率の低下など財務内容が悪化した金融機関はリスク・テイク能力が減退するため，金融機関の与信方針が消極化し，金融仲介・与信機能が低下する。個々の金融機関のこうした行動が拡大すれば，実際には大多数の金融機関の財務内容に問題がない場合であっても，自己実現的にシステミック・リスクが顕現化する。

この第4段階では，緊急時流動性供給を行って市場流動性を回復し，預金者・市場参加者の信認を回復し，金融仲介・与信機能を再生するなど，金融危機の深刻化を抑止しつつ，実体経済への波及を防ぐことが，プルーデンス当局にとって喫緊の課題となる。このため，中央銀行による無制限の流動性供給，預金をはじめ銀行の全債務を公的保護の対象とするブランケット保証，当局による公的資本注入などの政策手段が動員される[10]。金融規制の適用の一時的な猶予（forbearance）が行われた場合もある。

プルーデンス政策上重要な点として，世界金融危機では，第2段階から第4段階に至る速度が，従来の金融危機に比べ著しく速まった[11]。

この背景として，第1に，構造が複雑で価値の評価に専門的な能力を必要とする金融商品（仕組商品）が増加したことである。こうした商品の安全性

---

10) ここで，こうした無制限の流動性供給，ブランケット保証，規制の先送りは，どれも最終的な財政コストを増大させる有意な効果をもつという実証研究（Honohan and Klingebiel，2000）がある。これは，こうした措置が，継続可能性が欠如した金融機関の延命につながる場合，最終的な処理コストの増加につながると理解すべきであろう（小林，2002）。

11) これを，リーマン・ブラザーズの事例でみると，2008年8月末には420億ドル（総資産の7％相当額）と，健全性に問題がない他の投資銀行と同水準であった同社の手許流動性は，破綻する前営業日である9月12日には250億ドル（そのうち，クリアリング・バンクへの差入担保等を除くと即時換価可能な資産は20億ドル未満）にまで急減し，支払不能に陥った。この間わずか2週間弱であり，これがいわゆるリーマン・ショックの引き金となった。リーマン・ブラザーズが短期間で蹉跌した直接の原因は，同社に対するカウンターパーティ・リスク認識が急激に悪化したことを背景に，①決済を行うクリアリング・バンクが日中与信を保全するための大幅な担保積み増しを同社に要求したこと，②大口のプライム・ブローカレッジ顧客が同社から資産を引き出したことなどによるものである（Valukas, 2010）。

や市場価格につき，投資家は格付会社の格付に依存していたため，格付が信認を失うと価格設定が不可能となり，市場流動性が急速に枯渇した[12]。

これを具体的にみると，まずサブプライム・ローン（信用度の低い借り手向け住宅ローン）を証券化した住宅モーゲージ担保証券（RMBS）が，このRMBSを組み合わせて第2次証券化商品である債務担保証券（CDO）が加工された。商品構造の複雑さに加え，原債権であるサブプライム・ローンからCDOまでが迂遠なこともあって，投資家がCDOの本源的価値を算定することはほぼ不可能であった。この意味で，CDOの投資家は，サブプライム・ローンの原債権者である金融機関やCDOの発行体などに比し，情報劣位者であった。このため，自ら商品価値を評価する能力を欠く投資家はCDOへの投資に当たり格付会社の格付に依存した。こうした状況下，格付会社による格付がいったん信認を喪失すると，市場は証券化商品を価格設定する主体を失い，投資家は取引を忌避し，公正価格での売買は一気に不可能となった。換言すれば，商品構造の複雑性・迂遠性が，情報劣位者である投資家を，情報の非対称性に基づく行動に誘引する動機を高めたとの評価が可能であろう。

第2の背景は，各金融機関が取る個別リスク（とくに市場リスク）の相関が高まり，金融システムに内在するリスクが同質・同方向的となったことを映じ，金融システム全体としてもリスクのベクトルが大きくなったことである。これは，マクロ経済環境の急激な変化（例：資産バブル崩壊に伴う資産価格の急落）を映じたカウンターパーティ・リスク認識の高まりにより，市場流動性や信用供与が急減し，金融システムが急速に不安定化する素地となった。この背景として，西口（2010）はValue at Risk（VaR）によるリスク計量化が普及した結果，市況への反応が同質化・高速化したと指摘している[13][14]。

---

12) 世界金融危機では，格付会社が発行体の要望を受け入れるかたちで安易に証券化商品に高格付を附与していたことが判明し，格付に対する信認が喪失した（池尾，2010）。

［第5段階──金融規制改革］

破綻金融機関の処理など金融危機管理を進める過程で，従来の金融規制の問題点が認識されることが多い。このため，第5段階では，金融危機の再発を防止すべく，金融規制改革が進められる。世界金融危機においても，金融システムに内在するリスクの変化，進行の高速化など金融危機の変容，これらに対応できなかった金融監督体制などをふまえ，マクロ・プルーデンス政策の導入などの金融規制改革が進められている（詳細は第6章）。

第2節　小括

本章は，金融危機の発展段階，各段階における政策対応，各発展段階と対応においてプルーデンス政策上注意を要する点を整理した。

金融危機は，個別的な金融リスクが増嵩する第1段階→金融機関の財務・経営内容が悪化する第2段階→破綻金融機関を処理する第3段階→システミック・リスクが顕現化する第4段階→金融規制改革が俎上に上る第5段階という展開をたどる。

金融危機の各段階において，プルーデンス当局は，政策問題を認定し，政策アジェンダ（政策目標・課題と施策，施行工程）を設定し，最適と思われる政策手段を選択・執行するという過程により，金融危機管理を行う。金融危

---

13) リスク管理手法の均一化による，市況の変化に対する金融機関の反応の同質化と高速化の事例は，今次の世界金融危機以前にも観察された。わが国では2003年6月から8月にかけ債券相場が暴落した「VaRショック」がある。これは，わが国の大手金融機関がVaRをほぼ一律に採用していたため，2002年後半から2003年5月にかけ長期金利が1％を割り込んで低下した後，金利上昇を契機にVaR値が増加しリスク限度に抵触したため，各金融機関が債券持高を一斉に縮小（債券を大量に売却）し，債券価格が急落した事象である。
14) 西口（2010）は，「VaRは，市場が安定的に推移している時は便利な指標だが，負の側面も大きい。例えば，極めて低変動な時期が続くと，VaRが小さく計算されるので，より多くの市場取引が可能となる。だが，いったん市場が売られて変動を始めると，その後でVaRが大きくなり限度を超過することから，持高を減少させる必要が出て売却を迫られ，これが市場参加者全員で同じ方法なので，同じ行動となって市場がさらに下げるという循環を作り出す」と指摘している。

機管理に当たり，プルーデンス当局は，直接的な政策目標だけでなく，政策の環境，前提条件，副作用など，種々の顧慮すべき事項（considerations）に留意しつつ行動する必要がある。

　プルーデンス政策の観点から注意すべき点として，個別的な金融リスクが増嵩する過程では，金融機関の業績はむしろ改善する（リスク・テイキングの前傾化に見合って収益が増加する高リスク・高リターン）。これに伴い，資産内容，収益，自己資本比率など，金融機関の健全性を評価する指標も良好となる。こうした場合，リスクの増嵩にもかかわらず，プルーデンス当局が金融機関の経営を是正することには困難が伴う。

　世界金融危機では，危機が進行する速度（第2段階から第4段階への進行速度）が，従来の金融危機に比べ著しく速まった。これは，第1に，複雑な構造を有する金融商品取引の増加が，カウンターパーティ・リスク認識の急激な高まり，リスク・テイキングの忌避など，市場参加者が情報の非対称性に基づいて行動する誘引する動機を高めたこと，第2に，計量化などリスク管理手法の均一化を背景に，金融機関のリスクが同質・同方向的となった結果，金融システム全体としてもリスクのベクトルが大きくなったことによるものである。

　従来の金融監督体制は，金融システムに内在するリスクや金融危機の変容に十分対応できなかった。これをふまえ，各国で金融規制改革が進められている。

〈第4章〉
1990年代における金融危機管理のケース分析

　本章では1990年代における金融危機管理の事例として，北欧銀行危機におけるスウェーデン，アジア通貨危機におけるインドネシア，および日本（資産バブル崩壊後の邦銀の不良債権問題）を取り上げ，金融危機管理の決定過程（政策問題の認定，政策アジェンダの設定，政策手段の選択・執行）を視点としたケース分析を行う。各事例をあらかじめ要約すると図表4-1のとおりである。

　1990年代における金融危機の第1のケースは，北欧銀行危機（Nordic Banking Crisis）におけるスウェーデンである。スウェーデンは，他の北欧諸国と同様，1980年代末から1990年代前半にかけ，資産価格の下落に伴う深刻な金融危機に見舞われた。これに対し，スウェーデン当局は，適時開示により透明性を維持しつつ，ブランケット保証，公的資本注入，不良債権の資産管理会社への移管等を迅速に実施し，1990年代央までに銀行危機を収束させた。

　スウェーデン当局による対応は，政策問題の認定，政策目標の設定，政策手段の選択等，いずれの面でも合理的で，金融危機管理のモデルとして国際的に高く評価され，その後の金融危機管理の指針となった（European Commission, 2009）。スウェーデンの金融危機管理から得られる教訓は，①政策問題の的確な認識を基盤とした，政策目標・手段の合理的な設定，②情報の非

図表 4-1　1990 年代における金融危機・対応の概要

	北欧（スウェーデン）	アジア（インドネシア）	日本
原因・背景	・金融自由化の副作用 ・資産価格の下落 ・与信集中 ・リスク管理の脆弱性	・資産負債における二重（通貨、期間）のミスマッチ ・リスク管理の脆弱性 ・他国からの金融危機の伝染（Contagion）	・資産バブルの形成と崩壊 ・与信集中 ・リスク管理・内部統制の脆弱性 ・漸進的金融自由化の弊害
政策環境	・対外債務への依存（▲） ・高金利（▲） ・主要銀行の資産内容の悪化（▲）	・対外債務への依存（▲） ・金融統計の未整備（▼）	・対外債権国（▼） ・低金利（▼） ・市場・預金者の意識（▼） ・保有有価証券評価益（▼）
初期対応	・ブランケット保証 ・事業再構築等の条件を賦課した公的資本注入 ・破綻銀行の国有化 ・資産管理会社の活用 ・投資銀行的手法による不良資産の再構築	・中小問題銀行の閉鎖・清算 ・Diagnostic Review（資産内容、実質自己資本の試算等による銀行の継続可能性の判定） ・金融監督体制、リスク管理の改善勧告	・金利引き下げによる業務純益（償却原資）の増加や検査・考査（是正指導）による不良債権処理の促進 ・貸倒引当・償却の弾力化、共同債権買取機構設立等の処理環境整備
含意	・経済環境を踏まえた政策目標・割当の的確性 ・危機管理過程の透明性 ・動機整合性など危機管理体制の経済合理性	・市場との意思疎通 ・政策目標の設定および政策手段の選択の的確性 ・企業財務に内在したシステミック・リスク	・政策問題の認定の的確性 ・政策目標の設定および政策手段の選択の的確性

注：（▲）は当局に迅速な金融危機対応を促すためプラスに働いた要因、（▼）は同じくマイナスに働いた要因。
出所：Ingves（1999）; Kawai, Ozeki, and Tokumaru（2002）等

対称性に配慮した適時開示による透明性の確保、③経済合理性の高い危機管理機構の設計（動機整合的で、コア・コンピタンス〔自社独自の価値を提供する中核的な強み〕を極大化させる資産管理会社の組織運営など）など、プルーデンス政策上重要である。

　第2のケースは、アジア通貨危機におけるインドネシアである。インドネシアにおける危機の誘因は、資産負債構成における満期・為替の「二重のミスマッチ」であったが、これは銀行ではなく、企業財務に内在していた。また、調整プログラムを策定したIMFと市場参加者の間には、インドネシア経済に内在するリスク認識や、目指すべき政策目標、選択すべき政策手段について大きな乖離が存在しており、これがIMFによる初期対応が市場の信認を得られず蹉跌した原因となった。インドネシアの事例は、市場との意思

疎通に基づく政策問題の的確な認定の重要性に加え，企業財務に内在するシステミック・リスクというマクロ・プルーデンス上重要な論点を提起した。

　第3のケースは日本である。1990年代初に資産バブルが崩壊した後の邦銀の不良債権問題は，スウェーデンとほぼ同時期に顕在化したが，その収束に10年以上を要し，政策過程のあらゆる面で同国と対照的である。こうしたわが国の不良債権処理は，先送り政策の典型的な失敗との評価が多い。しかし，邦銀の不良債権処理の政策過程を分析すると，初期段階の政策問題の認定が楽観的に過ぎ，前提としたシナリオが崩れる中で試行錯誤を余儀なくされた結果，処理に長期間を要した。この意味で，わが国の不良債権処理から得られる政策上の含意は，適切な政策目標の設定および政策手段の選択の前提となる，政策問題の的確な認定の重要性である。

　以下，上記三つのケースについて検討する。

第1節　北欧銀行危機におけるスウェーデンの政策対応[1]

　本節では，金融危機管理のケースとして，1990年代前半の北欧銀行危機におけるスウェーデンを取り上げ，政策過程の視点から，プルーデンス政策上の含意を検討する。スウェーデンをケースとして取り上げるのは，同国の金融危機管理が金融システムの迅速な安定化に成功し，金融危機管理のモデルとして高く評価されていること，また，アジア通貨危機の際にはインドネシア等に応用されるなど，金融危機管理の成功例としてプルーデンス政策上の教訓が豊富であるためである（Drees and Pazarbaşioğlu, 1998; 柏谷，2005等）。よって本節では，スウェーデンの金融危機管理をやや詳しくみることとする。

　分析の視点としては，スウェーデン当局が，金融危機管理の決定過程の諸局面において，いかなる認識の下で，いかに政策決定を行ったかという，政策過程を中心とする。また，スウェーデンの金融危機管理の特徴点の一つで

1）本稿は，国際金融情報センター（1994），吉川（1995），Ingves and Lind（1997），Drees and Pazarbaşioğlu（1998），Koskenkylä（1998），Ingves（1999），山田（2001），樋口（1998; 2004）等のほか，ことに Stefan Ingves・Sveriges Riksbank（中央銀行）総裁をはじめスウェーデン当局・銀行関係者との議論に多くを依った。

ある,不良債権処理における資産管理会社の活用につき,国際比較を含め若干の考察を行う。

1. 北欧銀行危機の様相
(1) 北欧銀行危機の背景

スウェーデンをはじめ北欧3国では,1980年代央以後,金融自由化(貸出増加額規制や金利規制の撤廃等)に伴い,不動産部門を中心に銀行与信が年率20～30%で急増し,不動産価格や株価を高騰させた。その後,経済環境の悪化(北海原油価格の下落による交易条件悪化,ソ連崩壊による輸出減)により景気が悪化するとともに資産価格は大幅な下落に転じた[2]。この結果,北欧3国の銀行は,不動産関連を中心に多額の不良債権を抱え込むに至った。

スウェーデンをはじめ北欧3国における与信集中・増加は,規制に慣れた銀行が,金融自由化が実施される中,リスク管理が不十分なまま,高リスク・高リターン型経営に流れた結果とされている(Drees and Pazarbaşioǧlu, 1998等)。この点を整理すると,次のとおりである。

① 金融自由化に伴う銀行の営業姿勢の前傾化:北欧3国では,各行が金融自由化を融資シェア拡大の好機と捉え,支店新設,営業エリア拡大,新規業種向け貸出(とくに,不動産等リスクが高い案件への染手)等に走った。この結果,特定の業種(ことに不動産)に集中した急速な与信増加を招いた[3]。

② 為替管理の撤廃に伴う,海外からの貸出原資調達の増加:スウェーデンでは為替管理を1980年央から緩和し,1989年に撤廃した。銀行による対外資金調達も自由化され,海外から調達した資金を原資とする貸出が増加した。

---

2) スウェーデンにおける地価の動きをみると,1989年に地価がピークに達し,それぞれ1981年に比べ3.3倍(住宅地),5.7倍(商業地)となった後,下落に転じ,1992年には1981年の水準に戻った。また,同様の上昇・下落傾向は株価にもみられた。
3) この間,北欧当局は,急速な与信増加を懸念しないわけではなかった。しかし,金融自由化を実施した直後であったため,当局は与信増加を,金融自由化の下での新たな均衡点を目指した調整行動と解釈し,あえて積極的な是正措置を講じなかった。

③税制上の優遇による銀行借入への動機：支払利息の所得控除が認められていたため，銀行借入への動機が働いた。

④リスク管理の不備：北欧3国では，銀行，当局とも，金融自由化が実施される中で，リスク管理の改善が不十分であった。すなわち，銀行は，与信審査が不十分なまま，貸出条件を緩和して貸出を伸ばした。また，不動産価格や株価の高騰により担保価値が増加する中，担保を偏重した与信を行った。一方，当局も資産内容，リスク管理を始め，銀行の健全性に対する点検体制が不十分であった。

(2) 銀行危機の顕現化

ノルウェーでは1988年，フィンランド，スウェーデンでは1990年頃から，多くの銀行が巨額の貸倒損失を計上し，深刻な経営難に陥った[4]。スウェーデンでは1990年に入って貸倒が急増し，同年秋に貸倒損失を抱えた大手ノンバンクがCPの借換不能に陥り，これが金融危機の引き金となった。次いで，主要な商業銀行が経営不振に陥り，同国第3位のゴータ銀行，第4位のノルド銀行は，100％国有化されるに至った[5]。北欧金融危機の規模を，公的支援（資本注入，保証等の）の規模でみると，全銀行の自己資本総額を大きく上回り，GDP対比でも相当の規模に達している（図表4-2）。

---

4) この間，デンマークにおいても，他の北欧3国とほぼ同時期に，銀行の経営内容が悪化した。しかし同国では，中央銀行が流動性支援を行いつつも，概ね民間ベースの銀行経営再建により，金融危機の顕在化を回避しえた。Koskenkylä（1998）等によれば，この理由は以下のとおりである。

　①バーゼル銀行監督委員会による国際統一基準よりも厳しい自己資本比率規制が施行されていたほか，将来の貸倒損失を予見性した貸倒引当が行われていたため，銀行の財務耐性が他の北欧3国より高かった。

　②時価会計を採用していたため，銀行が損失先送り等の収益操作を行う余地がなかった。

　③金融自由化が他の北欧3国よりも先行し，リスク管理が進んでいた。

5) スウェーデンでは，商業銀行最大手のスカンジナビスカ・エンシルダ銀行，ハンデルス銀行は，業績不振に陥ったものの，資本注入は受けずに危機を乗り切った。同国で資本注入を受けた先は，ノルド銀行，ゴータ銀行，フォーレニング銀行，およびこれらの資産管理会社で，数としては少ない。

図表 4-2　北欧銀行危機の規模

	スウェーデン (億クローナ)*2	フィンランド (億マルカ)*2	ノルウェー (億クローネ)*2
全銀行自己資本額（1988年）	194	227	228
支援総額	881	832	289
資本注入先/全銀行（行数）	3/525	278/590	25/187
支援総額/GDP（％）	6	17	4
不良債権比率（％）*1	13	13	16

*1：不良債権比率は、与信総額に占める不良債権の比率である。
*2：金融危機当時の平均的なレートは、1ノルウェー・クローネ、1スウェーデン・クローナ
　　＝約20円、1フィンランド・マルカ＝約29円。
出所：Koskenkilä（1998）等

2．北欧銀行危機への対応

(1) 概観

スウェーデンにおける危機対応を，政策過程（政策問題の認定，政策課題の設定，政策案の採択）の視点から概観すると，以下のとおりである。

まず，北欧銀行危機当時のスウェーデンは金融自由化の結果，銀行資金調達に占める対外債務への依存度が高い（44％）というリスク特性を有していた（政策問題の認定）。したがって，同国としては，情報の非対称性に起因する海外債権者の行動を抑止しつつ，迅速な措置により海外債権者の信認を維持することが，決定的に重要であった（政策課題の設定）。このため，金融システムに関する情報の適時開示により透明性を維持しつつ，銀行債務のブランケット保証や破綻銀行の国有化により，金融システムに対する信認を確保した（政策案の採択）。

この間，金融仲介機能の維持・再建については，銀行の経営分析に基づき公的信用補完や公的資本注入を政策案として割り当てつつ，コンディショナリティ（公的支援を受けるために，経営陣の更迭やリスク・内部管理の改善等など銀行が履行すべき条件）を賦課することにより，経営改善への動機を附与した[6]。

一方，不良債権処理については，グッドバンク・バッドバンク方式により，不稼働資産を資産管理会社に移管し，資産再構築を行って中長期的に回収額を極大化するという手法（The Swedish Model と呼ばれる）を用いた。これは，

図表 4-3　スウェーデン：金融危機対応の政策目標，政策手段の割当

	政策目標	政策手段の割当
短期的目標	・金融システムに対する信認の維持	・ブランケット保証 ・破綻銀行の国有化
	・金融仲介機能の維持	・公的信用補完 ・公的資本注入
中長期的目標	・銀行経営を改善させる動機の附与	・コンディショナリティの賦課 ・ハンモック・アプローチ 　— Diagnostic Review に基づく処理方式の選択（信用補完／合併／清算）
	・処理費用の極小化 ・不良債権回収額の極大化	・The Swedish Model 　—グッドバンク・バッドバンク（不稼働資産の資産管理会社への移管） 　—投資銀行的手法（合併，分社化等）を用いた事業・企業再構築

出所：Drees and Pazarbaşıoğlu (1998); Ingves (1999); Ingves and Lind (1996) 等

金融危機当時，資産市場は低迷しており，不良債権処理費用を最小化するためには，単なる早期処分ではなく，再構築・高付加価値化（担保不動産の改修・増改築，債務者企業の合併や分社化等による再構築）により資産価値を増加させ，中長期的に回収額を極大化するという政策案が適当であると判断されたためである。

こうしたスウェーデンにおける金融危機対応の枠組みを，政策目標，政策手段の割当について整理すると，図表4-3のとおりである。

スウェーデンにおける金融危機対応の組織的な枠組みは，最終的には図表4-4のとおりとなった。ただし，ブランケット保証をはじめ重要な危機管理政策の多くは，この体制完成以前に緊急対応的に実施されていた（かつ，実施される必要があった）点は，留意を要する（図表4-5参照）。

---

6) スウェーデン当局は，公的信用補完，公的資本注入，または合併等の処理方式を選択するに当たり，問題銀行の経営内容を分析して継続可能性を評価し，その結果に基づいて処理方式を選択した（ハンモック・アプローチ〔後述〕）。

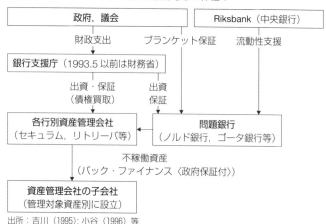

図表 4-4 スウェーデン：金融危機対応の枠組み

出所：吉川（1995）；小谷（1996）等

(2) スウェーデンにおける危機対応の過程

以下，政策過程分析の視点からスウェーデンにおける危機対応を論ずる。

[政策問題の認定]

金融危機当時のスウェーデンは，銀行の資金調達に占める対外債務の比重が4割以上に達し，海外債権者からの信認に強く依存する体質であった（図表4-6）。スウェーデンは，対外的な信認を失えば，海外債権者が同国の銀行から資金を引き揚げ，金融システムのみならず，経済全体が崩壊することは明らかであった。換言すれば，小国開放経済であるスウェーデンにおける金融危機の本質は，海外債権者からの信認喪失による，金融システム，ひいては経済システム全体が崩壊する可能性であった[7]。このことが，スウェーデ

---

7) スウェーデンにおいて当局に早急な危機対応を迫ったのは，教科書的な預金取り付けではなく，国際金融市場における外貨調達の困難化であった。こうした状況を，Ingves（1999）は，以下のように描写している：「1992年9月23日夜，明日のロンドン市場で，スウェーデンの銀行は資金が一切調達できないという情報が，あらゆる方面から入ってきた。このままでは，市場が開いた後，数時間でスウェーデンの金融システムが崩壊することは明らかであった。われわれは，数時間のうちに決断を下さねばならなかった。政治家を説得してブランケット保証を発出したのは，9月24日午前2時であった。」

図表 4-5　スウェーデン：金融危機の推移

1990年10月	大手ノンバンク・ニッケルンが債務返済を一時停止
1991年11月20日	ノルド銀行が総額51億クローナの新株を発行，国がその全額を保証し41億9,100万クローナを引き受け，経営陣を更迭
1992年5月7日 6月10日 9月8〜15日 9月17日 9月18日 9月21日 9月24日 10月6日 11月19日 11月19日 12月18日 12月22日	政府が，不良債権の分離等を内容とするノルド銀行再建策を議会に提出 議会が，国が総額20億5,500万クローナを拠出してノルド銀行の少数株主持分を買収し，100％国有化する等のノルド銀行再建策を承認 通貨防衛のためRiksBankが政策金利を引き上げ Riksbankが，証券会社を対象とする有担保貸出を導入 Riksbankが，全銀行を対象とした週末越え資金の貸出を実施 Riksbankが政策金利を引き下げ 政府がブランケット保証を発出（午前2時） ノルド銀行の資産管理会社（バッドバンク）セキュルムを設立 スウェーデン・クローナのECU連動を放棄 政府が「金融システム強化のための措置に関する政策案」を議会に提出 議会が政府政策案を承認 ゴータ銀行を完全国有化
1993年1月1日 5月1日 6月8日	セキュルムを100％国有化し，不良債権を銀行から完全に分離 銀行支援委員会を設立 議会が金融機関支援法案を可決
1994年10月1日	ノルド銀行がゴータ銀行を吸収合併
1995年12月	銀行支援委員会が，セキュルムがゴータ銀行の資産管理会社リトリーバの全株式を取得することを決定
1996年3月7日 7月1日	政府が「銀行支援の終了に関する政策案」を議会に提出（5/29日承認） 預金保険制度を導入
1997年10月3日	国がセキュルムの全株式を売却（セキュルム解散）

出所：Drees and Pazarbaşıoğlu (1998); Ingves (1999); Ingves and Lind (1996) 等

ン当局に対し，問題の先送りを許さず，情報を開示し，不良債権問題を早期に解決する強い動機を与えた[8]。

金融危機当時，同国の市場金利は最高で18％を上回る水準であったため，銀行は高い調達費用を支払いながら多額の不稼動資産を抱え続けることは不可能であった（図表4-7）[9]。こうした高金利も不良債権処理を加速する要因

---

[8] こうした強い動機は，邦銀の不良債権問題が顕現化しつつあった1990年代前半のわが国には存在しなかった。これが，スウェーデンと日本の金融危機管理を異ならしめる重要な要因の一つとなった。

[9] 金融危機対応としては，政策金利を引き下げるところであるが，スウェーデンでは当初，通貨防衛のため短期金利を引き上げざるをえなかった。

図表 4-6　スウェーデン，日本：銀行部門の資金調達構造

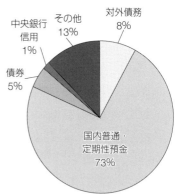

出所：IMF, *International Financial Statistics*

図表 4-7　スウェーデン：短期金利の推移

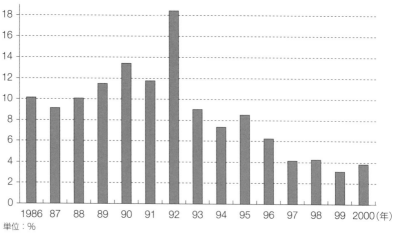

単位：％
出所：IMF, *International Financial Statistics*

となった。こうした状況下，金融システムの早急な再建は，まさに「早くやらなければならなかったので早くやった」のであった[10]。また，金融危機当時のスウェーデンはマイナス成長下にあり（実質 GDP 成長率：1991年－1％，

1992年－1％, 1993年－2％), 不稼働資産をバルク・セール等によって早期処理すれば, かえって市況を下押しすると考えられた。

［政策アジェンダの設定］

スウェーデンにおける金融危機対応のアジェンダとして, 市場の信認の維持, ことに海外債権者の信認の維持が, 同国の金融・経済全体を維持するために決定的に重要であった。このため, スウェーデン当局は, 処理を先送りせず, 情報開示により透明性を維持しつつ, 公的資本注入, ブランケット保証等の強力かつ迅速な危機対応策によって, 信認の維持・回復を図った[11)12)]。

また, 他国における金融危機の場合と同様, スウェーデンにおいても, 不良債権の増加によって毀損された銀行機能を維持・再建し, 処理コストを極小化しつつ不稼働資産の処理を進めることが必要であった。

［金融危機管理における政策措置の内容］

スウェーデンの危機管理における政策措置は, (ア) 信認の維持, (イ) 金融機能の維持・再建, (ウ) 処理費用の最小化の三つの政策目標に分けて整理することができる。以下, それぞれの内容を概観する。

---

10) この点, スウェーデンの銀行関係者は著者との面談時, 以下のように述べている：「スウェーデンで銀行危機が比較的短期間で収束したのは, そうしなければならなかったからである。このため, ブランケット保証や公的資本投入を行う政治的合意も得られた。」

11) 海外債権者の信認維持の観点からは, 先送り政策はスウェーデン当局として採りえない選択肢であった。この点, Ingves (1999) によると, 「大銀行が破綻に瀕し, 国内にこれを救済合併できる銀行もない場合, 現実的な選択肢は, ①国有化, ②外銀との合併, ③分割・営業譲渡, または, ④貸倒引当・償却の繰延べによる破綻の表面化の防止, という四つしかない。一部の銀行経営者は,『1970年代の債務危機の際, 米銀は過小資本のままで存続が許されたではないか』と主張し, 先送り政策を求めた。しかし, スウェーデン当局は先送りを容認せず, 貸倒引当・償却を厳格に実施させた。先送り政策は, 短期間で不良債権問題を解決しうるという確信がある場合にのみ採りうる選択肢である。」

(ア) 信認の維持——ブランケット保証，問題銀行の国有化

スウェーデンは，まず内外債権者・投資家に対する情報の適時開示に努めつつ，ブランケット保証を発出し（1992年9月），スウェーデンの銀行免許を有する全銀行の債務を，政府が無制限に保証（株式，永久債は対象外）した。これにより，すべての預金者，内外債権者は一切損失を被らない旨を宣言し，金融システム全体に対する信認の確保と信用収縮の回避を図った。

また，政府は1992年6月にスウェーデン商業銀行第4位のノルド銀行を国有化し，同年12月に同じく第3位のゴータ銀行を国有化した。このうち，ノルド銀行（もともと政府が株式の7割を保有していた）の国有化に至る経緯をみると，同行は1991年秋に経営危機が表面化し，政府は11月，42億クローナ（金融危機当時，1クローナ＝約20円）の同行の新株を引き受け，経営陣を更迭した[13]。しかし，不動産市況が一層悪化したため経営は好転せず，翌1992年6月，政府は民間保有の少数株主持分（20億クローナ）を買収し，同行を100％国有化した[14)15]。

この間，スウェーデンでは，規制により法定自己資本比率（8％）を下回った銀行は業務を継続できないこと定められていたが，さらに1993年6月の「銀行等の国家救済に関する法律」により，自己資本比率が2％を下回った銀行は国有化しうる等，株主の意向に拘らず問題銀行を公的に処理できる枠

---

12) 海外債権者の信認維持が，金融システム安定の上で決定的に重要であるという，スウェーデンの金融システムの特性は，当局の情報開示に対する姿勢に大きく影響した。すなわち，Ingves（1999）によると，「金融危機の深化と共に，情報の重要性が高まった。金融危機の渦中では，当局は危機の実態を糊塗したいという誘惑に駆られるが，情報を開示し透明性を維持することが重要である。ことに，スウェーデンの銀行は，対外債務に依存していたので，当局としては，海外債権者に対して正確かつ率直に情報を提供し，彼らに『今すぐ資金を回収しなくても大丈夫』と納得してもらうことが絶対に必要であった。このため，1992年以降，私自身がロンドン（説明会場は満員であった）を皮切りに，ニューヨーク，東京等，すべての主要金融センターを訪れて，スウェーデンの不良債権問題の説明を行い，海外債権者の信認維持に努めた。もし，正確な情報を提供せずに，『スウェーデンの金融システムに問題はない』などと言うだけであったら，海外債権者は，『状況がわからない以上，今すぐ金を引き揚げるのが最善』として，直ちに債権回収に走り，その結果スウェーデンの金融システムは崩壊したはずである。」

13) この増資は，ノルド銀行が経営内容を偽って実施したことが，後に判明している。

組みを整備した[16]。

(ｲ) 金融機能の維持・再建——ハンモック・アプローチ，信用補完，資本注入

 1）ハンモック・アプローチによる継続可能性の判定

　問題銀行の経営再建に当たっては，まず問題銀行の経営内容と継続可能性を判定し，その結果に応じた対応がなされた。すなわち，個別行に対する公的支援の要否・形態・規模を決定するに当たり，各行の収益性や，経営体力を予測する計量モデルを用いたハンモック・アプローチと呼ばれる方法により，経営内容と継続可能性が判定された。すなわち，公的支援を申請した銀行から貸倒損失・同見込み，延滞利息等のデータを徴求し，計量モデルで収益性，経営体力等を予測した。また，経営戦略・効率，リスク・内部管理の定性的な分析結果もふまえ，各行を「Ａクラス銀行」，「Ｂクラス銀行」，「Ｃクラス銀行」に分類し（実際の作業は，海外のコンサルタント会社や，投資銀行に委託された），分類結果に応じて公的支援のあり方を決定した。

　こうしたハンモック・アプローチによる銀行の分類と，それに応じた公的

---

14) このように，数次にわたる公的資本注入を経て国有化を余儀なくされたのは，景気の悪化と担保価値の下落により，銀行の資産内容が急速に悪化する中で，資産査定が甘く，それに基づく貸倒引当・償却が不十分であったためである。

　このような資本の逐次投入を経た国有化は，ノルウェー，フィンランドでもみられた。例えば，ノルウェーでは，1991年6〜8月，商業銀行保証基金（商業銀行を対象とする民間の預金保険）がクリスチャニア銀行に対して27億クローネ（うち政府銀行保険基金の支援融資18億クローネ）の資本注入（優先株）を行った。しかし，その2か月後の10月，クリスチャニア銀行は貸倒損失が見通しを大幅に上回り，注入したばかりの27億クローネを含め自己資本が全額毀損され，再び債務超過に陥った。このため，政府銀行保険基金は同行に51億クローネの追加資本注入（普通株）を余儀なくされ，同行は100％国有化されることとなった。

　こうした状況下，ノルウェーは破綻処理計画の再構築を余儀なくされ，1991年11月，①政府銀行保険基金の授権資本を110億クローネに増額し，銀行に直接資本注入を行う，②政府銀行投資基金を設立し，銀行の新株を引き受ける，③銀行の株主資本が75％以上毀損された場合，政府が減資を行う，⑤中央銀行による低利預託（市中銀行に総額150億クローネを，年利2〜4％で預託し，銀行収益を支援）を行う，等の措置が実施された。

15) スウェーデンにおける資産査定は，統一的な基準により貸出1件ごとの査定を行う以前は，銀行が報告する計数を2倍したり，部門別貸出金額に一定率を掛け，不良債権額を推計していた。

支援の内容は以下のとおりである。
- 「Aクラス銀行」は，自己資本比率は低下するものの8％以上を維持でき，中長期的な継続可能性があると判定された銀行である。この銀行は自主再建を中心とし，公的支援は信用補完（社債・新株発行による資金調達を政府が保証する〔手数料1～1.5％〕）にとどめられた[17]。
- 「Bクラス銀行」は，中期的には収益性を回復できるが，一時的に自己資本比率が8％未満となると判定された銀行である。これに対しては，増資ができない場合，経営再建の動機を与えるためのコンディショナリティを賦課した上で，政府保証による資金調達の支援や公的資本注入を行った[18]。また，資産管理会社を設立して不稼働資産を移管した[19]。
- 「Cクラス銀行」は，債務超過に陥り，継続可能性がないと判定された銀行である。これは，不稼働資産を資産管理会社に移管した上で，銀行本体を他行と合併させた[20]。

2）グッドバンク・バッドバンク方式による経営再建

独力での再建が困難と判定された問題銀行（ノルド銀行，ゴータ銀行等）に対しては，国有化した上で，グッドバンク・バッドバンク方式による処理が行われた。これは，①問題銀行ごとに資産管理会社（バッドバンク）を政府が出資して設立し，不稼働資産を移管し再構築・処分して債権回収を進める，②健全資産の部分をグッドバンクとして存続させ，コンディショナリティを賦課した上で公的資本を注入し，経営再建・民営化するという処理方法である[21]。

グッドバンク・バッドバンク方式による経営再建が行われたノルド銀行が，

---

16) スウェーデンでは，100％国有化されたゴータ銀行，ノルド銀行は，もともと国が70％の出資比率を有していた点は，同国の金融危機管理を評価するに当たり，留意しておく必要があろう。
17)「Aクラス銀行」の例は，スカンジナビスカ・エンシルダ銀行である。
18) コンディショナリティの例としては，国が銀行の転換社債を引き受けた後，自己資本比率が8％割れとなった場合には，普通株の10倍の議決権を有する株式に転換する。
19)「Bクラス銀行」はノルド銀行（最終的には100％国有化）である。
20)「Cクラス銀行」はゴータ銀行で，不稼働資産を移管した上でノルド銀行と合併された。

資産管理会社『セキュラム』に不稼働資産を移管した過程を整理すると以下のとおりである[22]。

① ノルド銀行は，国有化された後，グッドバンクとバッドバンク（資産管理会社セキュラム）に分離されることが決定した[23]。移管される不稼働資産は，債権額が15百万クローナ（＝約3億円）以上の案件に限定された[24]。また，移管される不稼働資産の合計額は，他行との競争条件を公正に保つため，資産移管後のノルド銀行の不良債権比率が他行と同程度になるように調整された。

② ノルド銀行の不稼働資産は，貸出600億クローナ（約3,000件，同行法人向け貸出の約3分の1に相当）と，保有有価証券70億クローナが，移転価格500億クローナ（170億クローナをノルド銀行で償却）で，セキュラムに移管された（図表4-8）。移転価格の決定に際しては，不動産鑑定士等の専門家が動員された。

③ セキュラムの資金調達は，ノルド銀行によるバック・ファイナンス270億クローナと，政府出資240億クローナによりまかなわれた[25]。バッ

---

[21] グッドバンク・バッドバンク方式を採用した背景について，Ingves（1999）によると，「100％国有化した商業銀行を，継続企業として再生・民営化するためには，不良資産を切離し，身奇麗にすることが必要であった。不良資産を抱えたままでは，投資家に受け入れられる銀行として再生させることは不可能だった。」

[22] この間，ゴータ銀行は，1992年12月に国有化された後，1993年秋，同行の資産管理会社リトリーバの設立が決定され，ゴータ銀行の問題資産390億クローナは，償却（230億クローナ）後，160億クローナで同社に移管された。その後，ゴータ銀行の単独での再建が断念され，ノルド銀行に吸収合併されたことに伴い，リトリーバはセキュラムに合併された。

[23] グッドバンク・バッドバンク方式による経営再建策を実施するに当たり，ノルド銀行再建の費用対効果，セキュラムの収益予測や資金計画等は，スウェーデン政府の依頼を受け，米国の有力投資銀行であったクレディ・スイス・ファースト・ボストンが行った。

[24] 小口の不良債権は，管理上特段の技術を要せず，資産管理会社による集中管理の利点もないため，銀行の管理下にとどめられた。

[25] 当初，セキュラムはノルド銀行の子会社（同行が10億クローナを出資）として設立されたが，ほどなく1993年1月，政府は10億クローナの同行出資分を買収するとともに，230億クローナの公的資本を拠出し，資本金を240億クローナとした。これにより，ノルド銀行の連結財務諸表にセキュラムが計上されなくなり，財務会計上も不良資産が分離された。

図表 4-8　スウェーデン：セキュラム設立時の貸借対照表

資産			負債・資本	
現金		10	短期借入金	10
貸付金	600		長期借入金	260
（引当金）	(170)	430	負債計	270
有価証券		70	資本金	240
資産計		510	負債・資本計	510

単位：億クローナ
出所：国際金融情報センター（1994）

ク・ファイナンス270億クローナのうち，100億クローナは政府が保証した。なお，セキュラムに移管された資産が売却されるまで，元本返済は猶予された。

(ウ) 不良債権処理コストの極小化——資産管理会社による資産再構築

1) 資産・企業の再構築による中長期的な債権回収額の極大化

資産管理会社セキュラムによる，中長期的な債権回収額の極大化手法は，資産管理会社を用いた不良債権処理方式としてユニークであり，以下これをやや詳しく検討する[26]。

セキュラムによる資産再構築は，「移管された不稼働資産（貸出債権）を，担保権の実行により，実物資産（担保不動産）または金融資産（担保株式）に転換し，これを投資家に受け入れられるよう付加価値を高めた上で売却し，キャッシュとして回収する作業」（Ingves and Lind, 1997）であった[27]。移管された不稼働資産のうち，大宗を占めた貸出債権についてみると，まず返済

---

[26] 資産管理会社は，破綻銀行から不良資産を切り離し，早期処理する手段としては一般的に有効と考えられており，スウェーデン以外にも米国の Resolution Trust Corporation（RTC）等いくつかの成功例がみられる。しかし，債務や借入先企業を再構築するための手段としては，その有効性は経験的には必ずしも明らかでなく，スウェーデンのセキュラムは数少ない成功例であると指摘されている（Klingebiel, 2000等）（詳細は本章付論を参照）。

[27] 「担保権を実行し資産管理会社が抱え込んだ担保物件は，ジョン・レノンのギター，ロンドンのさびれた地域のホテル，ジンバブエのヘリコプター会社，世界中のゴルフ場，入れ歯製造会社等々あらゆる資産に及んだ。資産管理会社は，スウェーデンと世界中の数え切れない不動産・動産，数多くの会社を管理・処分することになった」（Ingves, 1999）。

繰延のみで対応可能な一部貸出を除き，担保権が実行され，不動産や株式等に転換された。次いで，資産の種類に応じた再構築により，付加価値の増加が図られた。

セキュラムは，移管された不稼働資産を，単なる早期処分ではなく，担保不動産の改修・増改築，債務者企業を更生など再構築することによって資産価値を増加させ，回収額を極大化するという手法をとった。

企業更生の手法についてみると，セキュラムは，債務者企業の担保株式を取得して経営権を取得し，①非効率な部門を閉鎖し，収益性を有する中核部門を分社化または内外の有力企業と合併させる，②当該企業と補完的なノウハウを有する他社を買収し，互恵効果を高めた企業集団を形成する，といった投資銀行的な手法を用い，企業価値を高めた上で，株式を売却した[28]。

また，担保不動産の処分については，セキュラムは，Norrporten（スウェーデン北部の不動産を管理）ほか，傘下に4社の地方不動産会社を設立し，接収した不動産の管理に当たらせた。これらの不動産管理子会社は，単なる担保処分でなく，物件の改修・入替などにより収益性を改善し，資産価値を極大化させた上で売却した[29]。

2）セキュラムの業務・組織運営上の工夫[30]

セキュラムの組織・運営面では，資産再構築を通じた回収額の極大化という目的のため，信認，透明性，動機の観点に立った工夫がなされた。すなわち，①厚い公的自己資本による強固な財務体質，②時価を基準とした資産移転価格を用い，財務体力への信認を確保，③外部専門家の登用等，自主的な

---

[28] 例えば，担保権の実行によって株式の70％を取得したノーベイル・インダストリ社を，非効率部門を閉鎖した上で，収益性の高い染料，医療，紙・パルプ部門をオランダのアクゾール社と合併させた後，株式を売却した。

[29] 不動産のうちホテルについては，セキュラムは，一般不動産とは別の管理子会社を設立し，外部の専門家を登用して経営を委ねた。すなわち，セキュラムは，担保権を実行して取得したホテル11件を現物出資し，民間企業との合弁企業（ホテルグループPandox）を設立した。さらに，ホテル経営の専門家を登用し，収益性のないホテルは売却し，残りのホテルを，内装の改良や客室のオフィスとしての長期貸出などによって稼働率を改善した。さらに，他のホテルを合併して営業基盤を強化した上で，Pandoxの株式を売却した。

経営管理の下での民間主導の経営,④管理対象資産毎の管理子会社の設立,⑤役職員に対し経営目標達成を誘引する動機の賦課等,業務・組織運営に工夫を凝らし,同社が成果を挙げる上で貢献した。これらの点をやや敷衍すると以下のとおりである。

①厚い公的自己資本・保証による強固な財務体質――中長期的な回収額極大化を目的とするセキュラムへの公的資本投入は,同社が創業赤字に耐え,移管された資産を再構築に必要な期間保有できるよう,また,市場が同社の安定性を信認し,資金繰りの問題が起きないよう,総資産額の約5割をカバーする240億クローナ(全額公的資金)に設定した[31)32)]。

②時価を基準とした資産移転価格の設定――セキュラムに資産を移管する際の価格は,資産管理会社の財務内容の透明性を保持し,投資家や市場参加者による信認を得るため,「市場価格を基準とした公正価格」とし,銀行支援庁内に設置された評価委員会が査定を行った[33)34)35)]。資産のうち大宗を占める貸出については,担保不動産が将来生み出すキャッシュフローの割引現在価値を基に,評価額が査定された[36)]。

③管理対象資産毎の子会社の設立――セキュラムの組織は,管理する資産別子会社から成る企業グループの形態をとった(図表4-9)。これは,各

---

30) Ingves and Lind(1996)は,資産管理会社の運営を時系列的に整理し,①設立→②開業→③建設→④整理・統合→⑤処分・清算に区分している。各段階における経営上の重点は,①設立期―目的の明確化と対外広報,②開業期―組織・役職員の動機整合的な設計,移管された資産の精査,③建設期―継続可能性に応じた資産形態の転換(担保権を実行し貸付を不動産・株式に転換,または破産・清算を選択する),④整理・統合期―資産の再構築(企業の合併・分社化,不動産の維持修繕・改築等によって価値を高める),⑤処分・清算期―売却価額の極大化(最適な売却時期を選択する)である。

31) セキュラムに厚い自己資本をもたせた背景は,「移管された不稼働資産,とくに不動産をいつまでに処分できるかわからなかった。移管された不動産は収益性が低く,同社は創業赤字を計上した。また,債権回収額を極大化するため,市況の回復を待つ必要があった。こうした状況下,市場に『同社は創業赤字に耐え,長期間存続できる』と信認されるよう,十分な公的資本を投入した」(Ingves, 1999)。

32) セキュラムを100%国有(公的資本のみ)とした背景は,「金融危機の渦中では,民間はリスクを取らない。政府によるリスク・テイキングが不可避であれば,政府は保証よりも,資産管理会社に出資し,株主になるべきであった。これは,不良債権処理が上手くいった場合,出資者として収益が得られるからである」(Ingves, 1999)。

図表 4-9　スウェーデン：セキュラムの企業組織

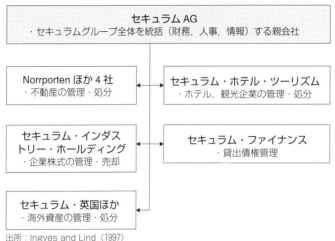

出所：Ingves and Lind（1997）

　子会社に同質的な資産を管理対象として保有させることにより，目的を明確化し，経営を効率化するためである（Ingves and Lind, 1997）。

---

33) 資産の移転価格を，時価基準とする合理性につき，Ingves and Lind（1997）は，「時価を基準とした移転価格を用いて資産管理会社の財務諸表を作成した。資産が公正価額よりも高い価額で資産管理会社に移管された場合，市場が含み損の存在を憶測したり，追加的な償却や資本投入を招き，資産管理会社の信認を損なう。また，時価基準の資産評価額を資産管理会社に与えることにより，資産管理会社の役職員に正しい出発点と到達点を示すことができ，経営成績も正当に評価できる」と説明している。
34) メキシコの資産管理会社 FOBAPROA は，簿価基準の資産買取が債権放棄と抱合せで繰返された結果，「不良資産の倉庫」と化した（Klingebiel, 2000）。
35) 担保不動産の査定に当たり，銀行支援庁と銀行との間で議論があった。Ingves（1999）は，「銀行は，評価委員会の査定に対し，『銀行はもっと高い価額で物件を処分できる』と反論してきた。これに対し，銀行支援庁は，『その価額で売れるものなら売ってこい。そうすれば納得してやる』と言い返した」と描写している。
36) 担保不動産が生み出すキャッシュフロー（賃貸料等）の割引現在価値を推計するに当たっては，①対象不動産の賃貸料収入から，費用（利息，税金を含む）を控除した純利回りは，市場における同種物件が生み出す純利回りとほぼ同一とする，②金融危機当時における不動産市況の状況（資産価値の大幅下落，不動産取引の低調）に鑑み，市場での取引価格が投げ売り価格と考えられる場合，公正価格とみなさない，③不動産投資に伴うリスク・プレミアムを加算する等の前提条件が置かれた。

④民間主導の経営，外部専門家の登用——セキュラムの経営は官僚を排除し民間主導で行われた（代表者には企業経営者が就任）。また，同社の職員は，ノルド銀行出身者に加え，不動産，ホテル経営，M&A等投資銀行業務といった分野の専門家を国内外から採用した。さらに，弁護士，会計士，コンサルタントが積極的に活用された[37]。

⑤役職員に対する経営目標達成を誘引する動機の附与——資産管理会社としての企業目的のため，役職員に対する動機は，職員の賞与を資産売却益とリンクするなど，資産価値の極大化を促すよう設計された。

3）セキュラムの成果

セキュラムは債権回収で成果を挙げた。すなわち，スウェーデンの金融危機に対応するため投下され，国庫に回収された480億クローナの公的資金のうち，セキュラムを中心とする資産管理会社の清算利益は150億クローナに上る。もともとは銀行の不稼働資産を移管して設立された資産管理会社がこうした成果を挙げたことは，国際的にも高い評価を受けている。

3．スウェーデンによる危機対応の政策的教訓

以上，スウェーデンによる金融危機管理をケースに，政策過程の視点からプルーデンス政策上の含意を検討した。主な含意は以下のとおりである。

①スウェーデン当局による危機対応は，政策問題の認識，政策アジェンダの設定，政策案の採択・執行など，いずれの面でも合理的であった。

②同国の金融危機の本質は，海外債権者からの信認喪失による，金融・経済システム全体が崩壊する可能性であった。このことが，スウェーデン当局に対し，金融システムの早期安定化に向けた強い動機を与えた。

③情報の非対称性に配慮し適時開示により透明性を確保し，資産管理会社は民間主導で投資銀行的手法を用いて動機整合的に運営するなど，政策手段の選択や制度設計において経済合理性に基づく判断がなされた。

④対外債務への依存に拠る海外債権者からの信認確保の重要性の認識や，市況をふまえた中長期的な処理コストの極小化など，市場心理に対する

---

[37] このため，セキュラムの営業経費の4割がこうした外部専門家への委託費であった。

認識が的確であった。

⑤短期的，中長期的な政策目標に対し，各々的確な政策割当がなされた。

邦銀の不良債権問題の顕現化とほぼ同時期に始まったスウェーデンの金融危機は，1993年以降最悪期を脱し，1996年には政府が終息を宣言した[38)39)]。金融危機の収束後，スウェーデンの金融システムの健全性は，国際的に高い評価を受けるに至った[40)]。信認の維持・回復，不良債権の回収額極大化といった政策課題に適切な政策割当を行い，成果を挙げた同国のケースは，金融危機管理のモデルとして示唆的である。

第2節 アジア通貨危機下のインドネシアに対するIMFの政策対応[41)]

本節は，1990年代後半に顕現化したアジア通貨危機下のインドネシアを事例として取り上げ，IMFによる対インドネシア・プログラムのうち，金融システムの安定化を企図した初期対応の決定過程を中心に分析する[42)43)]。

---

38) 1996年3月，政府が「銀行支援の終了に関する政策案」を議会に提出し，5月議会がこれを承認した。翌年10月には，資産管理会社セキュラムが解散した。
39) ただ，スウェーデンの金融再生には，金融危機管理のみならず，外生的なマクロ経済要因も寄与したことは，スウェーデン当局者が認めている：スウェーデン経済は，クローナの減価や金利低下により，1994年以後急速に回復した。不動産市況も回復したため，資産管理会社は保有資産を予想より早く，鑑定価額より高値で処分できた。また，1992年11月，スウェーデン・クローナがECU連動を放棄し変動相場制に移行したため，金利低下による利鞘の拡大や，債券価格の上昇が寄与し銀行収益が回復した（Ingves and Lind, 1997）。
40) 北欧銀行危機から数年を経た2000年9月時点でのムーディーズによる銀行部門の財務健全性の国別ランキングで，スウェーデンは77国中4位であった（日本は49位）。
41) 本節は德丸（2009）を加筆したほか，内野（2008），山上（2008）などを参考にした。
42) IMF加盟国が多重対外債務などに陥りIMFに支援を求めた場合，IMFは当該国と協議の上，実体経済，財政，金融，外国為替，国際収支など経済全般にわたる施策から構成される調整政策（IMF-Supported Program，IMFプログラムないしプログラム）を策定する。
43) IMFの対インドネシア・プログラムは，金融部門のほか，財政，国際収支など経済全般が対象であったが，本書の性格上，本節では金融部門に対する政策に議論を限定する。

[インドネシアにおける金融危機の様相]

インドネシアをはじめ,1990年代後半のアジアにおける金融危機は,通貨危機によって引き起こされたという特徴を有する。すなわち,危機が顕在化した過程をみると,①同国通貨ルピアの為替レートの暴落→②期間・為替ミスマッチに伴う,企業の借入債務(自国通貨換算)の増加→③企業の元利払い能力の低下,債務不履行,企業の経営破綻→④金融機関の資産内容の悪化,自己資本の毀損→⑤金融機関の破綻,システミック・リスクの顕現化→⑥金融仲介機能の低下,生産・投資活動の停滞,という展開をたどった。

こうした危機の初期段階において,IMFを中心とする国際機関は,1997年10月から1998年1月にかけて3次にわたり代表団(IMF,世界銀行,アジア開発銀行による合同代表団)を派遣し,インドネシア当局との協議を経て,プログラムを策定した。しかし,このプログラムに基づき,同国における金融危機の初期段階において実施された施策は,所期の成果を挙げることができず,むしろ危機を増幅させたとして批判が多い[44]。以下では,IMFの対インドネシア・プログラムにおける金融システムの安定化政策の決定過程を跡づけ,その過程においていかなる問題があったかを検証する。

[プログラムの決定過程におけるIMFと市場の認識の乖離]

プログラムの決定過程のうち,政策問題の認定段階において,インドネシア経済に内在するリスクに対するIMFの認識は,インドネシアで業務を行っていた外国銀行などの市場参加者の認識と大きく乖離していた(図表4-10)。

市場(市場参加者)は,銀行間市場の分断化,市場流動性の低下,企業財務における資産負債の期間・通貨構成のギャップ(「二重のミスマッチ」:現地企業が,先物ヘッジなしの米ドル建てCP発行等の外貨建て短期借入により,流動

---

[44] 荒巻(2006)によると,アジア通貨危機におけるIMFプログラムは,通貨の安定という危機の性質(資本流出による危機)に対応した目的を掲げたが,財政政策,為替政策,構造政策のいずれもが,危機管理策としてはそのねらいが不明確で実効性を欠いていた。金融引締による通貨の安定は適切な政策であったが,期待された効果は発揮されなかった。

図表4-10　インドネシア：危機前の同国経済に対する評価

IMFの認識	市場（市場参加者）の認識
・インドネシア経済は1970年代以降，年平均実質7％で成長し，物価も落ち着き，良好な実績を示している。これは，慎重なマクロ経済政策や経済自由化の成果である ・対外経済面では，①経常収支の赤字（対GDP比）は他のアジア諸国に比べて小さく，②短期債務の対外債務総額に占める比重や，外貨準備に対する比率は穏当な水準にあり，③外貨準備は輸入額の6か月相当分にまで増加した ・インドネシア経済の基礎は健全で，市場の信認も維持されている。こうした状況下，タイの金融危機の伝染は限定的である ・同国通貨ルピアに対する信認を毀損しかねない問題は，金融部門の脆弱性（不稼働資産の未処理，不動産向け融資の増加，債務超過銀行の存続，銀行規制の不遵守等）である ・したがって優先的な政策課題は，①不良債権や問題銀行の処理を加速すること，②銀行規制を強化すること，③金融機関のリスク管理を改善することである	・インドネシア経済の不安定要因は，企業による米ドル建てCPの無統制な発行である。こうした米ドル建てCPは，地場大手企業により，特別目的会社を通じた私募の形でオフショア発行され，ルピアに転換されて運転資金や設備資金として用いられている（ルピア・レートの安定を前提とした，ヘッジなしでの米ドル建て短期借入への依存）[45] ・米ドル建てCPの発行残高は50億～60億ドルに上ると推定される。しかし，インドネシア当局の監視・規制の対象外で，統計もない。このことが市場において通貨ルピアに対する不透明感と投機心理を醸成している ・インドネシアの銀行間市場では，健全な銀行と不健全な銀行の間で分断化が進行している。外銀支店・現法は地場銀行に対する与信枠を縮小しつつあり，財務内容の悪い地場銀行は，高金利を提示しても流動性の確保が難しくなりつつある ・こうした状況下，最も重要な政策課題は，市場の信認とルピアの安定を回復し，インドネシア経済・金融の不安定化を防ぐことである。このためには，市中銀行の外貨資金調達枠を撤廃し，またはインドネシア当局が流動性支援策を策定し，ルピア・外貨流動性を市場に供給する必要がある

出所：Bank Indonesia（1998），およびSEACEN Seminar on Financial Crisis in the Asian Region（Kuala Lumpur, 23-25 June 1998）におけるセミナー参加者との議論等による・

性資産だけでなく現地通貨建ての固定資産をファイナンスしたこと）を憂慮していた。

　これに対し，IMFには，市場が指摘していたインドネシア経済に内在す

---

[45] 一部のインドネシア当局者は，こうした企業財務の問題点を明確に認識し，「ヘッジなしの外貨建て債務と現地通貨建ての収益の組合せや，中長期資金ニーズの短期調達への依存等，資金調達構造が問題を内包している。マクロ的な経済パフォーマンスのミクロ的な基礎（Micro-foundations of macro-performance）に対するリスク認識が不十分である」と指摘していた。これは正鵠を射た指摘であったが，立証できるデータがなかったこともあって，国際機関側との共通認識とはならなかった。

る不安定性(企業財務における「二重のミスマッチ」等)を,システミック・リスク要因として事前に認識していた形跡はない。IMF は,「インドネシア経済の基礎は健全で,タイにおける金融危機の伝染は限定的である。金融部門の脆弱性(銀行の不稼働資産や債務超過が未処理である等)が,インドネシア経済および同国通貨ルピアに対する信認を毀損しかねないリスクである」と評価していた(Bank Indonesia, 1998等)。IMF はこうしたインドネシアの金融部門の脆弱性をアジア通貨危機が顕現化する以前から政策問題として認定しており,自己資本比率規制の不遵守など規制の問題を指摘していた[46]。

　政策目標の設定についても,IMF と市場との間に乖離があった。市場は,外国銀行等の信認の悪化が銀行間市場を中心に流動性を枯渇させ,インドネシア経済および通貨を不安定化する危険性が最も重要な政策問題であると認識し,公的な流動性支援措置によるルピア・外貨流動性の供給体制の構築を求めていた。しかし,IMF 主導で策定された当初のプログラムにおける金融システムの安定化策は,金融部門の脆弱性の是正を優先的な政策課題とし,不良債権と問題銀行の処理,銀行規制の強化等により,インドネシア経済に対する信認を維持・回復することを企図していた。この時期,市場からは,債務不履行や問題銀行の破綻に起因するシステミック・リスクの顕現化の抑止や,債務超過に陥り継続可能性を欠く金融機関の処理を最優先課題とすべきであるといった主張は聞かれなかった。このように,政策アジェンダ設定の面でも,IMF プログラムの内容は,市場の認識と乖離していた。

　この間,インドネシア金融市場における銀行間金利は危機が顕現化する前の時点で大きくスパイクし,市場心理が不安定であったことを示唆している(図表4-11)[47]。

　また,1997年の夏場以降,カウンターパーティ・リスク認識の高まりによ

---

[46] 金融規制の不遵守の事例としては,①多くの銀行で自己資本比率規制が未達であり,債務超過のまま経営を継続している銀行が複数存在する,②国営銀行である BAPINDO を含む19行が,規制で定められている財務諸表を最近2年度にわたり開示していない,③インドネシア銀行による外国為替持高規制を,1か月以上にわたり超過している銀行が8行ある,④貸倒引当に関する指導が守られず,多くの銀行が過小引当である。

図表 4-11　インドネシア：危機前後のルピア・レートと短期金利の推移

単位：1米ドル当たりルピア（左目盛），％（右目盛）
出所：IMF, *International Financial Statistics*

る外国銀行の現地銀行に対する与信枠の縮小に伴い，外国為替取引は減少していた。1997年10月以降，IMFプログラムの内容が開示・施行されると，こうした傾向は加速し，市場流動性が急激に低下する（図表4-12）とともに，ルピアの対ドル為替レートが急落した（図表4-11）[48)49)]。

---

47) 市場はアジア通貨危機を予見していなかったという見解が一般的である（Duenas, 1998等）。しかし，図表4-11が示す銀行間金利のスパイクをみると，市場が危機を予見していた可能性は排除できないと思われる。

48) 1997年10月31日に Letter of Intent（IMFの支援を求める国の担当大臣名でIMF専務理事宛てに発出される趣意書。IMFの支援を受ける条件〔コンディショナリティ〕として，当該国が実施する政策〔実質的にはIMFプログラム〕を示す）が公表された。

49) 内野（2008）は，「ドル売りが減少し，ドル買持ちポジションを作れなくなる程，インドネシア外国為替市場ではドルの流動性不足に見舞われていた。インドネシアの銀行は，借入れのみならず，スワップによる外貨の調達もできなかった。為替相場が1ドル＝10,000ルピアを超えた1998年1月以降は，危機以前の為替取引高が90億ドル台から20億ドル台に大きく落ち込んでいる。これではオンショア市場で大きなドル買いのポジションを作ることは難しかった」と描写している。

図表 4-12　インドネシア：外国為替取引の推移

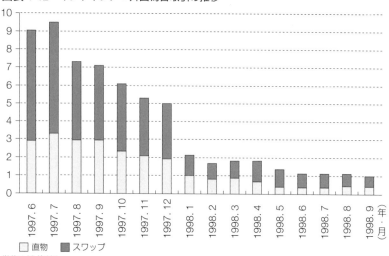

単位：10億ドル
出所：内野（2008）のデータを用い，著者作成

　このように，プログラムの策定に当たり，IMFが市場との意思疎通を十分行ったとはいい難い。市場の認識が織り込まれていれば，異なったプログラムが策定され，市場の信認を回復できた可能性は否定できないであろう[50]。

　[IMFプログラムにおける政策割当の問題点]

　また，金融システムの安定化という政策目標にIMFプログラムが割り当てた政策は，財務内容が悪化した民間中小銀行16行の閉鎖・清算（1997年11月）という急進的な措置を中核としつつ，インドネシア当局の銀行監督体制，

---

[50] もっとも，IMFが必要な計数・情報が得られないまま，対インドネシア・プログラムを策定せざるをえなかったことにも留意すべきであろう。危機の初期段階においては，統計の不備もあって，インドネシアの短期対外債務や銀行の不稼働資産残高は不明で，問題の深刻さは現地当局もIMFも把握できなかった。この点，内野（2008）によると，「インドネシアの中央銀行及び政府も，民間企業の外国銀行からの直接借入れがいくらあるかさえ，通貨危機発生の直後までは把握できていなかった。民間企業が海外から借入をした場合に中央銀行への報告義務が課せられたのは，1998年4月8日である。」

決済システム，現地銀行のリスク管理を改善するという内容であった。IMFプログラムの意図は，継続可能性が欠如した中小銀行16行を「bad apples（集団内の他者を害する元凶）」として除去することにより，市場および預金者の信認を確保しようとするものであった。

しかし，インドネシアにおける金融危機の初期段階において，金融システム安定化の中核となった中小銀行16行の清算は，預金者をはじめとする市場参加者を動揺させ，かえってシステミック・リスクを顕現化させたと批判されている[51]。Djiwandono（2007）によると，インドネシアがIMFとの合意に基づき実行した，中小の問題銀行16行の閉鎖・清算が同国の危機を増幅させた。当該16行の閉鎖は，目的とした市場の信認を回復できなかったのみならず，民間銀行部門からの預金流出を引き起こし，銀行部門全体を機能不全に陥れた。金融・財政の引締強化に加えて実施された中小の問題銀行16行の閉鎖・清算により，個別銀行の経営問題が銀行危機へと発展した（Djiwandono, 2007）[52][53]。

プルーデンス政策の経験的な観点からみると，金融システムが不安定化している時期での問題銀行の清算・ペイオフは，金融システムへの信認をかえって揺るがすことが多く，政策手段として選択されることは稀である（第3章第1節を参照）。理論的にも，インドネシアの場合，市場心理が不安定な中，民間銀行の財務計数にアクセスし難い預金者が情報の非対称性を誘因として

---

51) 内野（2008）は，中小銀行の清算が引き起こした市場の混乱を，「インドネシア政府は11月1日に経営悪化中の16の銀行の営業免許取り消しを発表した。預金者保護のセーフティ・ネットを持たずにこれらの銀行を閉鎖したため，数週間のうちに健全な銀行までに取り付けが広がった。こうしてインドネシアの銀行部門の対外信用は著しく低下し，インドネシアの大手銀行ですらドルの調達が難しくなった」と描写している。

52) Djiwandono氏は通貨危機が発生した当時，Bank Indonesia（中央銀行）総裁であった。

53) また，Stiglitz（2002）は，IMFによる金融システムの再構築を，「体力のない銀行はつぶすべきだというIMFの論理は，金融仲介機能を維持することの重要性を無視したものであった。自己資本比率基準をクリアすること，もしできなければ閉鎖するというIMFの要求は，問題銀行が一行だけなら有効であるが，大半の銀行が問題を抱えていたため，金融仲介がストップしてしまい，経済全体に大きな損害を与えてしまった。IMFはこの単純な合成の誤謬を理解していなかった」と批判している。

図表4-13　インドネシア：中央銀行の対市中銀行信用

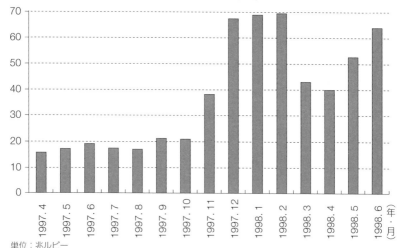

単位：兆ルピー
出所：IMF, *International Financial Statistics*

行動する可能性は高かったといえる。

　また，当局による声明発出などの政策広報が行われなかったため，プログラムの意図は預金者に理解されず，情報の非対称性は減殺されないままであった。実際，インドネシアで実行された中小銀行の清算は，プログラムの意図に反し，預金者の動揺と預金流出（民間銀行から国営銀行や外国銀行へ預金がシフトした）を引き起こし，同国の中央銀行であるBank Indonesiaは1997年末から1998年初にかけ，当初意思に反する中央銀行信用の拡大を余儀なくされた（図表4-13）。この点，北欧金融危機に当たり，政策目標の設定および政策手段の割当が合理的で，危機の収束に成功したスウェーデンの対応とは対照的である。

　インドネシアにおける問題銀行の閉鎖・清算は，預金者の動揺と預金流出を惹起し，金融システムを不安定化させたと指摘されている。この点に関し，Djiwandono (2007) は，小口預金の保護はセーフティ・ネットとして機能しないと注目すべき指摘を行っている。Djiwandono (2007) によると，16行の閉鎖後に発生した民間銀行部門からの預金流出は大口預金者から主に発生し

た。これは，金融システムが不安定化し，市場の信認が毀損している場合，保護の対象を一定限度に止める預金保険は，セーフティ・ネットとして十分な箍とはなりえない可能性を示している。Djiwandono（2007）は，インドネシアで1998年1月に導入された預金の全額保証が，問題の16行が閉鎖された時点で導入されていれば，預金取り付けは回避できたのではないかと述べている[54]。

Takagi（2007）等多くの研究が指摘するとおり，アジア通貨危機の一因は，金融自由化が金融監督体制の整備を伴わなかったことであった。インドネシアにおいても，銀行の外国為替持高規制の不遵守など金融監督は不徹底で，銀行のリスク管理の不備を是正できず，為替レートの下落に脆弱な財務体質が形成されたことは，IMFプログラムが政策問題として認定したとおりであった。

しかし，プルーデンス政策の経験的な観点からみると，金融危機が顕現化した場合，監督体制の整備などの金融制度改革は対応策の中では後順位である。こうした金融システムの脆弱性，金融監督体制の問題があるにせよ，金融危機が顕現化した場合に，金融制度改革に優先順位を与えることは政策割当として不適当である。世界金融危機における対応をみても，金融改革に関する議論は，資本注入などの措置の後であった。

［プルーデンス政策の視点からみたIMFプログラムの含意］

アジア通貨危機下のインドネシアにおいては，Letter of Intent（1997年10月31日）からMemorandum of Economic and Financial Policies（1998年1月15日）が発表される中で，ルピアの急落や金融システム不安等，危機が顕現化し，深刻化していった[55]。IMF主導のプログラムが市場を失望させ，信認を回復できなかったことは明らかであろう。

---

54) 金融危機の際には，危機対応として預金等が全額保護されることが多い。北欧銀行危機時のスウェーデンではブランケット保証が実施された（本章第1節）。わが国でも邦銀の不良債権処理の過程で預金の全額保護が実施された。

55) Memorandum of Economic and Financial Policiesは，IMFの支援を求める国が実施する政策（実質的な内容はIMFプログラムである）を詳述した文書である。

こうした初期対応の後，1998年にIMFおよびインドネシア当局は，金融システム安定化政策を修正した。その内容は，スウェーデンによる金融危機管理との類似点が多く，①インドネシア国内銀行のルピア建て・外貨建て債務を対象とする政府の無制限保証，②問題金融機関に対するインドネシア銀行の流動性支援・介入，③問題銀行の経営再構築のためのインドネシア銀行再建庁の設置，④国際的な監査法人による国内銀行のdiagnostic reviewの結果に基づく区分（A-banks〔自己資本比率4％以上〕，B-banks〔同，2.5％から4％〕，C-banks〔同，2.5％以下〕）に応じた公的資本注入，経営再建等である。

以上，インドネシアのケースから得られるプルーデンス政策上の含意としては，①市場，金融機関のモニタリングを通じた政策問題の的確な認定，②政策手段の合理的な割当，さらに，③金融機関でなく，企業財務に内在したシステミック・リスク要因というマクロ・プルーデンス上重要な教訓を挙げることができる。

[「二重のミスマッチ」について]

インドネシアの企業金融に内在した「二重のミスマッチ」は，アジア通貨危機のキーワードとなったほか，マクロ・プルーデンス上も重要な含意を有する。以下，内野（2008），Ryback（2006）等により，危機以前におけるインドネシア企業金融の特性を背景とする「二重のミスマッチ」を分析する。

アジア通貨危機以前のインドネシアにおける企業金融の特徴をみると，コングロマリットを中心に，米ドル建て収入がない事業でも，米ドル借入れを行い，先物ヘッジなしでルピアに転換し，運転・設備資金に用いる企業が多かった[56]。これが，米ドル建ての短期負債による，ルピア建ての中長期資産のファイナンスであり，Dournbusch（2001）等が通貨危機の重要な要因

---

56) 外国為替管理は，インドネシアでは1970年代初に自由化され，民間企業の海外借入に対する規制はなかった。このため，現地の有力企業は，外国銀行のオフショア支店からも直接外貨を借入れることができた。この点につき，内野（2008）は，「これは実に日本より20年以上先行していた。日本で事前許可・届出制が完全に廃止されたのが1998年であったことを思うと，届出もなく自由に海外送金ができ，またルピア紙幣をドル紙幣に街中で自由に交換できることはインドネシアに赴任して最初の驚きであった」と述べている。

と指摘した，通貨・満期構成の「二重のミスマッチ（dual mismatches）」である。

アジア通貨危機以前，名目金利でみると，銀行のルピア建て貸出金利は米ドル建て貸出金利を大幅に上回っていた。インドネシア企業は企業金融において，米ドル建て資金の低金利を享受するため為替リスクを取り，米ドルのショート・ポジションを形成していた[57]。この背景は，インドネシア企業・金融機関の間で，管理フロート制の下でルピアの対米ドル相場の安定が政府により暗黙に保証されているとの期待が形成されていたことである[58]。このためインドネシアでは，米ドル建て資金調達は実質金利がルピア建て資金調達を下回る合理的な借入と考えられていた。

企業金融に内在した為替リスクは，ルピア相場の下落により顕現化し，企業財務を悪化させるとともに，金融機関に跳ね返った。ことに，インドネシアの商業銀行は，大口融資規制に違背して自行のグループ企業に融資することが多かったため，ルピアの下落により融資先企業の財務が悪化すると，資産内容の悪化が増幅した[59]。

「二重のミスマッチ」のプルーデンス政策上の含意は，Ryback（2006）が指摘するとおり，資産負債上の期間・通貨構成上のギャップが，金融機関で

---

57) 市場ではカバー付き金利平価が成立するため，先物為替予約により為替リスクをヘッジすれば，米ドル建てでもルピア建てでも資金調達費用は同じとなる。米ドル建て資金調達による低金利の利点を享受するためには，為替ヘッジを行わない（為替リスクを取る）必要がある。為替ヘッジを行わず，米ドルのショート・ポジション（売り持ち）を取れば，米ドル相場が上昇すれば損失を蒙るリスクにさらされることを意味する。
58) インドネシアの為替制度は，1978年にルピアと米ドルとのリンクを廃止して管理フロートに移行し，ルピアの対ドル名目相場を米国とのインフレ格差を軸に緩やかに減価させるクローリングを行ってきた。通貨危機前には，インドネシアにおける物価上昇率の落着きもあって，ルピア相場は安定していた（図表4-12の1997年以前のルピア・レートを参照）。これが，インドネシア企業や金融機関の為替レート予想に大きく影響した。
59) この典型的な事例が，インドネシアの大手企業集団であるサリムグループと，その関係企業で同国最大の民間銀行であったBank Central Asia（BCA）の取引であった。同社はBCAや外国銀行からの米ドル建て借入に依存していたため，通貨危機によるルピア相場の暴落を受け，ルピアに換算した債務が膨張した。これにより，BCAは資産内容が悪化し，破綻・公的管理に至った。

なく，借り手である企業の財務に内在していたことである。このため貸し手であるインドネシアの金融部門は，為替リスク，流動性リスクにさらされることとなったが，こうしたリスクの実態は個別銀行の財務諸表からは判別できなかった。これは，金融機関の資産内容が健全にみえても，企業財務にシステミック・リスク要因が内在する限り，金融システムの安定性は保証されないという，マクロ・プルーデンス政策上重要な教訓となった[60]。

また，高成長と物価安定に象徴されるインドネシアの良好なマクロ経済が，個別企業の財務における「二重のミスマッチ」というミクロ的なリスクを内包していたこと，換言すれば，企業財務におけるミクロ的なリスクが為替レートの変動に対して脆弱な同国のマクロ経済体質を形成していたことは，重要な政策的含意を有する。すなわち，マクロ経済のミクロ的基盤が健全であるかどうかは，プルーデンス政策はもとより，経済政策全体にとっても重要である。

第3節　わが国における邦銀の不良債権処理

本節は，資産バブル崩壊後のわが国における銀行（邦銀）の不良債権処理をケース分析する[61]。邦銀の不良債権問題をめぐっては，多くの議論がなされてきた。本節では，プルーデンス政策上実益のある新たな含意を探る。

わが国における金融危機管理の枠組みは，最終的には国際的にも標準的な

---

60) ただ，「二重のミスマッチ」には，アジアにおいて資本市場が未発達であったという背景もある（内野，2008）。危機以前のインドネシアでも，国内の債券市場が未発達で，長期プロジェクトを抱える企業は，その期限にマッチした現地通貨建ての債券を発行して長期資金を調達できなかった。このため企業は，短期の銀行借入を更改し続けたり，material adverse clause 条項（借入先企業の財務内容が著しく悪化した時は期限の利益が喪失し，銀行は直ちに融資の返済求めることができるという与信条件）付の外銀からの借入等に依存せざるをえなかった。このことが，アジア通貨危機後，アジア開発銀行やわが国が協力してアジアにおける債券市場の育成が進められた理由である。

61) 1990年代初のバブル崩壊後，日本では銀行以外の預金金融機関（信用金庫，信用組合等）や証券会社等も資産内容が悪化し破綻した。ただ，金融危機管理としての不良債権処理全般を論ずる本節では，煩を避けるため，「邦銀の不良債権処理」と題した。

図表 4-14　日本：不良債権処理の枠組み

金利・流動性支援	・市場操作 ・日銀特融 ・政策金利の引き下げ
預金保険	・預金取扱金融機関の全債務・全額保護（1996～2002 年）
公的資本注入	・総額 12.4 兆円を注入 　―金融機能安定化法（21 行，1.8 兆円，1998 年 3 月） 　―金融機能早期健全化法（32 行，8.6 兆円，1999 年 3 月～2002 年 3 月） 　―預金保険法（1 行，1.9 兆円，2003 年 6 月） 　―金融機関組織再編特措法（1 行，60 億円，2003 年 9 月） 　―金融機能強化法（2 行，405 億円，2006 年 11，12 月）
破綻銀行国有化	・金融再生法による特別公的管理（日本長期信用銀行〔1998 年 10 月〕，日本債券信用銀行〔1998 年 12 月〕） ・預金保険法による特別危機管理（足利銀行〔2003 年 12 月〕）
不稼働資産買取・再構築	・共同債権買取機構（1993 年 1 月設立） ・東京共同銀行（1995 年 1 月設立，後に整理回収銀行〔1996 年 9 月〕，整理回収機構〔1998 年 4 月〕へ改組） ・産業再生機構（2002 年）
銀行経営健全化	・経営健全化計画 ・特別検査・考査による資産査定 ・金融再生プログラム（「竹中プラン」） 　―公的資本による資本増強行に対するガバナンスの強化 　―「3 割ルール」（当期利益等が経営健全化計画の値から 3 割以上下回った場合，監督上の措置を講ずる）に基づく業務改善命令を受けた後も経営改善がみられない場合，経営責任の明確化を含む厳格な業務改善命令の発出を検討する 　―著しい過小資本（国際基準行 4％未満），2 期連続優先株無配等の場合，原則として転換権を行使 ・日本銀行による金融機関の保有株式買取

出所：著者作成

措置が出揃うこととなった（図表4-14）。しかし，こうした枠組みが整い，不良債権の処理がほぼ完了したと認められるまでに，日本では10年以上の時間を要した。日本の不良債権問題から新たな教訓が得られるとすれば，これほど長い時間を要した要因を新たな視点から分析することによってであろう。

そこで，初期対応を中心に不良債権処理策の決定過程を分析することにより，わが国における不良債権処理に10年以上の時間を要した理由が，政策問題の認定と政策アジェンダの設定における的確性の問題に起因するという結論を導出する。また，わが国の不良債権問題が，漸進的に進められた金融自由化の弊害としての側面を有することを示す。

[不良債権処理の遅延]

以下では、わが国における不良債権処理をめぐる主な議論を概観した後、不良債権処理の政策決定過程を点検する。

櫻川（2006）は、わが国における不良債権問題への対応に対し、3年で実現できるはずのことに14年もかけ、不必要な損失を垂れ流したと厳しい評価を行っている。櫻川（2006）によると、わが国における金融システム不安の第1段階であった1993年から1998年の間、不良債権問題に対する認識は極めて低く、金融監督行政のあるべき姿についても確固たる認識がなかった[62]。

佐藤（2003）は、不良債権処理が遅延した原因を、主に銀行経営におけるリスク認識と規律の不足に求めている。邦銀経営者の全体的なリスク認識が低かったため不良債権問題に対する認識が遅れたほか、赤字決算を避けようとした経営者の願望や、景気回復・資産価格反転への期待が経営規律を弛緩させ、不良債権処理の先送りを誘引した。

銀行経営におけるリスク認識や規律不足の背景は、邦銀経営者が、金融自由化以前における競争制限的な経営環境から、個別銀行の自己責任に基づく経営への移行を十分に認識できていなかったことである。高度成長期の資金不足型経済においては、業態分離と競争制限的規制の下で価格（金利）競争も乏しかったため、店舗網の拡大など量的指向の銀行経営により安定的な収益がもたらされた。こうした状況下、金融技術革新やリスク管理強化の必要性は乏しかった。その後、金融自由化が進展する中でも、従来同様の量的拡大競争と規制遵守を行っている限り経営は安定するとの認識が多くの邦銀経営者を支配していた。

また佐藤（2003）は、銀行経営を規律づける制度的な枠組みが不十分であったと指摘している。こうした制度的要因としては、硬直的な貸倒引当・償却基準と、ディスクロージャー（企業情報開示）制度の未整備が挙げられる[63]。まず、貸倒引当・償却基準については、回収不能ないし損失の発生

---

[62] 実際には、わが国プルーデンス当局の不良債権問題への認識が低かったわけではない。後述のとおり、不良債権問題に関する行政指針の発出、検査・考査を通じた指導などの措置は、不良債権問題が深刻であるとの認識の下で行われた。ただ、これらはいずれも外縁的な対応であったことは否定できない。

が確実と見込まれる貸付金等の債権について損失見込額を償却するという最低限の引当・償却基準のみが規定され，邦銀は税法上損金算入が可能な債権のみを償却（無税償却）していた。有税処理となる不良債権の償却（有税償却）は，必ずしも金融機関の自主的な判断による処理はなされなかった[64]。これに関し，1992年に大蔵省が発出した「有税償却については金融機関の自主性を尊重する」旨の通達は，邦銀が貸倒引当・償却に対する制約を意識していたことを示唆している。

また，銀行のディスクロージャーについても，不良債権の開示が漸進的に進められたほか，開示基準が業界による自主ルールで規定されるなど厳格性を欠いた。ディスクロージャーが充実し，それを通じた市場規律が期待できていれば，不良債権の積極的な処理による財務内容の改善が市場に評価され，不良債権処理への動機となったはずである（佐藤，2003）。

この間，わが国のプルーデンス当局としては，検査・監督を通じた銀行経営の点検が十分に機能しなかったことは否定できない。当時の信用秩序維持政策は，銀行の経営破綻を生じさせないことを中間目標とし，これを通じて金融システムの安定を図るという考え方に立っていた。銀行の経営破綻を前提としていないため，破綻処理のための実効的なセーフティ・ネットは，1990年代央まで十分に整備されていなかった[65]。こうした状況下，公的資金注入は現実的な危機管理手段とはなりえなかった。

なお上記の指摘のうち，不良債権処理が遅延した原因を銀行経営におけるリスク認識と規律の不足に求める点については，若干の留保が必要である。

---

63) ディスクロージャーとは，法令や取引所規則の定めにより，企業が投資家，株主，債権者等の利害関係者に対し，経営内容を開示する制度である。企業情報が十分に開示されれば，市場による企業評価が株価や債券利回等の市況や格付に反映され，それが圧力となって企業経営を改善させる作用（市場規律）が働く。

64) 貸倒引当・償却基準については，当時わが国では金融規制当局と税務当局が同じ組織に属していたこともあって，無税償却の要件が厳格に過ぎ，また有税償却は必ずしも自主的な判断で処理できないなど，邦銀の間では引当・償却に対する制約が意識されていた。

65) わが国の預金保険機構は，1990年代央まで職員数が15名程度で，日本銀行内に所在し，理事長は日本銀行副総裁が兼務するなど，十分な金融危機管理機能を備えていなかった。

すなわち，邦銀の意識としては長年の「規制ありき」，あるいは「原則禁止（新規業務や新商品は，当局の明示的な承認がない限り原則禁止とみなされる）」という意識に邦銀の行動は制約されていた[66]。邦銀の不良債権処理の遅れが銀行経営におけるリスク認識と規律の不足のためであるにせよ，これは規制のあり方をめぐる邦銀の意識の下で形成されたという側面がある。

[初期段階における不良債権処理策の形成]

櫻川（2006），佐藤（2003）が指摘するとおり，邦銀の不良債権問題の初期段階において，当局側，邦銀側双方の対応が的確でなく，その後不良債権問題の解決に長期を要した点は，現時点の評価としては否定し難い。プルーデンス政策の決定過程の視点からみると，その理由は，邦銀の不良債権に対する初期対応の段階において，政策問題の認定が誤っており，このため政策アジェンダ（政策課題と施策，その立案・施行工程）の設定も不合理となったことによる。そこで以下では，西村（2006）等当時の政策担当者による資料により，わが国における不良債権問題が表面化した1990年代初に，いかなる過程を経て政策決定がなされたかを跡づける。

大手邦銀が破綻する以前の，1990年代前半における，邦銀の不良債権をめぐる政策問題の認識は，概ね以下のような内容であった。

―資産バブル崩壊による邦銀の不良債権は相当の規模であるものの，業務純益（貸出等銀行の基本業務の収益）は堅調で，未実現の有価証券評価益が潤沢なこともあって，邦銀の財務体力には余裕がある（図表4-15）。

―資産価格の下落は循環的であって長期間続くことはないと予想される。実体経済面でも，わが国製造業の収益力をもってすれば，バブル崩壊後の調整（企業の過剰債務，過剰設備，過剰人員）は数年のうちに可能である。

---

66) 邦銀関係者によると，「護送船団方式」の金融行政の下にあっては，創意工夫により新商品を独自に開発しても，「金融秩序の維持」の大義名分の下に，これを他行に先駆けて取り扱うことは認められないものであると認識されていた。また，日本銀行の窓口指導（市中銀行の貸出増加額規制）も，こうした邦銀の「規制ありき」の意識を醸成したことは否定できないであろう。

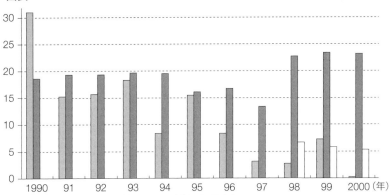

図表 4-15 日本：邦銀主要行の自己資本ポジション

単位：兆円
出所：邦銀各行ディスクロージャー誌等

― 日本では長らく銀行の破綻がなく，銀行の破綻処理制度も未整備（1990年代前半まで，ペイオフを除き，預金保険機構による資金援助合併が唯一の破綻処理方策であった）である。それだけに，邦銀の経営内容を即時全面的に開示し，大手行をはじめ邦銀が一度に貸倒引当・償却を行って多額の赤字を計上した場合，市場や預金者がどう反応するか読みきれない。このような市場や預金者の動揺による金融システムの不安定化こそ，回避すべき最大のリスクである。

こうした認識の下，「邦銀の不良債権は，業務収益力と評価益の実現により，数年内に処理する」という政策アジェンダの基本が設定された。すなわち，金利引き下げによりテコ入れした業務純益と保有有価証券評価益を償却原資とし，邦銀の赤字決算を回避しつつ，貸倒引当・償却の税務上の弾力化，共同債権買取機構の設立，検査・考査による指導等の周辺的な政策措置により，邦銀に不良債権処理を促した[67)68)69)]。

この間，政府は大規模な財政支出を行い，日本銀行は金融政策を緩和し，

---

67) 償却原資とは，不良債権の会計処理（貸倒引当・償却）によって生ずる貸倒損失を吸収し，当期損失を回避する財源としての業務純益と保有有価証券評価益である。

金融システム問題を軽減する景気回復に望みを託した（Kawai, Ozeki, and Tokumaru, 2002）。一方，邦銀の経営内容の情報開示は，セーフティ・ネットが未整備のまま開示を一気に進めた場合，金融システム不安を招く可能性も排除しえないと考えられたため，漸進的に進められた[70]。

当局のこうした考え方は，1992年8月18日に大蔵省が発表した『金融行政の当面の運営方針』や，1994年2月8日に同省が発表した『金融機関の不良債権問題についての行政上の指針』に示されている[71]。同指針は，不良債権処理につき，「この課題は，金融機関が，徹底した経営努力を前提に，毎期の業務純益を主たる財源として，実質的な引当金である含み益などの内部蓄積も長い目で考慮しながら，所要の償却等を積極的に進めていくことにより，解決できるものである」と述べている[72]。また，日本銀行（1996）は，不良債権処理の見込額は，一般貸倒引当金や有価証券評価益等の範囲内であるとした上で，「業務純益力や含み益等をも勘案すれば，いずれの業態においても平均的には不良債権を処理する力は十分に有しているとみられる」と述べ，行政当局に同調している。

---

[68] 税務当局は，有税償却（損金不算入）は金融機関の自己認定によることを確認するとともに，無税償却（損金算入）の認定基準を緩和し，①債務者（与信先）の実質債務超過期間を「おおむね2年以上」から「おおむね1年以上」に短縮する，②同じく債権額に占める回収不能割合を「おおむね50％以上」から「おおむね40％以上」に引き下げる，③保証人の保証能力が実質的に無い場合は償却を容認する等の弾力化を行った（平成4.9.18国税庁通達「認定による債権償却特別勘定の認定に関する運用上の留意点について」）。

[69] 1993年5月，共同債権買取機構が設立され，金融機関が同機構に不動産担保付債権を持ち込めば事実上無税償却（売却損，支援損）を行いうる仕組みが手当てされた。同機構のねらいは，不稼働債権の処理・再構築よりも，移管された債権の無税償却を認める点にあった。このことは，不稼働債権の処理は移管元の金融機関の責任とされたこと，また権利関係が複雑な債権の移管は認められなかったことからも明らかであろう。

[70] このように情報開示が制限された結果，市場規律は働き難く，金融機関に経営改善を促す市場の圧力や，セーフティ・ネットの整備への原動力となる国民的な政策合意を弱める要因となった（白塚・田口・森，2000）。

[71] 1992年8月18日に大蔵省が発表した『金融行政の当面の運営方針』では，安易な益出しの抑制，不良資産処理のための環境整備（処理方針の早期確定と計画的・段階的処理）に向けての一層の努力を標榜する一方で，中間決算における株式評価損償却の不計上（注記のみ），配当性向基準の適用の一時停止等の猶予措置がとられた。

この間，破綻金融機関は，1993年頃までは預金保険機構の資金援助により，他の金融機関を受け皿として吸収するという形で処理された（東邦相互銀行，東洋信用金庫等）[73]。1994年に入ると，破綻金融機関の受け皿を見出すことが不可能となり，システミック・リスクを顕現化させるおそれのない中小の破綻金融機関は速やかに退場させるという方針に転換した[74]。

　しかしこの背景には，依然として楽観的なシナリオ，すなわち，日本経済の高い信頼性に鑑みれば，大手金融機関が破綻するおそれはなく，少数の中小金融機関の破綻を迅速に処理すれば事態は収拾可能であるとの判断があった。金融機関の破綻処理が行われることとなった1994年以降においても，必ずしも金融機関の破綻処理に関し包括的な基本方針と制度が構築されるには至らず，むしろ目前の事態収拾に試行錯誤する中で，金融危機管理の方向感覚が動揺していったというのが実態である。

[検査・考査の限界]

　わが国当局が金融機関に対して行っていた検査（大蔵省）・考査（日本銀行）は，資産バブルの形成と崩壊による邦銀の資産内容の悪化を防止する上で，有効に機能したとはいい難い。この点につき，大江（2010）は，『大蔵省金融年報』などを検証した結果，①1985〜1987年の検査は，不動産関連融

---

72) こうした日本の方針に対しては，国際機関，海外当局，格付会社等から強い懸念が示され，「不良債権の償却を，内部留保や期間収益の許容範囲内で行うという方法は順序が逆である。まず資産査定で要償却債権を分類し，償却し，その次に償却に伴う損失をカバーするにはどうしたらよいかを検討するのが筋道である」とか，「邦銀への信認回復のためには，不良債権を早期に償却すべきであり，数年かけての償却は遅すぎる」という批判が繰り返された。こうした批判の嚆矢としては，Fries（1993）がある。

73) 金融自由化以前のわが国における競争制限的な金融制度の下では，フランチャイズ・バリュー（免許業種としての特権的価値）が存在し，吸収合併による営業規模の拡大（とくに店舗網の獲得）によって救済金融機関の負担は補填された。規制金利の体系下では，預貸利鞘が保証されていたため，運用資金量を伸ばせば収益は付いてくるという，「収益イコール資金量」の世界であった。営業規模の拡大は収益を伸ばす最も確実な方法であった。

74) 1994年12月，破綻した信用組合を処理するため，東京共同銀行の設立が決定された。この時期をもって，護送船団行政が終焉したといわれている（西村，2006）。

資，金融機関関連会社向け融資の増加および資産内容の悪化を認識しているが，これらを金融バブルの萌芽と捉え，警鐘を発してはいないこと，②リスク管理を初めて正面から取り上げた1987年度の検査は，金融リスクを体系的に述べているものの，金融機関のリスク管理に関する検査当局の危機感は感じられず，とくに信用リスクについては，この時期に資産バブルの萌芽がみられていることを検査当局が認識していたとはうかがわれないと指摘している。この背景として，検査当局（金融検査部）では，それ以前からの法令遵守状況の点検を中心とする検査姿勢から大きく転換しておらず，銀行の資産内容が悪化した意味を的確に把握していなかったと考えられる。

また，日本銀行は，1987年12月『リスク管理チェックリスト』を公表し，リスク重視考査へと踏み出している。しかし，法的根拠が薄弱で実効性に乏しく，また行政当局による検査の事実上の掣肘を受けるなどの日本銀行考査の限界もあって，リスク重視考査もまた資産バブルの形成・崩壊とこれによる邦銀の資産内容の悪化を抑止できなかった[75]。

［漸進的金融自由化の弊害としての不良債権問題］

次に，わが国における不良債権問題が漸進的な金融自由化の弊害としての側面を有すること，すなわち，変化する金融・経済の実態から乖離した規制が残存し，これが一部邦銀の行動を動機づけたという，プルーデンス政策上重要な金融規制のあり方をめぐる論点を提起したい。

この議論の出発点は，図表4-16が示すとおり，資産バブルの形成期における銀行の不動産関連部門（建設業，不動産業，およびノンバンク，リース等のファイナンス業から構成される，所謂「特定３業種」）に対する与信集中の度合いが，業態別に異なっていた——長期信用銀行，信託銀行の与信集中が，都市銀行，地方銀行を上回っていた——という事実である。

資産バブルが形成される過程で，不動産をはじめ資産価格の高騰は巨額の資金需要を生み出し，金融機関に対して大きな収益機会を創出した。こうした状況下，邦銀は不動産関連与信を直接に供与し，またノンバンクを経由し

75）熊倉（2008）第６章「バブル経済とリスク管理重視考査の限界」を参照。

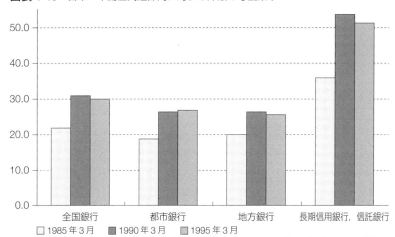

図表 4-16　日本：不動産関連部門に対する邦銀の与信集中*1

＊1：融資残高合計に占める「特定3業種」（建設，不動産，ファイナンス〔ノンバンク，リース等〕）向け融資の比率。
単位：％
出所：日本銀行「日本銀行統計」等

て融資したため，特定3業種への与信集中が高まった。

　これを業態別にみると，都市銀行をはじめいずれの業態も特定3業種に対する与信が増加したが，長期金融機関（長期信用銀行，信託銀行）の与信集中は都市銀行，地方銀行を上回り，また集中の速度も急であった。長期金融機関の特定3業種向け与信集中が都市銀行，地方銀行を上回ったのはなぜであろうか。この要因の一つとして，わが国における金融自由化が漸進的に進められる中，最後まで残された業務分野規制（専門金融機関制度）が，長期金融機関を不動産，ノンバンク向けをはじめとする大口与信へ誘引したことが挙げられる。これは，経済が変化し存在意義を失った規制が，漸進的な金融自由化の下で，是正されなかったことに伴う弊害であったと解釈できる[76]。この間の経緯をやや敷衍すると以下のとおりである。

　高度成長期においては，企業の旺盛な資金需要を背景に，短期金融は都市銀行，地方銀行等の普通銀行，長期金融は長期信用銀行，信託銀行という長短金融の分離が機能していたため，長期信用銀行，信託銀行といった長期金融専門の金融機関に存在意義があった。しかし，その後の低成長時代への移

行に伴う金融構造の変化の中で都市銀行等が利鞘の厚い長期貸出に積極的に乗り出していくにつれ，長期金融機関はその存立基盤が脅かされた。

　こうした状況下，長期信用銀行，信託銀行は，都市銀行等と同様に中堅・中小企業向けのリテール業務や個人富裕層との取引拡大をテコに失地回復を企図したものの，店舗網の大きな格差が存在する中では，こうした戦略には限界があった[77]。このため長期金融機関は，一件の貸付金額が大きく，まとまった収益が得られる不動産，ノンバンク向け等の大口融資に傾斜する結果となった。その後，長期信用銀行3行のうち，日本長期信用銀行，日本債券信用銀行の2行がそれぞれ1998年10月，11月に特別公的管理に置かれたことに象徴されるように，資産バブルの崩壊を受けた資産内容悪化の衝撃は，長期金融機関において他業態以上に顕著であった。こうした現象は，歴史的な役割を終えた専門金融機関制度が温存される一方，銀行・証券分離の緩和も長らく見送られた結果，長期金融機関は証券業務に進出し投資銀行に転換することによって活路を拓く途も閉ざされ，経営戦略上の閉塞状況にあったために生じたという側面が否定できない。この意味において，金融自由化の遅れに伴う不必要な費用であった。

　わが国における金融自由化は，預金金利自由化が，1979年の譲渡性預金導入から1994年の流動性預金金利自由化まで15年を費やして実施されたことに象徴されるように，業界の利害調整を配慮しながら，段階的・部分的に実施されてきた。こうした手法は，金融部門に金融自由化の影響を吸収する時間

---

[76] 自由化以前におけるわが国の金融システムは，金利規制，業務分野規制（銀行・証券分離，信託分離，長期・短期金融分離など），内外市場の分離（為替管理による内外資金移動の原則禁止）を三本柱とする規制の下にあった。このうち，預金金利規制が1979年の譲渡性預金（NCD）の導入，1985年の大口定期預金金利自由化などを経て段階的に緩和された。内外市場の分断は，1980年代央に実施された一連の措置（先物為替の実需原則撤廃等）により，自由化された。業務分野規制の緩和は最も遅れ，業態別子会社方式による銀行・信託・証券の相互乗入が実現したのは，1992年6月の金融制度改革法によってであった。

[77] 1993年時点において，長期信用銀行であった日本興業銀行と，都市銀行であったさくら銀行を比較すると，日本興業銀行の国内店舗数は31店と，都市銀行最多の店舗網を有したさくら銀行の488店の10分の1以下に過ぎなかった。こうした限られた店舗網では，リテール業務の推進は困難であった。

的余裕を与える反面，自由化のテンポが遅いだけに金融規制が国内外の経済構造と乖離し，金融機関の動機を歪めるリスクがある。長期信用銀行等の不動産関連部門への与信集中，資産内容の悪化，経営破綻とこれから進行したシステミック・リスクの顕現化は，漸進的金融自由化の下で残存した古い規制が金融機関行動を歪めた結果としての側面を有する。これは，金融規制のあり方をめぐるプルーデンス政策上重要な教訓といえよう。

［邦銀の不良債権問題が提起する政策的含意］

わが国の不良債権処理は，先送り政策の典型的な失敗という否定的な評価が，最近に至るまで一般的である。不良債権処理の過程で，中間決算における株式評価損償却の不計上等の猶予措置がとられたことは事実であるにせよ，必ずしも全面的な先送り政策が遂行されたわけではない。1992年や1994年に発出された行政当局の指針をみると，不良債権問題の早期処理の必要性が述べられている。本節でみたとおり，わが国における不良債権処理の政策過程を分析すると，初期段階における政策問題の認定が楽観的に過ぎ，前提としたシナリオが崩れる中で試行錯誤を余儀なくされた結果，当初の想定以上に長期間を要したといえよう。この意味で，わが国の不良債権処理から得られる政策上の含意は，政策問題の的確な認識の重要性である（山口，1997）。また，すでに合理性を失っていた規制が残存していたため，一部の金融機関が不動産関連融資へ傾斜する動機を与えたことは，規制のあり方をめぐるプルーデンス政策上重要な教訓であるといえよう。

第4節　小括

本章では，北欧銀行危機におけるスウェーデン，アジア通貨危機におけるインドネシア，および日本における邦銀の不良債権問題を取り上げ，金融危機管理の決定過程（政策問題の認定，政策アジェンダの設定，政策手段の選択・執行）を視点とした分析を行った。

スウェーデンにおける金融危機の本質は，海外債権者からの信認喪失による，金融・経済システム全体が崩壊する可能性であった。このことが，スウ

ェーデン当局に対し，金融システムの早期安定化に向けた強い動機を与えた。スウェーデンの金融危機管理は，海外債権者の信認確保など市場に対する的確な認識に基づき，政策問題の認識，政策アジェンダの設定，政策案の採択・執行などの面で合理的で，金融危機管理のモデルとなった。

スウェーデンの金融危機管理から得られるプルーデンス政策上の重要な教訓は，①政策問題の的確な認識に基づく政策アジェンダの合理的な設定，②短期／中長期の政策目的と政策手段の整合的な割当，③情報の非対称性に配慮した適時開示による透明性の確保，④経済合理性の高い危機管理機構の設計（動機整合的で，コア・コンピタンスを極大化させる資産管理会社の組織運営など）である。

インドネシアの事例は，金融危機管理における，市場との意思疎通に基づく政策問題の的確な認定の重要性を提起した。IMFプログラムの決定過程において，インドネシア経済に内在するリスクに対するIMFの認識は，市場の認識と大きく乖離していた。このため，IMFプログラムは市場の信認を得られず，所期の成果を挙げることができなかった。政策手段の割当の面でも，市場心理が不安定で，民間銀行の財務計数にアクセスし難い預金者が情報の非対称性を誘因として行動する可能性が高い状況下，問題銀行の閉鎖・清算という政策手段を選択したことは，合理的とはいい難い。

またインドネシアの事例は，企業財務に内在したシステミック・リスク要因というマクロ・プルーデンス上重要な論点を提起した。危機の誘因となった「二重のミスマッチ」（資産負債構造における期間構成および通貨構成上のギャップ）は，銀行ではなく，借り手である企業の財務に形成されていた。マクロ・プルーデンスの観点からは，企業・家計部門の財務の健全性がシステミック・リスク要因となりうることに注意を要する。

わが国の不良債権問題から得られる政策上の含意は，政策問題の的確な認識の重要性である。邦銀の不良債権処理の遅延は，政策決定の過程をみると，政策問題の認定が楽観的に過ぎ，前提としたシナリオが崩れる中で政策アジェンダの設定，政策手段の選択に錯誤が生じた。

また，邦銀の不良債権問題は，漸進的な金融自由化の中で合理性を失った規制が残存したため，金融機関の動機が歪められた結果であるという側面を

有する。これも，金融規制のあり方をめぐる重要な教訓であろう。

図表 4-17　資産管理会社を用いる利点と難点

利点	難点
・分業による効率化――不稼働資産を問題銀行から切り離すことによって，銀行を処理負担から解放する。銀行は経営資源を経営再建や新規融資に集中でき，資産管理会社は不稼働資産の処理に集中できる ・規模の経済――不稼働資産処理の技法や経営資源を資産管理会社に集中することにより，バルク・セールや証券化による処理を促進できる ・交渉力の強化――複数の金融機関に分散した債務者向け債権・担保権を資産管理会社に集中することにより，債務者との交渉力を高めることができる ・規律の強化――債務者等との過去の経緯を遮断しうる	・情報生産力の低下――銀行が蓄積していた債務者（借入先企業や家計）に関する知識が失われ，これに伴い債務者との交渉力や，債権回収の可能性が低下する可能性がある ・返済意思の低下――借入先は銀行との良好な取引関係を維持する必要がなくなるため，これが借入先の返済意思を低下させる可能性がある ・政治的介入の可能性――不稼働資産の買取や処理に対する政治的介入を招く可能性がある

参考：バルク・セールとは，複数の不稼働資産をパッケージ化して，投資ファンド等の第三者に一括して売却する手法である。
出所：Klingebiel（2000）等

●付論　資産管理会社に関する若干の国際比較

　ここでは，金融危機管理の手段として用いられる資産管理会社を，スウェーデンをはじめ各国のケースを用いて，簡単な比較分析を行う。

　資産管理会社は，破綻銀行から不稼働資産を切り離し，詐害行為取消権等をテコとして資産を早期処理する手段として有効と考えられている。実際にも，米国の Resolution Trust Corporation（RTC），スペインの Deposit Guarantee Fund 等，いくつかの成功例がみられる。これは，資産管理会社に不稼働資産を移管・処理する方式には，分業による効率化，規模の経済といった利点があり（図表4-17），これを活用することに成功したためと考えられる。

　国際比較の視点から，資産管理会社による資産再構築の成功・失敗の要因を整理すると，図表4-18のとおりである。

　「不良資産の倉庫と化した」（Klingebiel, 2000）とされるメキシコの

図表4-18 RTC,セキュラム,FOBAPROAの成功・失敗の要因

米国・RTC (成功)	スウェーデン・セキュラム (成功)	メキシコ・FOBAPROA (失敗)
・移管された資産が,住宅ローンや不動産関連が多く,証券化やバルク・セールを通じた処理がやりやすかった ・資本市場が発達していたため,証券化をはじめ先進的な処理手法が実行できた ・破綻した貯蓄貸付組合(S&L)の資産は,米国金融セクターの総資産比8%程度であった。また,移管された資産のうち,かなりの部分は実際には稼働資産であった ・破綻したS&Lは,米国金融部門に占める比重が限られており,健全な多くの金融機関が破綻したS&Lの資産の買手となった ・RTCでは,役職員や契約当事者を対象とする通達や指針が整備され,企業統治と業務運営の透明性が保たれた ・情報管理システムの整備をはじめ,組織運営が効率的であった ・景気,不動産市況が予想より早く回復した	・海外から投資銀行家を招聘するなど,高度の専門知識・技術を有する人的資源を活用した ・公的資本の注入,政府による借入保証など,セキュラムの財務基盤が強固であった ・不稼働資産の移管は,統一的な基準による,時価基準の移転価格(キャッシュフローの割引現在価値)を用いるなど,財務体質への信認・透明性を確保した ・移管された資産のうち,不動産関連資産(不動産向け融資,担保不動産,不動産関連会社株式等)は流動化に適していた ・自主的な経営管理の下で,民間主導の経営が行われた ・経営目標達成を誘引する動機を役職員に附与した ・管理対象資産毎に子会社を設立し,処理に当たらせた ・景気,不動産市況が予想より早く回復した	・移管された不稼働資産の大半が政治的に癒着した貸出(connected loans)で,FOBAPROAは処理に当たり政治的圧力にさらされた ・不稼働資産の移管は,債権放棄とセットで,事前の資産査定を行わないまま,簿価基準で繰り返し実施された。このため,銀行・債務者双方にモラル・ハザードを惹起した ・時価を上回る簿価基準での資産買取は,銀行に対する実質的な補助金供与となり,これが銀行の経営再建,債権管理,問題先への再建指導に対する動機を弱めた。さらに,債務者の支払意思をも弛緩させた ・時価を上回る簿価で移管された資産の二次損失負担が,FOBAPROAの財務を毀損した ・民間主導の独立した経営がなされなかった ・経営陣が更迭されない等,不稼働資産の移管のコンディショナリティが不十分であった

参考:貯蓄貸付組合(Savings and Loan Association;S&L)は,米国の協同組合型の金融機関で,個人の小口預金を受け入れ,住宅ローンを中心とする貸付を行う。
出所:Klingebiel(2000)等

　FOBAPROA等,所期の成果を挙げえなかった資産管理会社の問題点をみると,時価でなく簿価基準の資産買取に伴うモラル・ハザード,資産管理・回収についての専門的知識・技能の不足,組織としての独立性の欠如等が指摘されている。これも金融危機管理に当たっての一つの政策的な教訓を示している。

〈 第5章 〉
世界金融危機への政策対応と問題点

　本章では，第1節において今次の世界金融危機に対する各国政府・中央銀行の政策対応を整理する。第2節では，世界金融危機時の危機管理の問題点，世界金融危機の背景にある検査・監督体制の問題点等を考察する。

第1節　各国政府・中央銀行による政策対応

　本節では，世界金融危機時における各国政府・中央銀行による危機管理を整理し，全般的な評価を試みる。
　米国におけるサブプライム・ローン（信用度の低い借り手向け住宅ローン）問題に端を発した世界金融危機に対し，各国政府・中央銀行が施行した危機管理を総括すると，図表5-1のとおりである。すなわち，カウンターパーティ・リスクの高まりや市場心理の悪化に伴う金融市場の機能低下に対し，外貨を含む流動性供給や市場性資金調達の保証など，各国政府・中央銀行は，市場機能を代替し企業金融を支援すべく，流動性・資金調達面の施策を実施した。
　また，不良債権の増加や自己資本の棄損など金融機関の資産・財務内容の悪化に対し，公的資本注入や資産買取が行われた。さらに，問題金融機関の処理・再構築のため，公的管理が実施された。これらの措置は，公的資本と

図表 5-1　世界金融危機における政策対応

政策課題	主な政策手段	
・金融機能低下による実体経済の悪化	政策金利の引き下げ	・FRB、ECB 等 6 中央銀行による同時利下げ ・政策金利の継続的な引き下げ（FRB、ECB 等）
・金融市場の機能低下 ―カウンターパーティ・リスク、流動性に対する予備的需要の高まりによる、短期金融市場における期日物（翌日物以外）取引の忌避 ―投資家のリスク回避姿勢の強まりなど、企業資金調達環境の悪化 ―市場心理の悪化	流動性供給の拡大	・各国中央銀行の通貨スワップによる外貨（米ドル、ユーロ、スイスフラン）供給オペレーション（FRB、ECB、BoE、日銀等） ・PDCF（プライマリー・ディーラー向け貸出ファシリティ）の導入（FRB）[*1] ・長期国債買入の増額（日銀）
	市場操作対象先の拡充	・TAF（入札型貸出ファシリティ）等の導入（FRB）[*2]
	市場操作の頻度・額・期間の引き上げ	・TAF（1 か月、3 か月）の 1 回当たり資金供給額の引き上げ（FRB） ・6 か月物までの資金供給の実施（ECB）
	中央銀行による信用リスク引受 ―市場操作対象資産の適格要件の緩和 ―適格担保の拡大	・適格担保範囲の拡充（ECB、BoE、日銀） ・企業金融商品の買入れ（FRB、ECB、日銀） ・ABCP、社債の買入（日銀）[*3] ・CP 買取枠の導入（FRB） ・社債買取枠の導入（BoE） ・担保・CP 現先オペ先の対象資産としての ABCP の適格要件緩和（日銀） ・市場流動性が低下した証券化商品を担保に国債を貸出す制度の導入（FRB）
	特定市場での資産買取	・MBS の買入（FRB） ・CP の買入（日本政策投資銀行）
	市場性資金調達の政府保証	・30 日超シニア無担保債務の保証（FDIC） ・金融機関が発行する短中期債券の政府保証（保証料を徴求）（英国）
	預金保護の拡充	・付保預金の引き上げ（10 万ドル→25 万ドル）、決済用預金の全額保護（2009 年末まで）（米国） ・付保預金の引き上げ 3.5 万ポンド→5 万ポンド（英国）

　信用補完の提供をテコに、債務の円滑な履行を確保しつつ、金融仲介機能を維持することによって、実体経済の下振れを防止するための公的な介入を行ったものと解することができよう。

　世界金融危機に当たり欧米等当局が対応した危機管理への評価としては、公的資本注入を柱とする金融機関の資本増強は、日本の1990年代当時の対応に比べ、迅速になされたとの評価が一般的である（日本銀行、2009a 等）。欧

図表 5-1 つづき

政策課題	主な政策手段	
・自己資本の毀損 　―証券化商品関連の損失の拡大 　―不稼働資産の増加 ・増資の困難化 　―金融機関の健全性・支払能力に対する懸念	資本増強 公的資本注入	・緊急経済安定化法に基づく不良資産買取計画(TARP Capital Purchase Program)資金による資本注入（総枠7,000億ドル）（米国）*4 　―予防的措置として，685行に2,046億ドルを注入 　―個別支援策でも資本を注入 ・大手銀行3行に対する計370億ポンドの資本注入（総枠500億ポンド）（英国） ・金融機関向け劣後特約付貸付（日銀）
	資産買取 損失上限の確定	・個別行の申請に応じて，不良資産に関する損失保証を附与する仕組みの導入（英国） 　― Royal Bank of Scotland, Lloyds TSB Bank が本スキームへの参加を表明 ・資産管理会社に不稼働資産を移管し処理する仕組みの導入（ドイツ） ・金融機関保有株式の買入再開（日銀）
・金融機関の破綻	問題金融機関の公的管理	・特別法に基づくノーザン・ロック等2行の国有化（英国） ・公的資金投入により保有した優先株を一部普通株に転換（米国）
・継続可能性の疑問	財務・経営体力の評価	・Supervisory Capital Assessment Program の実施（米国）

*1. PDCF（Primary Dealer Credit Facility）：プライマリー・ディーラー（公開市場操作に参加資格を有する政府公認ディーラーの大手証券会社）向け貸出
2. TAF（Term Auction Facility）：地銀など中小銀行に対象を広げた入札制貸出
3. ABCP（Asset Backed Commercial Paper）：金融債権（売掛金等）や証券化商品を担保として発行される資産担保コマーシャル・ペーパー
4. TARP（Troubled Asset Relief Program）：米国政府が導入した金融機関の不稼働資産買取計画
出所：日本銀行（2009a）等

　米主要国においては，わが国が1990年代の金融不安に対応すべく実施した公的資金注入と比較しても多額の公的資金が迅速に投入された。

　また，各国中央銀行が国境を越えて連携し，通貨スワップ契約を取り組んで実施した外貨供給オペレーションは，金融機関の外貨資金繰りを支える有効な手段となった。こうした外貨を含めた流動性供給の拡大や，公開市場操作対象先の拡充，公開市場操作の頻度・額の引き上げ，同じく期間の長期化など，各国中央銀行による流動性支援は，リスク・プレミアムを縮小させるなど市場心理を好転させた。この間，清算機関の設立，DVP決済（Delivery

Versus Payment、決済不履行を回避するため証券・資金の引き渡しを相互に条件づけた決済方式）の導入をはじめとする決済システム上の対応が、資金決済の不履行の連鎖など金融機関の破綻に伴う決済上の混乱を抑止したことも重要である（日本銀行、2009b）。

第2節　世界金融危機をめぐる政策対応、金融監督体制等の問題点

［金融危機管理における問題点］

今次の世界金融危機においては、各国当局間の連携、外貨を含む流動性供給、迅速な公的資本注入など、政策手段の選択・執行の面では評価に値する危機管理がなされた。その反面、危機の初期段階では、金融システムに内在するシステミック・リスクに対するプルーデンス当局の認識や、リーマン・ショック前後における金融当局と市場心理の乖離など、政策問題の認定面で問題があったことも事実である。

金融リスクが増殖していた段階（金融危機の第1段階）においては、世界金融危機の出発点となった、証券化による信用リスク移転が内包するリスクに関し、国際機関等が、①信用リスク移転市場が拡大すると、市場全体としての債務者に対するモニタリング機能が低下する懸念がある、②信用リスク移転市場では、取引が限られた先に集中しており、主たる参加者に何らかの問題が発生した場合、市場が混乱する可能性がある等の問題意識を提起していた[1]。しかし、米国をはじめ、各国のプルーデンス当局の認識は2007年後半の段階でも楽観的で、システミック・リスクの顕在化は予見されていなかった。住宅ローン全体に占めるサブプライム層の比率は1割程度で、サブプ

---

1) Committee on the Global Financial System（2003）は、世界金融危機の発端となった信用リスク移転市場に関する論点として、①信用リスク移転取引に関する情報開示が不十分である、②個々の取引主体の情報のほか、信用リスク移転市場全体を示すマクロ・データも不十分である、③取引主体は格付機関のリスク評価モデルに依存している、④信用リスク移転市場が拡大すると、債務者に対するモニタリング機能が低下する懸念がある等を挙げ、世界金融危機で表面化した問題の相当部分に関し、注意を喚起していた（樋渡・足立、2005）。

ライム・ローンの信用リスクは，仮に顕現化しても地域金融機関レベルにとどまり，金融システムに対する脅威ではなく，マクロ経済・金融への影響は限定的であると認識されていた。

　こうした認識の根拠の一つが，住宅ローン残高の6割程度が証券化されていたため，これによるリスク分散効果が期待されていたことである。一方，証券化商品の信用度の下落によりRMBSやCDOを保有する欧米金融機関の評価損が増加する可能性はあったものの，損失は期間収益の範囲内で吸収可能とみられ，また金融機関の自己資本が厚いことを理由に，破綻が多発するとは予見されていなかった[2]。このように，米国の金融部門が内包するリスクの内容や程度，資産内容，自己資本，さらには金融システムに内在するシステミック・リスクについて大きな懸念はもたれていなかった。また，カウンターパーティ・リスク認識の高まりに伴う市場取引の忌避や，これによる市場流動性の急激な低下につき，FRBを始めとするプルーデンス当局が十分なシステミック・リスク認識を有していたとはみられない。

　この間，サブプライム・ローンの資産内容が劣化した背景として，貯蓄貸付組合やモーゲージ・バンク（住宅ローン等不動産担保融資専業銀行）による貸出基準の引き緩みが指摘されている[3]。連邦準備制度は，こうした問題を認識してはいたが，監督権限の範囲外であったため，直接是正することができなかった。また連邦準備制度は，ローンを購入して証券化商品として販売していた銀行に対し，モーゲージ・バンク等による貸出基準の引き緩みを警告してはいたが，不動産価格が上昇を続ける中，銀行の経営方針を変えることはできなかった。この点，過去の金融危機と同様，世界金融危機においても，リスクの増嵩にもかかわらず，プルーデンス当局が政策問題を的確に認

---

2) 米国の例をみると，シティをはじめ9割以上の銀行が，十分な水準の自己資本を有しているとOCC等のプルーデンス当局から評価されていた。複数のシナリオを想定したストレス・テストによっても，1980年代後半から1990年代前半のような多数の金融機関の破綻は発生しないと予測されていた。

3) 米国金融関係者によると，「貸出基準の引き緩みは，借入人の所得証明などを取得しないまま，安易に貸出を実施するなど『クレージー』な例がみられた。モーゲージ・バンカーは組成したローンを投資家に売却できさえすれば何でもよいという感じであった」。

図表 5-2　米国サブプライム・ローン証券化の構図

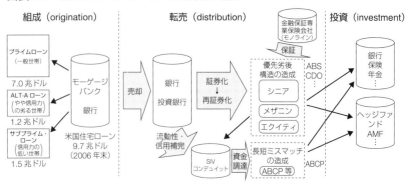

出所：日本銀行（2008）

識し，検査・モニタリングや指導により金融機関の経営を是正することはできなかったと評価せざるをえない。

　また，政策アジェンダの設定，政策手段の選択・執行の面でも問題がみられた。すなわち，預金受入機関でないベア・スターンズを救済したことに対する原理・原則の明確な説明がないままに，同種のリーマン・ブラザーズを破綻処理し，さらにその直後にはメリルリンチやAIGに救済の手を差し伸べるという米国当局の姿勢が，市場心理を不安定化したと指摘されている（西村，2009）。

　このほかBorio（2010）は，世界金融危機への対応を，金融危機管理のモデルとされている北欧銀行危機への対応と比較し，プルーデンス当局が金融危機の顕現化に速やかに介入した点は評価できるものの，事業再構築など経営効率の改善や競争条件の歪みの是正を企図した中長期的な施策が不十分であったと指摘している。こうした背景としては，世界金融危機が国境を越えて急速に拡大し，市場流動性の枯渇を惹起したため，当局が短期的視野に重きを置いた対応を余儀なくされたという事情が挙げられよう。

［規制・監督体制上の問題点］

　サブプライム・ローンの証券化，販売の過程では，多くの金融機関が組成，優先劣後構造の造成，信用補完，保証など様々の行為形態で関与していた

(図表5-2)。こうした証券化商品の組成から販売に至る過程や関係金融機関を包括的に監視し，金融システム全体に内在するリスクに対応しうるプルーデンス当局が存在しなかった点が，米国における金融監督体制の問題であった。

この背景として，米国における金融監督が連邦・州当局の二元体制の下で，業態別に行われていたことが挙げられる。米国の銀行は，国法免許か州法免許か，連邦準備制度に加盟しているか否か等に応じ，OCC，FRB，FDIC，州銀行局等のいずれの監督下に置かれるかが決定され，一元的な銀行監督当局は存在しない（第1章第3節を参照）。証券規制機関である SEC は，インサイダー取引などの行為規制を主とし，金融機関の健全性や金融システムの安定性に関する監督機能は限定的であった[4]。証券化商品に保証を行う保険会社への監督は州当局によって行われ，連邦レベルの監督は存在していなかった。

こうした分断的・分権的な監督体制の下では，①複数の業態が関与する金融商品・取引に内在するリスク，およびそれが金融システム全体に及ぼす影響を一元的に把握し，必要な政策措置を講ずる担当当局が不明確となる，②各プルーデンス当局は，金融システム全体の安定性を保持育成する動機が弱まり，責任の所在が稀釈化するといった問題がある。この点に関し，世界金融危機において，米国のプルーデンス当局の間で，「経済・金融システム全体の保護を職務と考える規制当局は存在していなかった」，「監督当局の側で，誰も全体をみている者はおらず，明らかに監督の枠組みの失敗であった」と指摘されている（池尾，2010; 祝迫，2010）。これが，世界金融危機後の米国で実施された金融規制改革における，システミック・リスクを監視する Financial Stability Oversight Council（FSOC，金融安定監督評議会）の設立など，マクロ・プルーデンス体制の整備につながった。

また，英国についてみると，英国に代表される単一の統合規制当局（英国

4）米国の SEC やわが国の証券取引等監視委員会など行為規制当局が行う検査の場合，主目的は情報開示やインサイダー取引など投資家保護に関する法令・規則の遵守状況の点検であり，リスク管理などの点検は副次的な位置づけにとどまる。

FSA）による統合モデルでは，健全性規制に比べ，政治的・社会的に注目度が高い行為規制に資源配分が傾斜しがちであった。中央銀行である Bank of Englad（BoE）は個別金融機関に対する監督権限をもたず，監督情報を直接入手できないため，金融機関の行動や財務内容が金融システムの安定上問題があると認識した場合でも，これを是正することができなかった。さらに，BoE は金融システム全体の監視を行うものの，プルーデンス政策手段は FSA に帰属していたこともあって両者の協調は十分機能せず，システミック・リスク管理の責任が曖昧となった。

EU では，市場統合とユーロの導入が，金融業務が域内全体に拡大する契機となったが，金融監督は基本的には母国主義（金融機関の本体が所在する国のプルーデンス当局が当該金融機関の監督責任を負う）のままであった。

[リスク重視検査の限界]

FRB をはじめ欧米やわが国のプルーデンス当局は1980年代後半以降，金融機関の健全性の悪化を未然に防止するため，リスク重視検査を導入してきた[5]。しかし，世界金融危機が発生する過程で，こうしたリスク重視検査が金融機関の健全性の悪化を早期に発見し早期に是正するという所期の機能を果たしたとはいい難い。

プルーデンス当局による伝統的な検査は，法令・規則や財務報告等の遵守状況（コンプライアンス）の点検が中心であった。これに対し，FRB などが1980年代後半以降，リスク重視検査を導入したのは，金融機関の健全性の先行指標としてのリスク管理の重要性に着目したためであった。それまでの検査・監督の経験から，金融機関のリスク方針が前傾化し，それに見合ったリスク管理（先行指標）が不十分であると，それが資産内容の悪化や，貸倒損失による収益や自己資本の毀損など金融機関の財務内容（同時または遅行指標）の悪化を招き，さらには金融機関の破綻や金融システムの不安定化につ

5）リスク重視検査は，①金融機関の業務の中で，リスクの高い分野に検査資源を重点配分すること，②金融機関のリスク管理の的確性を重点的に点検することの二重の意味でリスクを重視する検査手法である。

図表 5-3　リスク重視検査の視点

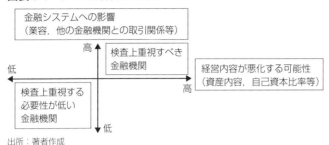

出所：著者作成

ながるというプルーデンス政策上の知見が得られた[6]。そこで，プルーデンス当局としては，リスクの内容・程度（財務体力に比して過大でないか等）やリスク管理の的確性を重点的に点検することにより，資産内容や収益などの財務内容が劣化する前に金融機関に経営を是正させることが適当であると考えられた。こうしたリスク重視検査により，金融機関の経営を規律づけ，金融機関の健全性の悪化や，破綻ひいては金融システムの不安定化を未然に防止する早期是正効果が期待された（佐藤，2003）。こうしたリスク重視検査は，1980年代後半以降，米国，わが国や一部の新興国を含め，各国のプルーデンス当局において，標準的な手法として導入された（図表5-3）[7][8]。

---

6) リスク重視検査の考え方は，日本銀行が「平成10年度の考査の実施方針」において，「近年の金融業務・取引の拡大と高度化を受けて，金融機関の管理すべきリスクは益々多様化・複雑化している。こうした金融環境の下では，金融機関の現在の経営体力を事後的にチェックすることもさることながら，『その抱えるリスクの状況（リスク・プロファイル）に見合ったリスク管理体制を十分に整備しているかどうかをチェックすることによって，将来の経営体力の悪化を事前に防止する』という予防的観点にウエイトを置いた，『リスク管理重視』考査を推進していくことが重要である」と述べている。

7) リスク重視検査の手法は，①モニタリングにより，金融機関が内包するリスクと，リスク管理の適否を事前評価する，②検査では，こうしたリスク評価をふまえ，重要度の高いリスク分野につき，リスク管理を実査し，是正指導を行う，③大手金融機関を中心に，重要度の高い項目を共通対象として，複数の金融機関に検査を行う，というものである。リスク重視検査では，金融システムに対する影響が大きく，経営内容が悪化する可能性が高い銀行が，より綿密な点検（検査の頻度や点検の度合いが高い）を受ける。

しかし，リスク管理が的確であるかどうかの評価は主観的な判断が伴うほか，市場リスクや信用リスクの計量化手法など専門的な知識・技能の面で，プルーデンス当局が検査対象である金融機関よりも優位であるとは限らない。

　また，検査結果は，リスク管理のほか，自己資本，資産内容，収益性等の個別評定，およびこれらを総合的に判断して附与する総合評定に集約されて評価される[9]。リスク重視検査においても，リスク管理は総合評定の一部であり，リスク管理の評価のみによって検査結果が決定されるわけではない。さらに，評定においては評定の整合性が求められる。このため，自己資本，資産内容，収益性が高い評定を与えながら，リスク管理が脆弱であると指摘することは，整合性や金融機関に対する説得性の面から困難が伴った。

　プルーデンス当局による検査においては，何らかの違背，すなわち法令・規則または社内規程に違反した行為が発見され，問題が重大かつ明白であれば，金融機関にリスク・経営管理の脆弱性を指摘し是正を求めることは容易である。金融機関の財務内容が悪化した場合や，金融機関の役職員による不適切行為が発覚した場合には，リスク・経営管理における問題は明白であるため，プルーデンス当局は是正指導や行政処分の発出により改善を求め，金融機関の側でもこれに応じて是正措置を講ずるのが通常である。

　しかし，財務内容が良好であり，法令・規則や社内規程に対する特段の違背がない段階での金融機関に対する是正指導は，経営者の意識を変えることが難しい。市況が上昇を続け，業容が拡大している場合，経営陣の意識は，リスクが顕現化しなかった場合に発生する逸失利益に向かいがちである。こうした状況の下では，プルーデンス当局が金融機関の行動を是正することは，リスク方針や管理に問題があると認識される場合であっても困難である。そもそも金融機関の経営方針を変更させることは，公的当局による経営への容

8）これを象徴するのは，FRB が1995年に導入した在米外国銀行を対象とする ROCA 評定（Risk Management〔リスク管理〕，Operational Controls〔事務管理〕，Compliance〔法令遵守〕，Asset Quality〔資産内容〕）である。ROCA 評定は，それまでの AIM 評定（Asset quality〔資産内容〕，Internal Control〔内部統制〕，Management〔経営管理〕）に替わり，リスク管理を評定の筆頭に配置した。

9）米国の CAMELS 評定は第2章脚注15を参照。

喙になりかねない。

　世界金融危機では，「経営陣が短期的な収益の拡大や市場シェアを重視し，リスク限度枠の拡大を安易に容認した」と事後的に指摘されている。しかし，リスク重視検査の下でも，金融機関のリスク方針の積極化が法令・規制や社内規程に従った行動で，リスクが財務指標の悪化という形で顕現化しない限り，当局が検査で指摘し是正を求めることは難しかったのが実情である。

［金融機関によるリスク管理の問題点］

　世界金融危機では，欧米を中心に金融機関が財務内容を毀損し，一部は破綻に陥った。こうした金融機関のリスク管理上の問題点を整理すると，図表5-4のとおりである（UBS, 2008）。

　大山（2009）が指摘するとおり，図表5-4において指摘された問題点の相当部分は，「リスク管理のイロハ」ともいうべき事項である。先進的とみられていた欧米金融機関のリスク管理がこのような問題点を有しており，プルーデンス当局の監督下にありながら是正されなかったのは何故であろうか。

　この背景として，先進的なリスク管理手法であってもデータ上の制約があることや，経営陣による介入を排除できないことなどが挙げられる。信用・市場リスク計量化の標準的な指標であるVaRは，市況変動の可能性を，過去の観測期間におけるボラティリティを用いて算定するため，市況が安定した時期に計測されるVaRは小さくなる（図表5-5）[10]。こうしたVaRの制約に鑑み，金融機関のリスク管理部署はストレス・テストなどにより市況が大幅に変動した場合のリスク量を計測し，金融機関の財務耐性を点検することが一般的である[11]。しかし，市況が長期にわたって安定した場合，経営陣にこうしたリスクを認識させ，経営方針を変更させることは難しい。

　また，リスク管理においては，担当部署がリスク量を計測し，投資・融資

---

10) VaR（Value at Risk），ボラティリティについては，第1章脚注4を参照。VaRが保有期間1日，信頼水準99%で1億円とは，翌日までに生ずる損失額は99%の確率で1億円以内に収まることを意味する。VaRは，バーゼル銀行監督委員会がリスク計量化手法として自己資本比率規制に織込んだこともあって，各国の金融機関に普及した。

図表 5-4　欧米金融機関のリスク管理の問題点

望ましいリスク管理	実際のリスク管理の問題事例
経営による監視 ―多様な専門知識を有する経営陣による的確なリスク認識と経営管理 ―リスク・テイクに見合ったリスク管理	・経営陣が短期的な収益極大化や市場シェアを重視し、市場部門に収益圧力をかけ、投資上限額などリスク限度枠の拡大を安易に容認した ・リスク管理部署が提言したリスク限度枠導入やポジションの削減を、経営陣が収益を優先して拒否した ・投資銀行部門の担当役員が他部門出身で、リスクに関する知識を欠いていた
経営情報の共有 ―経営陣に対する情報提示のタイミングと質 ―組織内における情報共有の速度と深度	・経営陣への報告が複雑で経営陣が理解できなかった ・経営陣への情報提供が遅れ、リスクを削減する意思決定が適時適切にできなかった ・組織の縦割りによりリスク情報の共有が阻害された ・フロント部署とリスク管理部署の間で情報が共有されず（サイロ化）、両部署間で議論が不十分であった
幅広いリスク評価手法 ―VaR、感応度、残高限度、ストレス・テスト、シナリオ分析等の多様な手段によるリスク評価 ―将来予見的リスク分析 ―ストレス・テストに対する経営陣の支持 ―流動性リスクを織り込んだ内部レートの設定	・VaR など少数の指標に依存した機械的なリスク管理を行っていた ・市場が安定していた局面のデータと格付に依存したリスク計測を行い、証券化商品のリスクを過小評価した ・リスク管理部署がフロント部署からの情報に依存し、楽観的に判断していた ・経営陣や市場部門がストレス・テスト結果を受け入れなかった ・ストレス・テストにおけるシナリオが不十分であった ・市場部門に賦課された管理会計上の資金調達費用（内部レート）が市場価格比割安であったため、過大なリスクを取る誘因となった
均衡ある報酬体系 ―短期収益と中長期収益、個人・部門の業績と全社的な業績の均衡を考慮した人事考課基準	・賞与が単年度の粗利益に基づき決定されたため、短期的な収益が上がる高リスクの証券化商品の組成業務に傾斜する誘因となった

出所：UBS（2008）"Shareholder Report on UBS's Write-Downs."；Senior Supervisory Group（2009）"Observations on Risk Management Practices during the Recent Market Turbulence."

方針の慎重化を起案することは可能であるにせよ、最終的な経営判断は経営陣が行う。例えば、VaR の計測やストレス・テストの結果、経営に影響を

---

11) ストレス・テストは、不測の市場環境下（例えばブラック・マンデー）で顕現化しうる大幅な市場価格の変動をリスク・シナリオとして想定し、その下で保有資産価値の変化、自己資本に与える影響額等を算出し、財務体力（自己資本の十分性など）や投資方針の適切性を確認するリスク管理手法である。

図表 5-5　ユーロドル市場の銀行間金利のボラティリティ

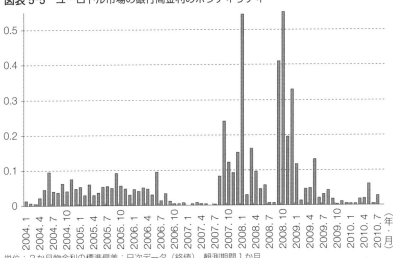

単位：3か月物金利の標準偏差；日次データ（終値），観測期間1か月
出所：Bloomberg

及ぼす規模の損失の可能性を認識できたとしても，機械的にリスクを削減する経営判断につながるわけではない。市況が上昇を続け，収益機会が拡大している時は，経営陣の意識は，結果的にリスクが顕現化しなかった場合に逸失される利益に向かう傾向が強い。とくに，資産バブル期には，資産価格の継続的かつ大幅な上昇により，巨大かつ一方向の収益機会が創出される。こうした状況下，他社がこの収益機会を利用し業績を挙げている時に，自社がその収益機会を取らないという経営判断は困難である[12]。このため，経営陣にポジションを縮小する動機が備わっていない限り，リスク管理が実効的

---

[12] 祝迫（2010）は，2007年7月10日付 *Financial Times* に掲載されたチャールズ・プリンス元シティグループ CEO の「音楽が流れている限り我々は踊り続けなければならない」というコメントを引用しつつ，世界金融危機前において，「大手金融機関の間で，同業他社を少しでも上回ろうという強烈な競争意識が働いていたことは疑いようもなく，その結果として同じ方向に間違うという，一種の群衆行動が発生していた可能性が極めて高い。ある投資銀行がモーゲージの証券化業務で大きな利益を挙げている状況では，他の投資銀行はたとえリスクが高いと判断したような場合でも，それに追随せざるを得なくなっていたと考えられる」と指摘している。

に機能する保証はなく，リスク評価が経営陣の容喙により歪む可能性は排除できない。

第3節　小括

　本章は，世界金融危機に当たっての各国政府・中央銀行の危機管理，世界金融危機以前の検査・監督体制の問題点等を考察した。
　世界金融危機に対する各国政府・中央銀行による対応をみると，金融危機が顕現化した後は，①金融機関の流動性・資金調達を支援するための外貨を含む流動性供給，市場性資金調達の保証，預金保護の拡充，②不良債権処理や資本増強を支援するための公的資本注入，資産買取，③問題金融機関の処理・再構築のための公的管理，国有化が実施された。これらは，従来の金融危機管理に比し，総じて迅速かつ的確な対応であったと評価しうる。
　世界金融危機への政策対応では，中央銀行が重要な役割を果たした。危機管理手段としては，各国中央銀行による流動性支援の拡充・多様化が注目される。FRB，ECBなど各国中央銀行が通貨スワップに基づいて実施した外貨供給オペレーションは，金融機関の外貨資金繰りを支える有効な手段となった。また，市場操作対象先の拡充，市場操作の頻度・期間・額の引き上げ，適格資産・担保要件の緩和などの流動性施策は，リスク・プレミアムを縮小させるなど市場心理を好転させた。
　一方，世界金融危機を巡る各国プルーデンス当局の政策問題の認定，政策アジェンダの設定，政策手段の選択・執行の面では，金融危機の第1段階において，危機の誘因となった証券化による信用リスク移転市場が内包するリスクに関する当局のリスク認識は十分でなかった。金融危機の第2，第3段階においても，金融機関の財務・経営内容の評価，問題金融機関の破綻処理方策の選択などの点では，当局の対応は的確さを欠いた。
　金融監督体制の面では，①米国では，歴史的な経緯もあって金融システム全体を対象としたシステミック・リスク管理体制が存在しなかったため，多くの金融機関が関与する証券化取引が金融システム全体に内包させたリスクの認識・対応を妨げたこと，②英国では，統合規制モデルが，健全性規制と

行為規制の資源配分，規制当局と中央銀行との協調などの面における問題のため，所期の効果を挙げえなかった。

各国のプルーデンス当局が早期発見・早期是正のために推進してきたリスク重視検査は，金融機関の健全性の先行指標であるリスク管理に着目した手法であったが，財務・経営内容が良好な金融機関の経営を是正させる上では実効性が不十分であった。

金融機関のリスク管理については，単純化した前提を置いた計量化手法の問題点，経営判断との相克等の問題が指摘できる。

第6章
金融規制改革の現状と展望[1]

　本章では，今次の世界金融危機を契機として，マクロ・プルーデンス政策の導入，中央銀行のプルーデンス機能の拡充など，欧米諸国を中心に進められている金融規制改革を考察する[2]。第1節において金融規制改革の全体像を俯瞰した後，英国（第2節），EU（第3節），米国（第4節）における金融規制改革をやや敷衍する。第5節では本章における論点を整理する。

第1節　金融規制改革の概要

　第4章でケース分析の対象としたスウェーデン，インドネシア，日本の事例からは，市場との意思疎通に基づく政策問題の認識，政策アジェンダ・政策割当の合理性，透明性が高く動機整合的な制度設計，企業財務に内在するシステミック・リスクなど，プルーデンス政策上重要な教訓が得られた。こ

---

1) 規制と監督はプルーデンス政策上厳密には異なる概念である（第1章脚注11を参照）。現在進められている改革は金融規制だけでなく監督に関する事項も多いが，一般的には金融規制改革と呼ばれることもあって，煩を避けるため本章では「金融規制改革」とした。
2) 本章は金融規制改革のエッセンスを整理する。金融規制改革の詳細な内容は，藤田（2015），佐原（2017），みずほ総合研究所（2017）等を参照されたい。また，金融規制改革が喚起したプルーデンス政策上の論点は第7章で論ずる。

うした教訓は，Basle Committee on Banking Supervision（BCBS，バーゼル銀行監督委員会）等を通じて各国当局や金融機関に共有され，金融監督体制やリスク管理の高度化に活かされてきたはずであった。また，BCBSで1980年代から検討されてきた自己資本比率規制をはじめとする健全性規制もあって，主要国における金融機関の経営は安定しているはずであった。しかし，それにもかかわらず世界金融危機が発生し，欧米をはじめ各国は改めて金融監督体制の改革を余儀なくされた。

　世界金融危機後の金融規制改革は，G20（首脳会議，財務大臣・中央銀行総裁会議）を中心に国際的な金融規制改革の大綱が提示され，これを受けてBCBSやFinaicla Stability Board（FSB，金融安定理事会）が基準を定め，これらの基準を各国当局が内国法令・規則として施行するという過程を経て実施されている[3]。この間，欧米主要国では，国際的に合意された金融規制改革を施行しつつ，独自の改革に取り組んでいる。世界金融危機後の金融規制改革の基本的な方向性は以下のとおりである。

① 公的なシステミック・リスク管理の強化――金融当局によるシステミック・リスク管理体制が不十分であったことが金融危機の重要な原因である。金融システム上重要な金融機関の規制・監督を強化しつつ，マクロ・プルーデンス政策を導入すべきである。

② 中央銀行のプルーデンス機能の拡充――英国FSAに代表される統合型の金融規制モデルは金融危機を防止できなかった。金融規制モデルを変革し，中央銀行のプルーデンス権限を強化すべきである。

③ プルーデンス政策の国際的な連携・統合――金融業務やリスクのグローバル化に対応した規制・監督が，体制の面でも手法の面でも不十分であった。金融規制・監督の国際的な連携や組織的統合を進展させる必要がある。

3）FSBは，G7が金融監督に関する情報交換と国際協力により国際金融を安定させるため1999年に設立したFinancial Stability Forum（FSF，金融安定化フォーラム）を改組する形で2009年4月に設立された。FSBは，25か国・地域の金融監督当局，中央銀行，IMF，世界銀行，国際決済銀行（BIS）等の代表が参加し，金融システムの安定を担う当局間の協調等を進めている（事務局はBISに設置されている）。

④金融機関の財務耐性の強化——損失の発生や市場流動性の低下など財務的なストレスに対する金融機関の抵抗力を高めるため，金融システム上重要な金融機関を中心に，自己資本や流動性等の財務を強化すべきである。

⑤規制客体の拡大——世界金融危機の原因の一つとなった非預金金融機関（投資銀行，保険会社等）や，金融派生商品取引をはじめとする高リスク取引に対する規制を拡大する必要がある。

⑥セーフティ・ネットの強化——過去の金融危機と同様，世界金融危機でも Too Big To Fail（業容が大きく複雑な金融機関は，金融システムに与える影響が甚大で破綻を許容できない）や，破綻金融機関処理のための公的資金投入など金融危機に伴う国民負担が生じた。これを回避するため，大手金融機関の破綻処理計画（Living Will）の策定など，事後的なセーフティ・ネットを拡充すべきである。

こうした方向性の下，欧米主要国では，①新たな金融監督機構の創設（EU銀行同盟〔Banking Union〕など），②中央銀行への銀行監督権限の附与（BoE，ECBなど），③マクロ・プルーデンスを中心とする新たな金融監督の枠組みの整備，④財務比率規制の強化（自己資本比率規制の見直し，流動性比率規制の導入など），⑤破綻処理制度の整備などが進められている。こうした金融規制改革の概要は図表6-1のとおりである（詳細は第2節以下）。

以下，中央銀行のプルーデンス機能の強化など制度面の改革を中心に，金融規制改革の進展を英国，EU，米国について考察する。

図表6-1　金融規制改革の概要

目的		各国における主要な施策
当局によるシステミック・リスク管理体制の強化	マクロ・プルーデンス体制の整備	・Financial Policy Committee の新設（英国） 　―Bank of England に設置し，マクロ・プルーデンス政策を企画立案する ・Financial Stability Oversight Council の新設（米国） 　―財務省に設置し，システミック・リスクの認定等を所管する ・European Systemic Risk Board の新設（EU）
	金融システム上重要な金融機関の規制・監督の強化	・Global Systemically Important Banks（G-SIBs，金融システム上重要な国際銀行）を指定し，追加的な自己資本を賦課する（FSB, BCBS） 　―1.0～3.5%の普通株式等 Tier1 比率の上乗せ 　―0.5～1.75%のレバレッジ比率の上乗せ[4] ・G-SIBs に，破綻に備えた Total Loss-Absorbing Capacity（TLAC，総損失吸収力）の維持を課す（FSB）[5] 　―TLAC は，自己資本および TLAC 適格負債を含む[6] 　―TLAC の所要水準は，リスク資産対比で 18%，レバレッジ比率の分母対比で 6.75%とする ・金融システム上重要な金融機関に対する母国監督当局および主要ホスト国当局による監督グループ（Supervisory College）および危機管理グループを設置する（FSB） ・金融システム上重要な銀行持株会社等に厳格な健全性基準（自己資本，統合リスク管理等）を設定する（米国）
中央銀行のプルーデンス機能の拡充		・BoE が，FSA の健全性規制・監督権限を移管され，ミクロ・マクロ両面のプルーデンス政策を所管する（英国） ・ECB にミクロ・プルーデンスを含む銀行監督権限を附与する（EU） ・FRB が金融システム上重要な金融機関を一元的に監督する（米国）
プルーデンス政策の国際連携・統合		・Banking Union（銀行同盟）を創設し，各国毎の銀行監督や破綻処理をユーロ圏レベルに統合する（EU） 　―銀行同盟は Single Supervisory Mechanism（SSM，単一銀行監督制度），Single Resolution Mechanism（SRM，単一破綻処理制度）等から構成される ・EU レベルの業態別監督組織を改編する 　―European Systemic Risk Board（ESRB，欧州システミック・リスク理事会，マクロ・プルーデンスを担当）および European Supervisory Authorities（ESAs，欧州金融監督機構，EU レベルの銀行，証券・市場，保険・年金の各ミクロ監督機構と各国プルーデンス当局から構成）から構成される European System of Financial Supervision（ESFS，欧州金融監督制度）を設立する（EU） ・IMF が Financial Sector Assessment Program（FSAP，金融部門評価要領）により各国金融システムの横断的評価を行う

4）普通株式 Tier1 比率，レバレッジ比率は，次頁の「金融機関の財務耐性の強化」を参照。

5）TLAC の目的は，GSIBs の破綻に際し，金融システムの不安定化や公的資金投入を回避しつつ，元本削減や株式転換など株主と債権者（預金者を除く）の負担による破綻処理を促進することである。

図表 6-1　つづき

目的	各国における主要な施策
金融機関の財務耐性の強化	・自己資本の強化（BCBS） 　―普通株式等 Tier1 比率（2→4.5%），Tier1 比率（4→6%）の引き上げ[7] 　―自己資本バッファーの導入[8] 　―レバレッジ比率（Tier1 資本/エクスポージャー≧3%）の導入[9][10] ・定量的な流動性比率規制の導入（BCBS） 　―流動性カバレッジ比率，安定調達比率の導入[11] ・大口エクスポージャー規制の強化（BCBS）[12]
規制客体の拡大	・預金金融機関本体による一部の高リスク業務の原則禁止（「ボルカー・ルール」）（米国） 　―自己勘定トレーディング（ヘッジ目的等を除く） 　―ファンド等出資（小規模投資〔Tier1 の 3%以下等〕を除く） ・リテール預金等の基本業務を行う銀行の分社化と高リスク業務の原則禁止（リテール・リングフェンス）（英国）
セーフティ・ネットの強化	・破綻処理ガイドラインの制定（FSB） ・金融システム上重要な銀行持株会社等（預金保険対象外の金融会社）の公的管理による破綻処理制度の整備（米国） 　―FDIC による銀行破綻処理をモデルに，財務省が FRB 等との協議を経て，FDIC を管財人として承継会社設立等を用い破綻処理を行う ・Living Will（「死亡選択遺言」を意味する）の導入（米国，EU） 　―金融システム上重要な金融機関に対し，破綻処理のため，事業の縮小，契約関係の処理等の計画を予め準備するよう義務づける ・銀行同盟加盟国の破綻銀行を統一的に処理する SRM（単一破綻処理制度）およびその基金（Single Resolution Fund）の創設（EU） ・Bank Recovery and Resolution Directive（BRRD，銀行再建・破綻処理指令）の施行（EU） 　―承継銀行設立や事業移転等の破綻処理権限を各国当局に附与

出所：佐原（2017）；各国当局公表資料等を参考に筆者作成

6）TALC 適格負債は，普通社債，劣後債務等，破綻時に元本削減や株式転換等により損失吸収・資本再構築が可能な負債であり，預金保険対象預金等の除外債務は含まれない。

7）普通株式等 Tier1 は，普通株式，内部留保等，最も損失吸収力の高い資本項目から成る。

8）将来の財務的なストレスに備える資本保全バッファー（一律 2.5%），景気循環の影響を減殺する（countercyclical）資本バッファー（国内信用供与・景気に応じ 0.0～2.5%）等。

9）エクスポージャーとは，信用・市場等リスクにさらされている総額を意味し，貸出や有価証券の貸借対照表上の金額，デリバティブ取引や保証債務のリスク相当額等を含む。

第2節　英国における金融規制改革[13]

[新たな金融監督体制]

英国における金融規制改革の方向性は，2010年5月の総選挙を受けて成立した新政権の下，6月にOsborne財務相（当時），King中央銀行総裁（当時）がシティで行った演説（Osborne, 2010; King, 2010）や，7月に発出された市中協議文書（HM Treasury, 2010）により示された[14]。注目すべき点は，統合モデルから双頭モデルに近い形へと金融規制モデルが転換（健全性規制と行為規制を分離）され，中央銀行であるBank of England（BoE）がミクロ・マクロ両面に亘る金融監督権限を附与されたことである[15]。BoEは金融政策とプルーデンス政策の双方を担当し，歴史的にも，また日本銀行をはじめ他国の中央銀行と比較しても広範な機能を担うこととなった。

英国の新たな金融監督体制は，①BoEにFinancial Policy Committee（FPC，金融安定化政策委員会，議長：BoE総裁）を設置し，マクロ・プルーデ

---

10) レバレッジ比率が必要な理由は，リスク・ベースの自己資本比率はリスク・ウエイト計算に固有のリスクがあるためである。すなわち，世界金融危機では，国債等低リスクと思われていた金融資産に対するエクスポージャーが損失を招いた。また，リスク・ウエイトの設定に伴い特定の金融資産の保有が有利になるバイアスがかかる。レバレッジ比率はリスクによるウエイト付けをしないため，こうした問題がない（BOE, 2015）。

11) 流動性カバレッジ比率は，30日間の市場のストレス下で想定される資金流出に対応できる流動資産の保有を求める（適格流動資産〔準備預金，国債等〕／資金流出想定額〔無担保調達等〕≧100%）。安定調達比率は，固定的な資産に対して中長期的に安定的な調達を求める（安定調達額〔資本＋長期負債等〕／所要安定調達額〔長期貸付等〕≧100%）。

12) 特定の債務者グループ（実質連結ベース）向けエクスポージャーをTier1自己資本の25%（G-SIBs相互間は15%）以下とする。

13) 本節は，BoE（2014）等BoEウェブサイト掲載資料，IMF（2016）のほか，小林（2013），北野（2015），みずほ総合研究所（2017）等を参考にした。

14) 当時の労働党政権は当初，①Council for Financial Stability（財務省，FSA，BoEで構成し，システミック・リスクを監視する）を新設する，②BoEは金融システムの安定に法的責任をもつ等の改革を構想していた。その後，政権が交代したことを契機に，BoEによるミクロ・マクロ両面のプルーデンス機能の一元的所管を柱とする金融規制改革へと，改革内容が変更された。

図表 6-2 英国：新たな金融監督体制の概要

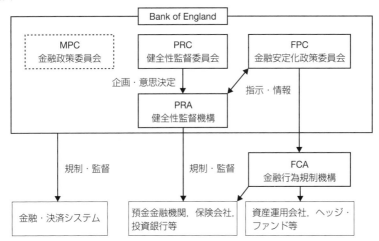

組織	Bank of England		FCA
	FPC	PRC PRA	
所管	・マクロ・プルーデンス	・ミクロ・プルーデンス	・投資家保護
目的 機能	・金融システムを監視し，システミック・リスクを評価し，自己資本バッファー等のマクロ・プルーデンス政策により金融システムを安定化する ・信用供与のサイクルをを平準化することにより，経済を安定化する ・PRA，FCAに対する指示・管理を行う	・個別金融機関を規制・監督し，金融機関の健全性を維持することにより，金融システムの安定性を保持育成する ―監督対象は，預金金融機関，投資銀行，保険会社等の主要金融機関を含む ・FPCに監督情報を提供する	・金融機関の行為規制を行い，関係法規の遵守と市場規律の確保により，投資家の保護と金融取引の信頼性を保持育成する ・PRAが所管する以外の金融機関の健全性規制・監督を行う ・FPCに監督情報を提供する

出所：BoEウェブサイト；みずほ総合研究所（2017）等に基づき著者作成

ンス政策を所管する，②BoEにPrudential Regulation Committee（PRC，健全性監督委員会），Prudential Regulatory Authority（PRA，健全性監督機構）

---

15) 英国では，ベアリングズ銀行事件（1995年）の後成立した労働党政権が，BoEから銀行監督機能を分離し，健全性規制と行為規制の双方を担うFSAを設立（1997年）した。英国は統合モデルの典型であった（第1章第3節を参照）。

図表6-3　英国：FPC, PRC, MPC の構成（カッコ内は担当）

FPC（12名）	PRC（12名）	MPC（9名）
総裁 副総裁（金融政策） 副総裁（金融システム） 副総裁（金融規制）兼 　PRA 長官 副総裁（金融市場） 理事（金融システム） FCA 長官 外部メンバー4 名 財務省代表（議決権なし）	総裁 副総裁（金融規制）兼 　PRA 長官 副総裁（金融システム） 副総裁（金融政策） 副総裁（金融市場） FCA 長官 外部メンバー6 名	総裁 副総裁（金融政策） 副総裁（金融システム） 副総裁（金融市場） 理事兼主席エコノミスト 　（金融分析） 外部メンバー4 名

出所：BoE ウェブサイト等に基づき著者作成

を設置し，ミクロ・プルーデンス機能を担う（PRA は FSA の金融監督機能を移管され，商業銀行，大手投資銀行等を対象とした健全性規制・監督を行う），③ Financial Conduct Authority（FCA，金融行為規制機構）を設置し，全金融機関の行為規制と，PRA が所管する金融機関以外の金融機関の健全性規制・監督を担う（FCA は FSA の行為規制機能を移管される）（図表6-2）[16)][17)]。

マクロ・プルーデンス政策の運営に当たっては，PRA と FCA がミクロ・プルーデンスを通じて得た監督情報が FPC に提供され，FPC によるシステミック・リスク分析の重要な判断材料とされる。また，マクロ・プルーデンス政策の施行は，PRA（一部は FCA）を通じて行われる。このように，マクロ・プルーデンスとミクロ・プルーデンスは連携して運営されている。

マクロ・プルーデンス政策を所管する FPC，ミクロ・プルーデンスを所管する PRC，および金融政策を所管する MPC の構成員は図表6-3のとおりであり，いずれの委員会も BoE の最高位の役員が参加している。総裁，金

---

16) PRA は当初（2013年），BoE の子会社として設立されたが，2017年3月に BoE と一法人化された。PRA の意思決定を担っていた Prudential Regulation Board は，BoE で FPC, Monetary Policy Committee（MPC，金融政策委員会）と並ぶ PRC として BoE に設置された。
17) 改革の経緯からみると，まず FSA は健全性規制を PRA（当初は BoE の子会社）に，行為規制を FCA に移管し解体された。その後，PRA は BoE の内部組織とされた。

融システム担当副総裁，金融政策担当副総裁はすべての委員会に出席し，金融政策とプルーデンス政策相互間の政策判断の共有と連携が図られている。また，FCA長官は，PRCとFPCのメンバーとなっている。

2017年3月にBoEに新設されたPRCは，FPCおよびMPCと同等の法的地位（the same legal footing）を占める（BoE, 2017）。これは，BoEにとって，ミクロ・プルーデンス政策が金融政策およびマクロ・プルーデンス政策と同等の重要性を有することの表れと解釈できよう。

［金融規制改革の背景］

英国における金融規制改革の背景には，世界金融危機への対応をめぐり，同国の金融規制・監督体制が十分に機能しなかったとの認識がある。この点につき，HM Treasury（2010）は，①FSAは，健全性規制および行為規制の双方を独占的に委ねられた結果，大手国際投資銀行の健全性から零細投資顧問業者の業務の適切性に至る，あらゆる問題に対応せざるをえなくなった，②BoEは金融システムを安定させる政策手段を喪失した，③財務省は金融危機に対する責務が不明確であった等，英国が採用していた規制モデルの問題点を指摘している。またOsborne（2010）によると，BoEは物価（消費者物価でみたインフレーション）に特化し，財務省は財政に特化し，FSAはルール主導型の規制に特化し，この結果金融危機時の政策責任が曖昧となった。

また，BoEがマクロ・ミクロ両面のプルーデンス機能を担うことにつき，中央銀行はマクロ経済や金融に通暁し，マクロ・プルーデンス政策上の判断に必要な知見を有するため，マクロ・プルーデンス政策の主体として適切である。さらに，中央銀行が的確な流動性供給機能を果たすためには，対象となる金融機関の財務・経営の全容を直接に把握する必要があるため，中央銀行はミクロ・プルーデンスをも担当すべきである（Osborne, 2010）。

この点に関し，King（2010）も，①中央銀行が金融危機に対応するためには，危機の初期段階からその兆候を把握するための監督権限が必要である，②こうした監督のアプローチとしては，個別金融機関の経営・財務内容，自己資本からみたボトムアップの視点（ミクロ・プルーデンス）と，景気循環に応じて金融システム全体の自己資本の充全性の視点（マクロ・プルーデン

図表 6-4　英国：マクロ・プルーデンス政策の決定過程

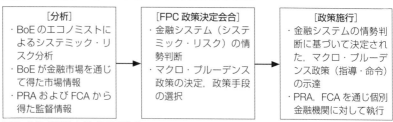

出所：IMF (2016) に基づき著者作成

ス）の双方が必要であるとしている。

英国が健全性規制と行為規制を分離した背景は，King (2010) によると，中央銀行による金融監督のあり方として，コンプライアンス主導のルール主義的な手法は避け，裁量的判断をもって個別金融機関に対する自己資本や流動性比率を設定する必要性がある。また，金融機関による不適切行為を排除し，消費者・投資家を保護する行為規制の技術や考え方は，健全性規制の技術や考え方とは本質的に異なる。仮に，単一の当局が健全性規制と行為規制の双方の役割を担った場合，システミック・リスクの発生が稀であることもあって，行為規制に資源を割きがちである。

[BoE のマクロ・プルーデンス政策]

BoE はマクロ・プルーデンス政策の実施で先行する中央銀行の一つである。そこで以下，BoE のマクロ・プルーデンス政策のあり方をやや敷衍する。

BoE のマクロ・プルーデンス政策の決定過程をみると，①財務・市場・マクロ経済等のデータ指標，BoE が金融機関との取引を通じて得た市場情報 (market intelligence)，および PRA・FCA がミクロ・プルーデンスを通じて得た監督情報を用いて，システミック・リスクを分析する，② FPC が分析結果を検討し，マクロ・プルーデンス政策の決定および政策手段の選択を行う，③政策決定内容が示達され，PRA・FCA を通じて個別金融機関に対して執行されるという手順である（図表6-4）。IMF は，英国のマクロ・プ

ルーデンス政策の決定過程を,機能と責任の明確化,十分な権限と透明性,組織間の連携の点で適切に構築されていると評価している（IMF, 2016）。

　BoE によるマクロ・プルーデンス政策の主な手段は,カウンターシクリカル（景気変動抑制的）資本バッファー（Counercyclical Capital Buffer；CCyB），部門別資本賦課（Sectoral Capital Requitrements；SCR），担保掛目（Loan-to-Value Ratio；LTV），債務／所得比率（Debt-to-Income Ratio；DTI）である[18)19)]。これらの政策手段は,BoE によるシステミック・リスク分析の着眼点である信用供与の拡大（主に CCyB, SCR を用いて対応する），企業部門（主に CCyB, SCR を用いて対応する），家計部門（主に LTV・DTI, SCR を用いて対応する），流動性（主に CCyB を用いて対応する）に割り当てられる。CCyB, SCR, LTV・DTI には,それぞれに監視対象となるデータ指標が選定され,その分析に基づいて政策手段が選択される（図表6-5）。

　例えば,対企業信用増加率や与信／GDP 比率等の動向を分析した結果,信用供与が過剰であり,金融システムを不安定化させるリスクが高まったと判断される場合には,CCyB を上乗せする。これにより,自己資本による金融機関の損失吸収力を増強するとともに,CCyB によって引き上げられた自己資本比率を満たすため貸出等の信用供与が抑制され,信用膨張によるシス

---

18) 自己資本比率規制および関連する指標については,第1章第1節の［自己資本比率規制］を参照。
　　カウンターシクリカル資本バッファー（CCyB）は,国内の信用供与が過剰と認められる場合に,自己資本比率の上乗せ水準が裁量により設定される。
　　部門別資本賦課（SCR）は,居住用不動産や商業用不動産など特定の部門が金融システム全体にリスクを及ぼすとみられる場合,金融機関の当該部門へのエクスポージャーに対し資本配賦を求める。
　　担保掛目（LTV）は,貸出額と担保資産価値の比率（金融機関が貸出を実行する場合に徴求する担保物件（主に不動産）の評価額に対する融資限度額の割合）である。LTV の上限を設定するか,または LTV を引き下げれば,貸出を抑制する効果が期待される。
　　債務／所得比率（DTI）は,所得の一定倍率を債務残高の上限とするか,所得に対する債務の比率が高い借り手に対する住宅ローンの割合に制限を課す。これは,重債務家計は,予期せぬ所得低下や金利上昇により元利払いの困難ないし債務不履行に陥り,金融システムの安定性に対するリスクとなるためである。
19) このほか,BoE はカウンターシクリカル（景気変動抑制的）レバレッジ資本バッファーを政策手段として挙げているが,その施行は未定である。

図表 6-5　英国：マクロ・プルーデンス政策の手段と対応する監視指標

手段	CCyB	SCR	LTV・DTI
主な監視指標	・非銀行財務（7 指標） 　―与信/GDP 比率 　―対企業信用増加率 　―対外債務/GDP 比率等 ・市場動向（5 指標） 　―貸出スプレッド 　―長期実質金利等 ・銀行財務（13 指標） 　―自己資本比率 　―資産収益率 　―預貸率等	・銀行財務（10 指標） 　―自己資本比率 　―銀行間貸借増加率 　―対外貸出著増国等 ・非銀行財務（5 指標） 　―家計債務/所得比率 　―企業債務/収益比率等 ・市場動向（8 指標） 　―商業不動産収益率 　―住宅ローン担保掛目等	・貸手・家計財務（7 指標） 　―対家計信用増加率 　―住宅ローン担保掛目 　―家計債務/所得比率等 ・市場動向（14 指標） 　―新規住宅貸出約定 　―住宅価格増加率 　―住宅価格/可処分所得比率等

出所：小林（2013）；IMF（2016）に基づき著者作成

テミック・リスクを制御する効果が期待される。

　BoE によるシステミック・リスク分析をみると，信用増加率等の金融データのみならず，家計債務/所得比率や企業債務/収益比率等の企業・家計の財務データ，対外債務/GDP 比率等のマクロ経済データが指標として監視されている点が注目される。また，データ指標の分析だけでなく，BoE が金融機関との取引関係や市場業務を通じて得た市場情報，および PRA や FCA がミクロ・プルーデンスを通じて得た監督情報を織り込んだ，総合判断としてのシステミック・リスク分析を行っている。これは，中央銀行がその業務の特性を活かしたマクロ・プルーデンス政策運営であると評価しうる。

　この間，BoE はマクロ・プルーデンス政策を実行に移しており，例えば CCyB は数次にわたる調整を決定している（0→0.5%〔2016年3月〕，0.5→0%〔同年7月〕，0→0.5%〔2017年6月〕，0.5→1.0%〔同年11月〕）。IMF は，BoE のこうしたマクロ・プルーデンス政策運営を評価し，「今後とも将来を見越して能動的に調整することが重要である」とコメントしている（IMF, 2016）。

第 3 節　EU における金融規制改革[20]

　EU における金融規制改革は，2009〜2011年の European System of Financial Supervision（ESFS，欧州金融監督制度）の創設，2014年以降の Banking

図表 6-6　EU：ESFS（欧州金融監督制度）の概要

```
[マクロ・プルーデンス：ESRB（欧州システミック・リスク理事会）]
 ┌─────────────────────────────────────────────┐
 │ 理事会：意思決定機関                                       │
 │ ・メンバー：ECB総裁（議長）・副総裁，EU加盟国中央銀行総裁，欧州委員会代表， │
 │   ESAs長官，運営・諮問委員会代表                             │
 │ ・オブザーバー（投票権なし）：EU加盟国監督当局代表等                 │
 └─────────────────────────────────────────────┘
 ┌─────────────────────────────────────────────┐
 │ 運営委員会：理事会の補佐（議事準備等）                          │
 │ 諮問委員会：理事会への専門技術的支援（ECB，各国監督当局等から構成）      │
 │ 事務局：ECBが事務局機能を提供                                │
 └─────────────────────────────────────────────┘
```

　　システミック・リスクに関する勧告 ↓　　↑ ミクロ・プルーデンス関係情報の提供

```
[ミクロ・プルーデンス]
 ┌─────────────────────────────────────────────┐
 │      [ESAs（欧州金融監督機構）]                          │
 │ ┌─────────────────────────────────────────┐ │
 │ │ Joint Committee：銀行・保険・証券監督に関する調整・協力  │ │
 │ └─────────────────────────────────────────┘ │
 │ ┌───────────┐ ┌───────────┐ ┌───────────┐ │
 │ │EBA（銀行監督）│ │EIOPA（保険監督）│ │ESMA（証券監督）│ │
 │ └───────────┘ └───────────┘ └───────────┘ │
 └─────────────────────────────────────────────┘
 ┌───────────┐ ┌─────────────┐ ┌───────────────┐
 │各国銀行監督当局│ │各国保険年金監督当局│ │各国証券市場監督当局│
 └───────────┘ └─────────────┘ └───────────────┘
```

出所：欧州議会ウェブサイト等を参考に著者作成．

Union（銀行同盟）の創設という二つのラウンドがある。注目すべき点は，銀行同盟では，ESFS 創設時には否定されたミクロ・プルーデンス機能を含め，European Central Bank（ECB，欧州中央銀行）に広範な銀行監督権限を附与したことである。以下，二つのラウンドにわたる EU の金融規制改革を整理する。

---

20) 本節は，欧州議会および ECB ウェブサイトのほか，松下（2011），庄司（2014），雨宮（2015），佐久間（2015），佐藤（2016），大塚（2017），佐原（2017）等を参考にした。

[欧州金融監督制度（ESFS）の創設]

　ESFS の創設は，de Larosière 報告（2009年2月）に拠り，EU 域内のマクロ・プルーデンス機能を担う European Systemic Risk Board（ESRB，欧州システミック・リスク理事会）の創設と，業態別金融監督組織の再構築（European Supervisory Authorities〔ESAs，欧州金融監督機構〕の設置）を柱とするマクロ・ミクロ両面にわたる金融規制改革であった。ESFS は ESRB，EASs，加盟国金融当局から構成され，相互に調整・協力，情報提供，勧告等を行うこととされた（図表6-6）[21]。

　ESRB は，ECB，ESAs，EU 各国当局から計数データや市場情報を徴求し，指標分析等により EU 金融市場に内在するシステミック・リスクを評価する。システミック・リスクが顕現化するおそれがあると判断される場合，ESRB は EU 各国当局，ESAs 等に対して政策勧告（例えば，金融監督の拡充，破綻処理体制の構築など）を行う[22]。ECB は，ESRB の事務局としてデータ・情報分析を担う。

　ミクロ・プルーデンスの改革としては，業態ごとの既存の監督委員会を改組して ESAs が設置された[23]。ESAs は，European Banking Authority（EBA，欧州銀行監督機構），European Securities and Markets Authority（ESMA，欧州証券市場監督機構），European Insurance and Occupational Pensions Authority（EIOPA，欧州保険年金監督機構），およびこれらの Joint Committee（合同委員会）から構成される[24)25]。各々の ESAs は，意思決定機関である Board of Supervisors（理事会）を有する[26]。

---

21) de Larosière 報告は，Jacques de Larosière 氏（元 IMF 専務理事〔1978-1987〕，元フランス銀行総裁〔1987-1993〕）を議長とする The High Level Group on Financial Supervision in the EU が2009年2月に公開した。

22) ESRB が発出する政策勧告に法的拘束力はない。しかし，ESRB の勧告を受けた政府・当局等は勧告に従わない場合，その説明を要する。

23) EU における従来の業態毎監督組織は，Committee of European Banking Supervisors（銀行），Committee of European Securities Regulators（証券），Committee of European Insurance and Occupational Pensions Supervisors（保険・年金）であった。これらの委員会は，金融規制等に関する欧州委員会への助言，市場モニタリング等の役割を担っていた。

24) EBA はロンドン，EIOPA はフランクフルト，ESMA はパリに所在する。

ESAs は，法的拘束力を有する EU 規制・監督法令（Single EU Supervisory Rulebook）の技術的細則（technical standards）の作成，EU 各国金融当局間の調停，EU 域内の金融規制・監督の収斂に向けた協議，EU 域内金融機関のストレス・テストおよびリスク評価などの業務を行う。また ESAs は，各国当局における EU 金融規制の施行に誤りがある場合や，各国金融当局間に規制・監督上の見解の相違がある場合に，法的拘束力を有する決定を発出することができる。また，金融危機等の緊急事態に際しては，金融システムを不安定化する業務を制限する等の是正措置を執るよう各国金融当局に求めることができる[27]。

　ただし，銀行同盟において ECB が銀行を直接監督する権限を附与されたのに対し，ESFS では ESAs は金融機関を直接には監督せず，定例的な金融監督業務は引き続き EU 各国当局に委ねる体制であった[28]。

［Banking Union（銀行同盟）の創設］

　EU における金融規制改革の第一ラウンドにおいて，マクロ・プルーデンスを担当する ESRB と業態別監督機関である ESAs を柱とする ESFS が設立された。しかし，その後2010年から顕現化した欧州債務危機の中で，EBA が実施したストレス・テストにより財務に十分な耐性があると評価された複数の大手銀行が破綻するなど EU の金融システムは安定しなかった[29]。こうした状況下，ユーロの信認を維持するためにも，EU レベルの実効的な銀行監督体制が必要であると認識され，2012年6月の EU 首脳会議において，EMU の機能拡充の一環として Banking Union（銀行同盟）の創設が決定された。

　銀行同盟は，Single Supervisory Mechanism（SSM，単一銀行監督制度），

---

25) 合同委員会は，金融コングロマリットなど複数業態にまたがる監督の調整等を担当する。
26) EBA，EIOPA，ESMA の各理事会は議長，加盟国監督当局代表，オブザーバー（ECB，ESRB，EU 委員会等）から構成され，議決権は加盟国監督当局代表に帰属する。
27) 緊急事態の宣言は欧州経済・財務閣僚理事会（ECOFIN）が行う。
28) 例外的に，ESMA は EU 域内の格付会社を直接監督する。

Single Resolution Mechanism（SRM，単一破綻処理制度）から構成されている[30]。銀行同盟は，ユーロ圏に展開する銀行の業務とリスクに適合した統一的な監督と，共通した破綻処理制度により，ユーロ圏の金融システムを安定させつつ，金融機関の破綻に伴う公的負担を極小化することを企図している[31]。

SSMは2014年11月に始動し，ECBが，de Larosière報告では否定されていたミクロ・プルーデンスを含めた銀行監督権限を附与され，銀行の健全性監督の中核を担うこととなった[32)33]。すなわち，ECBはSSM参加国の銀行監督（検査・モニタリング，銀行免許の附与，自己資本規制，是正指導・処分等）を担い，金融システム上重要な銀行はECBが直接監督し，他の銀行は間接的に監督（ECBの指導下で各国当局が監督）することとされた[34]。ESFSの下では個別銀行の監督は各国当局に委ねられ，EBAは監督情報を各国当局から受ける体制であったのに対し，SSMの下ではECBが個別銀行を直接監督することとなった点が重要な変革である。

ECBの銀行監督（ミクロ・プルーデンス）は，Governing Council（ECB理

---

29) ESAsを構成するEBAが2011年7月に実施したストレス・テスト（市況の大幅下落などのストレス事象が発生した場合に金融機関が被る損失額や財務への影響度を模擬的に算出し，金融機関の財務耐性をチェックするリスク管理手法）で，合格点を得ていたデクシア（ベルギー）がテストから3か月後の2011年10月に経営破綻した。また，2012年5月には，やはり合格点を得ていたバンキア（スペイン）が公的支援を申請するなど，スペインの銀行システムが不安定化した。こうした状況下，変革されたばかりの金融監督体制に対する信認が揺らぎ，金融機関に対する直接の監督業務を各国当局に委ねる体制の見直しを含む，さらなる金融規制改革が必要であるとの認識が高まった。

30) 銀行同盟ではSSM，SRMに加え，単一預金保険制度が提唱されていた。その後，計画が修正されたものの，SSM，SRMと並ぶ預金保険制度は実現していない。

31) ECBへのプルーデンス機能の附与は，英国のBoEなど各国における中央銀行のプルーデンス機能の拡充と軌を一にする措置である。さらに，ECBの場合は，金融政策の守備範囲とプルーデンス政策の守備範囲を合致させるという要素がある。ユーロ圏の金融政策を担うECBは，ユーロ圏の金融システムの安定に重大な利害関係を有する。金融システムの安定は有効な金融政策の必要条件だからである。金融政策は金融市場を通じて効果を及ぼすため，金融市場を構成する金融機関の経営が不安定であれば，金融政策の有効性は阻害される。この点からみて，ユーロ圏の金融政策を担うECBが，ユーロ圏の金融システムの安定性を担当することは互恵性・合理性があるといえよう。

事会）の下で Supervisory Board（銀行監督理事会）が業務を統括する[35)36)]。Supervisry Board の統括下で，各課が監督基準の策定，主要30銀行（ECBと各国当局の Joint Supervisory Teams〔合同監督チーム〕が監督）その他の重要銀行の直接監督，各国による銀行監督の監視，許認可，危機管理等を行う[37)]。

ECB によるミクロ・プルーデンスの基本的な手法は Supervisory Review and Evaluation Process（SREP，モニタリングとそれに基づく是正指導）である[38)]。SREP は銀行の健全性を，①リスク（信用・市場・事務及び統合的リスク），②自己資本（財務体力），③流動性（預金流出等に備えた流動性準備），④内部管理・リスク管理（経営・リスク管理の適否），⑤経営モデル・収益（経営の継続可能性，収益力）の観点から個別および総合評定（1～4の4段階）を行い，その結果に基づき是正指導を行う[39)]。SREP の意義は，ユーロ圏の重要な銀行が，共通の SREP の下で監視されることとなった点にある。

マクロ・プルーデンスの面では，ECB は各国当局によるマクロ・プルー

---

32) de Larosière 報告が，ECB に対するミクロ・プルーデンス機能の附与を否定した理由は，中央銀行がプルーデンス政策を担うことに対する伝統的ともいうべき危惧であった。すなわち，①金融政策との利益相反が生じ，金融政策を遂行する上で障害となる可能性がある，②金融危機が発生した場合，ECB が金融機関の複雑な破綻処理に関与したり，公的資金投入をめぐる政治的介入を受け，ECB の独立性が損なわれるおそれがあること等が，de Larosière 報告が ECB のミクロ・プルーデンス機能を否定した理由であった。
33) 行為規制は引き続き各国当局が担当する。
34) ECB が直接監督する重要な銀行は，①資産300億ユーロ超，②資産50億ユーロ超かつ当該国 GDP の20%超，③資産50億ユーロ超かつ加盟国向け対外資産が総資産の20%超，④加盟国内の上位3行などの基準により選定される。
35) Governing Council（ECB 理事会）は，金融政策等を決定する ECB の意思決定機関で，ECB 総裁・副総裁・理事とユーロ圏各国中央銀行総裁から構成される。
36) Supervisry Board（銀行監督理事会）は，議長・副議長・ECB 代表およびユーロ圏各国中央銀行・銀行監督当局代表から構成され，月2回の会合で銀行監督を Governing Council 宛てに起案し，執行する。
37) Supervisry Board の統括下で，Supervisory Policies Division（監督政策課），Methodology and Standards Division（監督手法課）が EBA，ESRB 等と協同して監督方針・基準を策定し，Microprudential Supervision I（主要30銀行を監督），同 II（その他の重要銀行を監督），同 III（各国当局による銀行監督の監視），同 IV（許認可，是正指導，実地検査，危機管理等）が各担当業務を行う体制である。

デンス政策を検証し，異議を申し立て，また各国当局が施行中の措置よりも厳しい措置を講ずる権限を有する。ECB のマクロ・プルーデンス政策の主な手段は，自己資本バッファー（カウンターシクリカル資本バッファー，金融システム上重要な銀行に対する追加バッファー等）である（ECB, 2016）[40]。ECB は，システミック・リスク管理上必要と判断する場合，各国当局に通知のうえ，各国当局が適用するよりも高い水準の資本バッファーを適用するよう指示することができる（自己資本規制の施行は各国当局の権限である）。

　ECB によるマクロ・プルーデンス政策は，Macroprudential Forum（マクロ・プルーデンス協議会）および Financial Stability Committee（金融安定委員会）による検討や，ESRB，EBA との協議をふまえ，Governing Council（ECB 理事会）が決定する[41]。マクロ・プルーデンスの政策決定過程は，金融システムのリスク分析→適切な政策手段の選択，政策効果の予測→施行の適否の協議→政策の施行，政策効果の追跡というプロセスをたどる。ECB のシステミック・リスク分析は，マクロ・ストレステストやモデル分析に重点を置いている[42]。これは，過去の金融危機でもみられた inaction bias（希

---

38) ECB では，実地検査の必要性は，対象銀行のリスク，経営問題等に基づき，ESRB や EBA の勧告を織り込んで判断される。米国や日本では，検査は基本的な監督手段として恒常的に行われている。これに対し ECB では，実地検査はリスクと業容に応じ，銀行の経営実態を点検する特段の必要がある場合の手段と位置づけられている（ECB, 2014）。

39) 是正指導の内容は，銀行の経営内容や問題点により異なるが，例えば自己資本の積み増し，貸出の抑制による信用リスクの削減等が挙げられる。

40) このほか，ECB のマクロ・プルーデンス政策手段には，大口融資規制，不動産向けや金融機関相互間のエクスポージャーに対するリスク・ウエイト調整，追加的情報開示等がある。一方，LTV（担保掛目）や DTI（債務／所得比率）は，各国当局の専管とされている。

41) Macroprudential Forum は Governing Council（ECB 理事会）と Supervisory Board（銀行監理事会）から構成され，マクロ・プルーデンス政策の定期協議を行う。Financial Stability Committee は ECB と各国当局代表から構成され，システミック・リスクの評価や ECB と各国当局の政策調整を行い，Governing Council と Macroprudential Forum をサポートする。

42) マクロ・ストレステストとは，金融システムと実体経済が相互に影響を及ぼし合う関係をモデル化し，経済や金融資本市場に生じた負のショックが，どの程度金融システムの安定性に影響するかを分析するツールである（日本銀行，2015）

望的観測等のため，監督当局が必要な対応をせず不作為に偏ること）を排するためである。

[Single Resolution Mechanism]

銀行同盟の第二の柱が Single Resolution Mechanism（SRM，単一破綻処理制度）である。SRM は，SSM 傘下の銀行を対象とし，EU レベルの破綻処理決定機関である Single Resolution Board（SRB）と，銀行部門からの資金拠出により破綻処理ファイナンスを行う Single Resolution Fund（SRF）から構成される[43)44)]。SRM は，EU レベルでの破綻処理権限を有する単一機関による一元的な破綻処理により，複数の関係国に跨る破綻案件を効率的に処理し，破綻処理コストや金融システムへの影響を極小化することを企図している。

SRB が選択可能な破綻処理方策は，営業譲渡，合併，承継銀行の設立，資産分離，ベイル・イン（株式・債券の元本削減，債務の株式化等による資本再構築）である[45)]。破綻処理に SRF を用いる場合は，損失のうち総負債（自己資金を含む）の8％以上相当額まで株主・債権者の損失負担によりすでに吸収されていることが前提条件である。また，SRF による破綻処理ファイナンスは，当該銀行の総負債の5％が上限である。破綻処理のための公的資金の投入は原則として，ベイル・インおよび SRF の利用を条件として認められる。

---

43) SRB は，EU 閣僚理事会が任命する正副議長，委員（4名），SSM 参加国の破綻処理当局代表（破綻処理決議の場合は，破綻金融機関が所在する国の代表が出席）から構成される。
44) SRF の資金は，SRM 傘下の金融機関が2024年1月1日までに付保預金の1％相当額を拠出して調達する。また，2015年12月，銀行同盟参加国は，破綻処理に必要な bridge financing（つなぎ資金）のため，総額550億ユーロの信用供与枠を設定した。
45) ベイル・インは，原則的な破綻処理方策と位置づけられている。ただ，BRRD では，預金保険対象預金や給与・年金等の従業員に対する債務をベイル・インの適用除外債務としている。また，銀行の中核的な業務の継続に不可欠な場合や，金融機能の阻害や経済への深刻な影響（個人，中小企業の預金に対する）を防ぐため必要不可欠な場合は，ベイル・インの対象から債務の一部または全部を外すことができると規定されている。

図表 6-7　EU：ESFS と銀行同盟の監督対象

	対象地域	対象金融機関
ESFS（欧州金融監督制度）	EU	全金融機関
ESRB（欧州システミック・リスク理事会）	EU	全金融機関（マクロ・プルーデンスの観点から重要な金融機関を重視）
ESAs（欧州金融監督機構）	EU	EBA――銀行 EIOPA――保険会社，年金機構 ESMA――証券会社，市場機構
SSM（単一銀行監督制度）	ユーロ圏	銀行，銀行グループ
SRM（単一破綻処理制度）	ユーロ圏	SSM 対象銀行

出所：欧州議会ウェブサイト等を参考に著者作成

SRM による原則的な破綻処理手続きは以下のとおりである。

①ECB が，銀行が破綻または破綻懸念にあることを SRB に通知する。

②SRB が，金融システムの安定など公益的観点から SRB による破綻処理が適切と判断した場合，SRB は処理方式，SRF の使用の有無を含む破綻処理計画を採択する。SRB は採択した破綻処理計画を EU 委員会に回付する。

③SRB は，EU 委員会または EU 閣僚理事会の異議等がない場合，破綻処理計画を採択から24時間以内に施行する。

④SRB は，当該国の破綻処理当局が破綻処理を確実に行うよう監視する。

[ESFS と銀行同盟の関係]

銀行同盟創設後の ESFS と銀行同盟（SSM・SRM）の関係を整理すると，まず EFSF と SSM・SRM では，監督対象の地域・金融機関が異なる（図表6-7）。EFSF は EU の全金融機関を対象とするが，ECB が各国当局と共同で行う SSM はユーロ圏（および圏外の EU 自主参加国）の銀行が対象である[46]。また，銀行同盟の創設後も EBA の機能は基本的に変更されていない。

---

46) SSM の対象である「銀行」は，EU の規定では credit institution（公衆から預金その他払戻しを要する資金の受入れ，および信用供与を業とする企業）である。

ECBの銀行監督は，EBAが技術的細則を通じて実務化するEU金融規制・監督法令に従う。一方，ECBは引き続きEBA理事会に参加（議決権はない）している。この間，EBAにおける非SSM参加国の立場を守る観点から，EBAの意思決定手順が変更されている[47]。

銀行同盟後のEUにおけるプルーデンス体制は，ユーロ圏に展開する銀行業務とそのリスクに対応する統一的な銀行監督を目指した点は，一定の進化と評価しうる。しかし，EUにおけるすべての金融機関を対象とするESFS，ユーロ圏における銀行を対象とする銀行同盟，および各国金融当局から構成される重層的な構造となった。また星野（2015）も指摘するとおり，ユーロ圏の主要銀行はユーロ圏を超え国際的に展開しており，銀行同盟が域内銀行の業務やリスクに全面的に適合しているわけではない点には留意を要する。

第4節　米国における金融規制改革[48]

［金融規制改革の概要］

世界金融危機後，米国で議論されてきた金融制度改革は，主にDodd-Frank Wall Street Reform and Consumer Protection Act（ドッド・フランク法）により具体化されることとなった[49]。ドッド・フランク法の背景として，米国の金融監督体制は，連邦・州レベルの複数の規制当局から業態別に構成されている（第1章第3節を参照）こともあって，システミック・リスクの認識・対応の点で不十分であることが，世界金融危機により明らかとなった。さらに，①投資銀行，保険会社などのノンバンク金融機関に対する健全性規制・監督が不十分であった，②金融システム上重要な金融機関のToo Big To Fail（大き過ぎて倒産させられない）問題が顕在化し，破綻処理に多額の

---

47) 当局間の調停など理事会の単純多数決による評決は，EBA議長，SSM参加国代表，SSM非参加国代表から構成される独立パネルによる評決に代替されることとなった。
48) 本節は，井樋（2010），小立（2010），清水（2010），IMF（2015），若園（2015），小立（2016），岡田（2017），みずほ総合研究所（2017）等を参考にした。
49) ドッド・フランク法は，2010年6月30日に下院，同年7月15日に上院を通過し，同年7月21日にオバマ大統領が署名し成立した。同法は膨大な法律であり，その実務への適用には長期間を要した。

図表6-8　米国：金融システムの問題点とドッド・フランク法による対応

金融危機の要因となった問題点	ドッド・フランク法の規定
・金融システム上重要な金融機関（保険会社等のノンバンクを含む）に対する監督が不十分であった ・Too Big To Fail問題が顕現化し，多額の公的資金投入を余儀なくされた	・システミック・リスクに対する事前・事後監督の強化 　―FSOCの設置 　―FRBによる監督機能の拡充 　―破綻処理計画の導入
・トレーディング，金融派生商品取引に対する規制やリスク管理が不十分であった	・健全性・行為規制の強化 　―自己勘定取引規制等の導入 ・規制客体の拡大
・報酬体系が役職員の動機を歪めた	・報酬規制の導入
・消費者保護が不十分であった	・消費者保護機関CFPBの設置

出所：小立（2010）等を基に著者作成

公的資金投入を余儀なくされた，③預金金融機関のトレーディング業務や，証券化などデリバティブ取引を内包する金融スキームに対する規制やリスク認識が不十分であった，④金融機関の報酬体系が役職員を短期的な利益極大化に過度に傾斜させたなどの認識がある（清水，2010等）。

このためドッド・フランク法は，Financial Stability Oversight Council（FSOC，金融安定監視評議会）の新設，FRBの監督機能の拡充を中心とするシステミック・リスクの監視体制（マクロ・プルーデンス政策）の改善を柱に，自己資本比率など健全性・行為規制の強化，規制客体の拡大，破綻処理制度の整備，金融機関役職員の報酬規制など広範な改革措置を導入した。また，Consumer Financial Protection Bureau（CFPB，消費者金融保護局）の新設など消費者保護が強化された（図表6-8）（詳細は本章末の付表参照）。

歴史的にみると，ドッド・フランク法は，1990年代央以降米国において推進されてきた州際業務規制や業態分離の緩和など金融自由化の流れを転換し，規制色を強める性格を有するといえよう（図表6-9）[50]。

ドッド・フランク法は，米国における連邦・州レベルの重層的なプルーデ

50）州際業務の規制とは，マクファデン法（1927年）等により，州際支店の設置禁止など米国において州境を越えた銀行業務を規制する制度である。

図表 6-9　米国：主な金融規制関連法[51]

制定年	法律名	方向性	主な内容
1980年	預金金融機関規制緩和・通貨管理法（DIDMA）	自由化	・預金金利自由化（預金金利の上限規制の廃止） ・NOW勘定（自由金利付決済性預金）の認可等業務自由化
1989年	金融機関改革救済執行法（FIRREA）	規制強化	・Office of Thrift Supervision（OTS）（貯蓄貸付組合〔S&L〕の監督機関）を設置 ・整理信託公社（RTC）（S&Lの破綻処理機関）を設置 ・監督当局による業務停止権限の強化
1991年	連邦預金保険公社改善法（FDICIA）	規制強化	・早期是正措置を導入 ・最小コスト破綻処理原則（Least Cost Resolution）を導入 ・在米外国銀行に対する監督を強化
1994年	リーグル・ニール法	自由化	・銀行の州際業務の解禁
1999年	グラム・リーチ・ブライリー法	自由化	・銀行業，証券業，保険業の相互参入を容認
2010年	ドッド・フランク法	規制強化	・システミック・リスク管理や金融システム上重要な金融機関監督の強化 ・自己勘定取引等の規制の強化・拡大

出所：清水（2010）等を基に著者作成

ンス体制を根底から改変するものではないが，複数のプルーデンス当局が協議体としてシステミック・リスクを専担的に監視する機関（FSOC）を創設したほか，金融システム上重要な金融機関に対する監視・監督を，①FRBが金融システム上重要な金融機関を一元的に監督する，②自己資本や流動性等につき，他の金融機関よりも厳格な規制・監督を行う，③Living Will（金融システム上重要な金融機関が事業の縮小，契約関係の処理等を含む破綻処理計画をあらかじめ準備する）の導入や公的資金に依存しない破綻処理制度を整

---

[51] それぞれの法律の原語は，預金金融機関規制緩和・通貨管理法：Depository Institutions Deregulation and Monetary Control Act（DIDMA），金融機関改革救済執行法：Financial Institutions Reform, Recovery, and Enforcement Act（FIRREA），連邦預金公社改善法：Federal Deposit Insurance Corporation Improvement Act（FDICIA），リーグル・ニール法：Riegle-Neal Interstate Banking and Branching Efficiency Act，グラム・リーチ・ブライリー法：Financial Services Modernization Act.

備する等,事前・事後の両面において強化したことが注目される。また,金融システム上重要な金融機関に対する監督を中心に,中央銀行であるFRBのプルーデンス機能を拡充した点が特徴的である。

こうした点をやや敷衍すると,システミック・リスク管理面でのプルーデンス当局間の連携が不十分であったとの認識をふまえ,関係当局の協議体として創設されたFSOCは,①金融システムの安定性に対する脅威の点検,②金融システム上重要であるノンバンク金融会社(投資銀行,保険会社等),大規模銀行持株会社(連結総資産500億ドル以上),および清算・決済機構の認定,③認定された金融機関の自己資本,流動性,破綻処理計画,統合リスク管理等に関する厳格な規制基準の提言などの機能を担う。

FRBは,金融システム上重要な銀行持株会社,FSOCが金融システム上重要であると認定したノンバンク金融会社を対象に,自己資本,流動性,リスク管理等に関し,他の金融機関に比べ厳格な規制・監督を行う[52]。またFRBは,金融システム上重要な清算・決済機関を対象に,①証拠金・担保,清算・決済処理,取引先の破綻対応,資本・財務等に関する管理基準の策定および実地検査,②連邦準備銀行による口座開設,信用供与などの中央銀行サービスを提供する。さらにFRBは,ストレス・テストの実施,総損失吸収力(Total Loss Absorbing Capacity ; TLAC)規制基準の設定などのほか,金融システムの安定に対する脅威であると認定された金融機関に対し業容の縮小を含む業務改善を求めるなど,マクロ/ミクロ・プルーデンス両面にわたり,規制・監督権限を拡充することとなった[53]。

金融システム上重要な金融機関に対する事後対応の面では,ドッド・フラ

---

[52] 例えばFRBは,グローバルな金融システム上重要な銀行(Global Systemically Important Banks, G-SIBs)に追加的なリスク・ベース資本賦課(1.0〜4.5%),Tier1レバレッジ比率(5%)を設定する。またFRBは,大手銀行持株会社(連結総資産500億ドル以上)の資本政策のストレス耐性評価(包括的資本分析・審査(Comprehensive Capital Analysis and Review))を行い,結果に応じて配当等の外部流出を制限する。

[53] TLAC規制は,図表6-1および本章の脚注5,6を参照。米国ではFRBが,リスク資産対比率の18%とレバレッジ比率分母対比率9.5%のいずれか大きい額という,国際基準のTLACよりも厳しい基準を米国のG-SIBsに求めている。

ンク法は，Too Big To Fail および納税者負担を回避しつつ，金融システムの安定を維持する観点から，Orderly Liquidation Authority（OLA，規律的破綻処理権限）を規定した。OLA は，金融システム上重要な金融会社の破綻がシステミック・リスクを顕現化させると認定（FRB 等の提言により財務長官が行う）された場合，FDIC（連邦預金保険公社）が管財人となり破綻処理を実施する制度である[54)55)56)]。この処理は，株主・無担保債権者による損失負担や有責経営者の辞任等が前提となる。金融システム安定のために必要と判断される場合は，FDIC の緊急避難的な債務保証プログラムが行われるが，清算を回避するための公的資金投入は認められていない。OLA の財源としては，財務省に Orderly Liquidation Fund（規律的破綻処理基金）を創設し，FDIC が破綻処理に必要な費用を財務省から一時的に借入れる（債券発行によるが，5年以内に完済する）ことが認められる。

　行為規制ないし規制客体の拡大としては，預金保険の対象となる預金金融機関およびその関連会社が，自己勘定によるトレーディング（証券，デリバティブ等），ヘッジ・ファンド等に対する投資等を原則的に禁止する，いわゆる「ボルカー・ルール」が導入された[57)58)]。また，証券化商品につき，証券化事業者は，証券化により第三者に売却した資産の信用リスクの一部について経済的利害を継続保有する（移転・売却された信用リスクの原則5％以

---

54) 預金保険対象金融機関は，従前より FDIC が破綻処理を行うことと定められているため，ドッド・フランク法による OLA の対象ではない。
55) 財務長官による認定は，債務不履行ないしその切迫性，金融システムへの影響，民間ベースの処理など代替手段の有無，株主・債権者等への影響等の認定基準を検討した上で行われる。
56) 破綻処理方策として承継金融会社への資産・負債移転，他の金融会社との合併，資産売却等を用い，破綻金融会社を処理する。
57) 自己勘定による取引は，連邦政府債や州政府債等の売買，引受，マーケット・メイキング，ヘッジ，顧客を代理する取引など一定の場合は許容される。また，ファンド投資は，投資総額が銀行法人の Tier1 自己資本の3％以内など一定の場合は許容される。
58) 同様に英国でも，家計等のリテール預金の受入れ等のコア業務を行う金融機関（ホールセール銀行業務から分離された『リングフェンス銀行』と規定される）につき，自己勘定によるディーリング業務を禁止する法律（Financial Services〔Banking Reform〕Act of 2013）が成立している。

上相当額を保有し，保有する信用リスクをヘッジできない等）規制が導入された。店頭デリバティブについては，CFTC（連邦先物取引委員会）等がディーラーを登録し，自己資本規制やマージン規制等を策定するほか，取引は原則としてCFTC登録清算機関を介した清算，取引所での取引を義務づけられる。

このほか，私募ファンド投資顧問等に対し，SEC（証券取引委員会）への登録，報告（システミック・リスクの評価に必要な取引やポートフォリオに関する情報を徴求し，FSOCと共有する）を義務づけた。また，SEC内にOffice of Credit Ratings（OCR，格付会社監督局）を設置し，格付会社による格付附与の適切性や利益相反管理を点検することとなった。

消費者保護の面では，FRBにConsumer Financial Protection Bureau（CFPB，消費者金融保護局）を設置し，ローン，リースなどの消費者金融商品・サービスを提供する金融機関を一元的に監督することとなった。CFPBは，消費者金融商品・サービスの濫用から消費者を保護するため，規則の策定，対象金融機関に対する情報徴求，実地検査等を行う。CFPB局長（上院の承認を得て，大統領が任命）は独立性を有し，FRBはCFPBの決定や人事に干渉できない。これは，健全性規制と消費者保護の分離に顧慮した措置であるといえよう。

［金融規制緩和の動き］

ドッド・フランク法は，「金融規制の欠陥，金融監督体制の不備，金融自由化の弊害が，リスク管理の不備や報酬体系の歪みに起因する金融機関による過度のリスク・テイキングや，格付の失敗と相まって，金融危機を招来した」という考え方に立っていた。これに対し，過度の規制が市場機能を歪めることを問題視する立場から，同法成立後から同法を修正する法案や政策提言が出されてきた。

その後，2017年1月に成立したトランプ政権の下で，ドッド・フランク法を修正し金融規制を緩和しようという動きが顕現化している。これは，ドッド・フランク法による規制が，①金融仲介機能を阻害し，経済活動や雇用の停滞を招いている，②金融機関の収益性を低下させている，③中小銀行にとって不必要な負担を強いている等の認識に基づく。2017年2月には大統領令

が発出され，米国企業の競争力維持，経済成長と活発な金融市場の促進，効率的・効果的・適合的な枠組み等からなる金融規制の原則が示された[59]。

これを受け，2017年6月には財務省が"A Financial System That Creates Economic Opportunities"と題する報告書を公表した。また同6月，The Financial CHOICE (Creating Hope and Opportunity for Investors, Consumers and Entrepreneurs) Actが議会下院を通過した。これらにみられる金融規制の緩和施策は，ストレス・テストや包括的資本審査の対象となる金融機関の限定（レバレッジ比率が10％以上や総資産500億ドル以下等の銀行を適用除外），ボルカー・ルールの廃止または制限（総資産100億ドル以下の銀行を適用除外），自己資本比率規制の一部緩和（米国債等をレバレッジ比率算定式の分母から控除），CFPBの権限の縮小（大統領の局長罷免権附与），FSOCによる金融システム上重要なノンバンク金融会社の指定権限の制約，規制の費用便益の精査等が含まれ，中小を主体とする金融機関の負担軽減や監督当局の関与縮小が唱えられている。

第5節　小括

世界金融危機を契機として進められている金融規制改革の基本的な理念は，①金融機関の健全性維持（ミクロ・プルーデンス）に加え，マクロ・プルーデンスが重要である，②非預金金融機関を含む，金融システム上重要な金融機関に対する監督を強化する必要がある，③金融システムの安定化における中央銀行の機能を拡大すべきである，④プルーデンス政策の国際的な連携・統合を一段と進める必要がある，⑤自己資本比率や流動性規制を改善し金融機関の財務的な体力を強化すべきである，⑥公的負担を回避した破綻処理制度など事後的なセーフティ・ネットを拡充する必要がある等である。こうした理念に基づき，欧米諸国を中心に，①システミック・リスクの監視・監督

---

59) 原題はPresidential Executive Order on Core Principles for Regulating the United States Financial Systemである。ただし，同原則は納税者の負担による金融機関の救済の回避も唱道しており，必ずしもドッド・フランク法の全面否定ではない。

体制の強化（システミック・リスク専担組織の設立，金融システム上重要な金融機関に対する健全性規制の強化など），②中央銀行によるプルーデンス機能の拡充（ミクロ・マクロ両面にわたる金融監督権限の附与ないし拡充），③金融機関の業容に応じた自己資本比率規制，流動性基準の設定など，金融システム上重要な金融機関を中心とした財務耐性の強化，④ Banking Union の創設など国際的なプルーデンス体制の整備，⑤金融システム上重要な金融機関による破綻処理計画（Living Will）の立案など事後的な危機管理体制の強化などが進められている。

欧米諸国における金融規制改革のうち，英国における改革が注目される。英国では，FSA が業態横断的な健全性規制と行為規制を担っていた統合モデルから双頭モデル（健全性規制と行為規制を組織的に分離）へと金融規制モデルが転換され，中央銀行である Bank of England（BoE）がミクロ・マクロ両面にわたるプルーデンス政策を担うことが決定された。これは，金融政策とプルーデンス政策の互恵作用，中央銀行の「最後の貸し手」機能の的確な行使，中央銀行の金融市場に対する識見などを顧慮した措置である。BoE は，物価・金融システムという 2 次元の座標軸の中で，ミクロ・マクロ両面にわたるプルーデンス政策と金融政策を運営する。中央銀行にとって政策実務的にも歴史的にも重大な挑戦であるといえよう。

EU における金融規制改革は，ESFS（欧州金融監督制度）の創設（2009～2011年），Banking Union（銀行同盟）の創設（2014年以後）という二つのラウンドがある。第 1 のラウンドである ESFS の創設では，マクロ・プルーデンスの専担組織である ESRB（欧州システミック・リスク理事会）と，業態別監督機関である ESAs（欧州金融監督機構）の設置を柱とする，EU レベルでのマクロ・ミクロ両面にわたる金融監督体制が整備された。

しかし，その後もスペインにおける銀行危機など EU の金融システムは安定しなかったため，実効的な EU レベルの銀行監督体制としての Banking Union（銀行同盟）の創設が決定された。注目すべきは，銀行同盟では，ESFS 創設時には否定されたミクロ・プルーデンス機能を含め，ECB（欧州中央銀行）に広範な銀行監督権限を附与したことである。

二つのラウンドにわたる金融規制改革の結果，EU における金融監督は，

EU 全体ですべての金融機関を対象とする ESFS，ユーロ圏における銀行を対象とする銀行同盟，および各国金融当局から構成される重層的な体制となった。

　米国においては，世界金融危機を契機とする金融制度改革はドッド・フランク法により具体化されることとなった。ドッド・フランク法は，FSOC（金融安定監視評議会）の新設，FRB の監督機能の拡充，破綻処理制度の改定などシステミック・リスクの監視・監督体制（マクロ・プルーデンス）の改善を柱に，健全性・行為規制の強化，規制客体の拡大，金融機関役職員の報酬規制などの措置を導入した。米国では，金融システム上重要な金融機関に対する監督を，事前段階（FSOC の設置，FRB による一元的な監督，通常より厳格な自己資本・流動性規制など），事後段階（破綻処理法制の整備）両面において強化したことが注目される。また，中央銀行のプルーデンス機能を拡充した点は英国や EU と共通である。ただ，米国では最近，金融仲介機能の活性化等のため，金融規制を一部緩和しようとする動きが出ている。

付表　米国：ドッド・フランク法の概要

目的	措置	主な規定
マクロ・プルーデンス体制の整備	システミック・リスク管理専担組織の設立	[Financial Stability Oversight Council（FSOC）の組織] ・FSOCは，財務長官（議長），FRB議長，OCC長官，CFPB局長，SEC委員長，FDIC総裁，CFTC委員長，FHFA長官，NCUA理事長，保険部門代表（大統領が任命），および議決権のないメンバー（OFR局長，FIO局長，州銀行・証券・保険監督者）から構成され，システミック・リスクを監視する[60]・財務省にOffice of Financial Research（OFR）を設置し，データ徴求・分析，調査研究等によりFSOCをサポートする [FSOCの主な機能] ・金融システム上重要なノンバンク金融会社，清算・決済機構等を認定し，FRBの監督を求める[61],[62],[63],[64] ・FRBに対し，金融システム上重要な金融機関に適用する規制基準（自己資本，流動性，破綻処理計画，統合リスク管理等）に関する勧告を行う
	FRBの金融システム監督権限の拡大	[FRBの金融システム監督権限の拡大] ・Federal Reserve Act 10条（FRBの機能）に，「金融システムの安定を毀損するリスクを認定・計測・監視・抑制する」（identify, measure, monitor, and mitigate risks to the financial stability of the United States）と定めた11項を追加する ・総資産500億ドル以上の銀行持株会社，金融システム上重要なノンバンク金融会社等に対し，厳格な健全性基準（自己資本，流動性，統合リスク管理，破綻処理計画等）を設定する[65] ・金融システムの安定性に対する脅威があると認定した場合，金融システム上重要な金融会社に対し，業務停止等を求める

---

60) OCCはOffice of the Comptroller of the Currency（通貨監督庁，連邦免許を受けた国法銀行の監督機関），CFTCはCommodity Futures Trading Commission（商品先物取引委員会），FHFAはFederal Housing Finance Agency（連邦住宅金融庁），NCUAはNational Credit Union Administration（全米協同組織金融機関監督庁），OFRはOffice of Financial Research（金融調査局，FSOCをサポートするため財務省内に新設），FIOはFederal Insurance Office（連邦保険局，新設された連邦レベルの保険監督機関）である。

61) ノンバンク金融会社とは，主として金融業務に携わる会社（銀行持株会社，清算機関等を除く）である。「主として金融業務に携わる」とは，①連結ベース租収益の85％以上が銀行持株会社法に定める金融の性質をもつ業務から生み出されていること，②連結ベース総資産の85％以上が同業務に関連していることを意味する。

62) 金融システム上重要なノンバンク金融会社は，①資産および規模・内容（期間構成等），②取引規模・内容，③信用・流動性供給主体としての重要性，④資産管理業務その他業務の規模・内容・集中度・相互関係等，⑤オフ・バランス取引の規模・内容，⑥レバレッジの程度等を基準として認定される。

63) 清算・決済機構の原語はfinancial market utilitiesであり，支払・証券その他金融機関相互間の金融取引の移動・清算・決済を多角的に行うシステムを管理ないし運営する主体を指す。

64) 金融システム上重要な清算・決済機構は，①取引総額，②エクスポージャー，③他の清算・決済機関との相互依存度，④当該清算・決済機関が破綻した場合の金融システム全体への影響等を基準として認定される。

付表 （つづき）

目的	措置	主な規定
マクロ・プルーデンス体制の整備	FRBの金融システム監督権限の拡大	[FRBによる清算・決済機関の監督] ・金融システム上重要な清算・決済機関のリスク管理基準（財務，参加者の破綻対応，担保管理等）を定めるとともに，金融市場に影響するリスク等を審査し，是正措置を勧告する
	ストレス・テストの実施	・資産100億ドル以上の銀行持株会社は，半年ごとにストレス・テストを実施する ・FRBは基準，悪化（adverse），深刻な悪化（severely adverse）の3シナリオを用い，監督ストレス・テストを年次で行う
ミクロ・プルーデンス体制の強化	監督組織の再構築	・Office of Thrift Supervision（OTS，貯蓄金融機関監督局）をOCC等に統合する ・Federal Insurance Office（FIO，連邦保険監督局）を財務省に新設し，保険業を連邦レベルで監視する
	規制客体の拡大	[私募ファンド] ・私募ファンド投資顧問等に対し，SECへの登録，報告（投資家保護情報を徴求し，FSOCと共有）を義務づけ，監視する [格付会社] ・Office of Credit Rating（OCR）をSECに設置し，格付会社の格付手順，利益相反管理等を監視する [デリバティブ取引] ・ディーラー等にCFTC，SECへの登録を義務づける ・CFTC，SECは，①デリバティブ取引情報（取引，新商品等）を開示し，②ディーラー等に適用する規則を制定する [役職員の報酬] ・金融機関役職員の動機報酬制度を報告させ，過剰な報酬や，多大な損失につながる報酬体系を防止する
	行為規制の強化	[自己勘定取引，ヘッジ・ファンド取引等に関する規制] ・銀行業法人等による①自己勘定によるデリバティブ等のトレーディング，②プライベート・エクイティ・ファンド，ヘッジ・ファンド等への投資を原則禁止する（「ボルカー・ルール」）[66],[67] ―自己勘定トレーディングは，連邦政府債等取引，ヘッジ目的取引，引受など一定の場合は許容される ―ファンド投資は，投資総額が銀行法人のTier1自己資本の3％以内など一定の場合は許容される [証券化商品に関する規制] ・証券化事業者は，証券化により移転した資産の信用リスクの一部につき経済的利益を保持（信用リスクの原則5％相当額以上で，ヘッジできない）を継続保有する [デリバティブ取引に対する規制] ・CFTC，SECにディーラー等を登録し，自己資本規制やマージン規制等を策定する ・取引はCFTC登録清算機関・取引所に原則集中する

65) 2010年1月1日時点で総資産500億ドル以上かつTARPから金融支援を受けた銀行持株会社は，銀行持株会社免許を返上してもFRBの監督を受けるノンバンク金融会社とみなされる（「ホテル・カリフォルニア条項」と呼ばれているもの）。
66) 銀行業法人の原語はbanking entityで，銀行のほか協同組織金融機関等が含まれる。
67) プライベート・エクイティ・ファンドは，機関投資家等の投資家から資金を集め，未上場企業の株式に投資し，事業支援など経営に関与し企業価値を高めて売却益を得ることを目的として運用する金融商品である。ヘッジ・ファンドは，債券等複数の金融商品に分散投資し，先物取引や信用取引などを活用して高い運用益を目的として運用する。

付表 （つづき）

目的	措置	主な規定
ミクロ・プルーデンス体制の強化	行為規制の強化	[消費者保護] ・Consumer Financial Protection Bureau（CFPB）をFRB内に独立機関として設置し，消費者保護行政を統合する 　―消費者金融に関する規則を制定し，情報を徴求する 　―資産100億ドル超の銀行・信用組合を監視・検査する
金融機関の財務耐性の強化	自己資本規制	・FRBは，グローバルな金融システム上重要な銀行（Global Systemically Important Banks, G-SIBs）に追加的なリスク・ベース資本賦課（1.0〜4.5%），Tier1 レバレッジ比率（5%）を設定する ・FRBは大手銀行持株会社を対象に，包括的資本分析・審査（Comprehensive Capital Analysis and Review）を行う[68]
	流動性規制	・総資産500億ドル以上の銀行に対し，流動性カバレッジ比率を適用する[69]
事後的な危機管理体制整備	金融システム上重要な金融会社の破綻処理制度の導入	[対象・目的] ・銀行持株会社等を対象に，Too Big To Failおよび納税者負担を防止しつつ，金融システムの安定を維持するため，Orderly Liquidation（秩序ある破綻処理）を行う[70] [処理スキームの起動] ・FRB，FDICの勧告等により，財務長官が，債務不履行の切迫性，金融システムへの影響，民間ベースの処理など代替手段の有無等の基準を検討して対象金融会社を認定する [処理方法] ・FDICが管財人として，承継金融会社の設立，合併，資産売却等により対象会社を破綻処理する 　―処理に当たっては，株主・債権者による損失負担，経営者の責任等を条件とし，納税者の負担を回避する [財源] ・財務省にOrderly Liquidation Fundを設置する 　―FDICは，破綻処理費用を債券発行により財務省から一時的に借入れる（5年以内に完済する）
	預金保険の拡大	・FDICの付保預金額を10万ドル→25万ドルに引き上げる ・預金準備率を1.15→1.35%に引き上げる

出所：小立（2010）; 若園（2015）; みずほ総合研究所（2017）等に基づき著者作成

---

68) FRBが連結総資産500億ドル以上の銀行持株会社から資本政策を徴求し，定量分析（ストレス下の市場環境での自己資本比率を推計）と定性分析（資本政策，リスク管理等の適否を評価）によるストレス耐性評価を行い，結果に応じて配当等の外部流出を制限する。

69) 適格流動性資産と30日間の純資金流出額の比率を100%以上に維持する（バーゼル銀行監督委員会によるもの）。総資産2,500億ドル以上の銀行にはより保守的な規制が適用され，資金流出がピークとなる日のマチュリティ・ミスマッチに対応できる適格流動性資産の保有が求められる。

70) 対象は，預金保険対象金融機関（FDICが破綻処理を行う）以外で金融システム上重要な金融会社（資産500億ドル以上の銀行持株会社，金融システム上重要なノンバンク金融会社，その他の金融業務を行う会社）である。

〈 第7章 〉
金融危機が提起した プルーデンス政策上の論点

　本章では，金融危機が提起したプルーデンス政策上の論点を，事前の金融規制・監督および事後の危機管理の両面にわたって検討する。まず第1節で1990年代の北欧・アジアにおける金融危機管理の政策的含意を再整理する。次に，第2節で世界金融危機が提起したプルーデンス政策の論点を整理し，これらのうち重要度の高いマクロ・プルーデンス政策の導入（第3節），中央銀行の「最後の貸し手」（Lender of Last Resort, LLR）機能の変容（第4節）をやや詳しく考察した後，プルーデンス当局の情報生産機能の向上等その他の論点を検討する（第5節）。最後に本章全体を総括する（第6節）。

第1節　1990年代の北欧，アジアにおける金融危機管理の政策的含意

　1990年代における金融危機管理のケース分析の対象として取り上げた，スウェーデン（北欧銀行危機），インドネシア（アジア通貨危機），日本（邦銀の不良債権問題）から得られる政策的含意を改めて整理すると以下のとおりである。
　スウェーデンにおける金融危機の本質は，海外債権者からの信認喪失により，対外債務に依存した金融・経済システム全体が崩壊する可能性であった。

このことが，スウェーデン当局に対し，金融システムを早期に安定させる強い動機を与えた。スウェーデン当局による対応をみると，海外債権者からの信認確保の重要性の認識や，市況をふまえた中長期的な処理コストの極小化など，市場心理に対する認識が的確であった。金融危機管理の過程は，危機管理政策問題の認定，政策アジェンダの設定，政策案の採択等，いずれの面でも国際的に高く評価されており，その後の金融危機管理のモデルとなった。

スウェーデンによる金融危機管理から得られるプルーデンス政策上の教訓は，①政策問題の的確な認識に基づく政策アジェンダの合理的な設定，②短期／中長期の政策目的と政策手段の整合的な割当，③情報の非対称性に配慮した適時開示による透明性の確保，④経済合理性の高い危機管理機構の設計（民間企業の動機と整合的で，コア・コンピテンス〔企業の中核的な強み〕を極大化させる資産管理会社の組織運営など）である。

インドネシアの事例は，金融危機管理における，市場との意思疎通に基づく政策問題の的確な認識の重要性を提起した。IMFによる調整プログラムの決定過程のうち，政策問題の認定段階において，インドネシア経済に内在するリスクに対するIMFの認識は，市場の認識と大きく乖離していた。このため，IMFプログラムは市場の信認を得られず，所期の成果を挙げることができなかった。政策手段の割当の面でも，金融市場が不安定で，預金者が情報の非対称性を誘因として行動する可能性が高い状況下，民間中小銀行16行の清算という政策手段を選択したことは，合理的な政策割当とはいい難い。

また，インドネシアの事例は，企業財務に内在したシステミック・リスク要因というマクロ・プルーデンス上重要な論点を提起した。危機の誘因となった「二重のミスマッチ」（資産負債構造における期間構成および通貨構成上のギャップ）は，銀行ではなく，借り手である企業の財務に形成されていた。マクロ・プルーデンスの観点からは，企業・家計部門の財務がシステミック・リスク要因となりうることに注意を要する。

インドネシアの事例から得られるプルーデンス政策上の含意としては，①市場のモニタリングによる政策問題の的確な認識，②政策手段の合理的な割当，さらに，③企業財務に内在したシステミック・リスク要因というマク

ロ・プルーデンス上留意すべき重要な教訓を挙げることができる。

　わが国の不良債権問題から得られる政策上の含意は，政策問題の的確な認識の重要性である。邦銀の不良債権処理の政策過程を分析すると，初期の政策問題の認識が楽観的に過ぎ，前提としたシナリオが崩れる中で試行錯誤を余儀なくされた結果，不良債権処理が想定以上に時間を要した。

　また，邦銀の不良債権問題は，漸進的に進められた金融自由化の弊害としての側面を有する。漸進的金融自由化の下で，業態規制などすでに合理性を失った規制が残存していたため，金融機関に不動産関連融資へ傾斜する動機を与えた。これは金融規制のあり方をめぐる教訓である。

第2節　世界金融危機が提起したプルーデンス政策の論点

　本節から第5節では，世界金融危機が提起した，金融規制・監督および金融危機管理を含む広義のプルーデンス政策の論点を考察する。考察の視座としては，金融危機を抑止するために何が必要かという事前の視座と，金融機関の破綻や金融危機の顕現化に際し，その影響を極小化するために何が必要かという事後の視座が必要である。また，世界金融危機時の政策対応と，その後の金融規制改革において何が問題となったかという視座が不可欠である。

　こうした視座からみると，考察すべき論点は，①マクロ・プルーデンス政策の導入，②中央銀行の「最後の貸し手」（Lender of Last Resort；LLR）機能の変容，③金融当局の情報生産機能の改善，④ミクロ・プルーデンスにおける是正指導の強化，⑤金融規制・監督，市場規律，動機間の機能的相互補完の向上，⑥破綻処理制度の改善，⑦決済システムなど金融インフラの高度化である。以下では，世界金融危機後のプルーデンス政策のあり方をめぐって注目度の高いマクロ・プルーデンス政策（第3節），および中央銀行のLLR機能の変容（第4節）をやや詳しく考察した後，第5節でその他の論点を取り上げる。

　考察に先立ち，これらの論点の多くは，次の①から④に示したとおり，世界金融危機以前からその必要性が指摘されていたことに言及しておきたい（大山，2009）[1]）。

①金融システムを安定化させるためには,マクロ的な観点から市場全体のリスクを分析し,早期に適切に対応する(マクロ・プルーデンス政策)必要がある。それには中央銀行が適任である(山口,1997)。また,非預金金融機関,企業財務を含むシステミック・リスクに注意すべきである(Ryback, 2006)。

②通信技術の発展,金融取引の複雑化,金融市場の統合により,リスクが各国金融機関の間に急速に伝播する可能性が高まっている。このため,個々の金融機関がリスク管理を高度化させたとしても,システミック・リスクは将来高まると認識すべきである。こうした状況下,各国当局の国際的な連携が重要である(Corrigan, 1992;IMF, 1995)。

③金融派生商品は金融機関のリスク内容を急速に変化させ,金融機関経営と金融システム全体に対し重大な影響を及ぼしうる。このため,金融派生商品取引が多い大手金融機関の経営内容に注意を払うべきである(Spillenkothen, 1996)。

④金融システム上重要な金融機関にToo Big To Failを認めるのであれば,それらの金融機関が通常の金融機関よりも高い自己資本比率,高率の預金保険料の支払等の代価を支払うことによってその適用を可能とすべきである(Cargill and Mayer, 1991)[2]。

また,高木(2009)が指摘するとおり,金融・通貨危機を防止するためIMFによる監視を強化せよという提言は,1994年のメキシコ危機直後から繰り返し述べられてきた。実際にIMFは,加盟国の金融システムの脆弱性の早期発見を目的とするFinancial Sector Assessment Program(FSAP, 金融部門評価要領)を,世界金融危機が発生する前の1999年5月に導入済みである。

---

1) 金融規制のプロシクリカリティ,すなわち,バーゼルⅡにおける自己資本比率規制,金融商品の時価会計などが,リスク許容度の低下や貸出の抑制などを誘引し,金融機能や実体経済の循環を増幅させる効果を有することについても,以前から議論されていた(IMFとHong Kong Monetary Authorityが2004年11月に共催したConference on Managing Procyclicality of the Financial Systemなど)。

2) これは,金融システム上重要な金融機関に対し,他の金融機関よりも厳格な規制・監督を行うという,世界金融危機後の金融規制改革に通じる考え方である。

これらの事実は，金融危機の誘因となるリスクを，仮に金融当局や国際機関が認識していたとしても——とくに金融機関の業況が良好な場合——その是正は容易ではないという経験則を示しているといえよう。

第3節　マクロ・プルーデンス政策の導入

本節では，世界金融危機を受けて提起されたプルーデンス政策上の諸論点のうち，マクロ・プルーデンス政策を考察する。

[欧米におけるマクロ・プルーデンス政策の導入]

世界金融危機の経験をふまえ，金融システムの安定性を維持するためにはミクロ・プルーデンスだけでは十分でなく，マクロ・プルーデンスを体系的な政策として導入すべきであるとの認識が高まった（Blanchard, 2010）。こうした状況下，39の先進国・地域のうち29か国・地域がマクロ・プルーデンス政策を導入するに至っている（IMF 等，2016）。

マクロ・プルーデンス政策の導入で先行する英国では，中央銀行である Bank of England が，企業債務／収益比率等のデータ指標や市場情報等の分析に基づいてシステミック・リスクを評価し，これに基づいてマクロ・プルーデンス政策を企画し，カウンターシクリカル資本バッファー等の政策手段を執行するという体制が整備されている。

EU では，European Systemic Risk Board（ESRB，欧州システミック・リスク理事会）が，EU 各国当局等からデータや市場情報を徴求し，EU 金融市場のシステミック・リスクが顕現化すると評価される場合，EU 各国当局等に対して政策勧告を行う。また，European Central Bank（ECB，欧州中央銀行）は，マクロ・ストレステストやモデル分析を行い，システミック・リスク管理上必要と判断する場合，自己資本バッファーの引き上げ等の措置を各国金融当局に勧告する。

米国では，Financial Stability Oversight Council（FSOC，金融安定監視評議会，議長：財務長官）が新設され，金融システムの安定性に対する脅威の点検，統合リスク管理に関する規制基準の提言等を担う体制が整備されている。

図表7-1　先進国におけるマクロ・プルーデンス当局

中央銀行（総裁または理事会が政策決定）	中央銀行（中央銀行内の専担組織が政策決定）	合同委員会（独立した協議会が政策決定）
イタリア，シンガポール，スイス，スウェーデン，ニュージーランド，ノルウェー，ベルギー，ポルトガル等17か国・地域	英国（BoE総裁を議長とするFinancial Policy Committeeが決定）	アイスランド，オーストリア，韓国，デンマーク*1，ドイツ，フランス，米国，マルタ*1等11か国・地域

＊1：中央銀行総裁が委員長を務める国を示す。
出所：IMF等（2016）

[マクロ・プルーデンス政策の担い手としての中央銀行]

　マクロ・プルーデンス政策を担う組織としては，金融政策を遂行するための金融・経済分析のノウハウや，金融調節や決済システム運営を通じた金融市場に関する知見を有することに鑑み，中央銀行が適格であるとの認識が一般化しつつある。マクロ・プルーデンス政策を導入している29の先進国・地域をみると，中央銀行がマクロ・プルーデンス政策を担う国・地域が多い（図表7-1）。

　このうち，中央銀行総裁または理事会がマクロ・プルーデンス政策を決定する国（イタリア等）と，中央銀行内にマクロ・プルーデンス専担の委員会を新設し，金融政策との利益相反に顧慮しつつマクロ・プルーデンス政策を決定する国（英国）に分類される。また，中央銀行の外部に複数の当局から構成される合同委員会を設置し，これにマクロ・プルーデンス機能を附与する国についても，中央銀行総裁が委員長を務める国（デンマーク等）や，中央銀行総裁が委員会に参加し重要な役割を担う国（米国等）など，マクロ・プルーデンス政策における中央銀行の役割が重視されている。この間，マクロ・プルーデンス政策が中央銀行以外の当局によって担われる国（オーストラリア等）や，複数の金融当局に分散されている国（カナダ等）は，少数である。

　中央銀行に対するマクロ・プルーデンス機能の附与に関連して注目されるのは，米国下院金融サービス委員会が金融規制改革の一環としてFRBに金融システム全体を監督する（マクロ・プルーデンス）権限を附与すべきかをめぐり，学者・実務家6名を招聘して行った公聴会における議論である[3]。

Mishkinコロンビア大学教授に代表される賛成の立場は，金融政策とマクロ・プルーデンス政策の互恵作用を重視し，「マクロ経済を安定させるFRBの使命は，金融システムの安定を確保する役割と適合している。FRBは金融政策を遂行するため，金融市場や金融システムに関する多くの情報を有し，市場動向を監視し，システミック・リスクを注意喚起できる立場にある」と主張した (Mishkin, 2009)[4]。

　これに対し，Taylorスタンフォード大学教授に代表される反対の立場は，「FRBが金融システム全体の監督機能を有すると，物価の安定を維持するという中央銀行の使命が希薄化し，また金融政策との利益相反の問題が生じる。物価の安定のために金利引き上げが必要であっても，金融機関経営に対する配慮のために低金利を維持する誘惑が生じうる」という利益相反を重視するものである (Taylor, 2009)。

　結局のところ，FRBにマクロ・プルーデンス権限を附与すべきかをめぐる上記の賛否は，中央銀行による銀行監督の適否をめぐる従来の議論と大差ない。これは，この問題が結局は比較考量によって決めざるをえないことを示しているといえよう。

　なお，中央銀行がマクロ・プルーデンス政策権限を直接に有しない場合，中央銀行はマクロ・プルーデンス政策にいかに関与すべきであろうか。中央銀行と金融監督当局を分離する体制の下では，金融市場の状況，金融規制・監督に関する国内外の政策，金融システムに内在するリスクに関する定期的な意見交換など，両者間の緊密な連携が必要である。こうした連携に基づき，中央銀行がモニタリングを通じて得たリスク事象に関する情報，マクロ・プルーデンスのリスク分析結果を金融監督当局に開示し，マクロ・プルーデンス政策を勧告するという方法が考えられる[5]。

---

3) 2009年7月9日，米国下院金融サービス委員会小委員会において，Frederic S. Mishkin（コロンビア大学），John B. Taylor（スタンフォード大学），Allan H. Meltzer（カーネギーメロン大学），Laurence Meyer（元FRB理事）ら6名が証言した。

4) Mishkin教授は同証言において，「マクロ・プルーデンスを担う主体から行為規制の機能を分離すべきである。消費者保護の監督者に必要なスキルや考え方と，金融システムの監督者に求められるそれは根本的に異なる」と述べている (Mishkin, 2009)。

[マクロ・プルーデンス政策の枠組み]

　マクロ・プルーデンス政策は，金融システムに内在するシステミック・リスクを，時系列的な変化と市場横断的な分布という二つの評価軸から分析し，可変的自己資本比率等の政策手段を動員して対応することにより，金融システムを安定化させる手法である。

　金融システムを不安定化させうるシステミック・リスク事象としては，信用膨張による資産価格の高騰，特定の部門に対するエクスポージャーの急増，金融機関の同調的なリスク・テイキングの前傾化，企業・家計負債の急増など非金融部門の財務内容の著しい変化などが挙げられる。マクロ・プルーデンス当局は，与信残高の対 GDP 比率やインタレスト・カバレッジ・レシオ等これらのリスク事象を表象する情勢判断指標を選択し，トレンドからの乖離，理論値からの乖離，成長率など実体経済の動向との乖離，市場参加者相互間の取引関係の歪みの有無などの観点から分析する[6]。

　金融システムを不安定化させるシステミック・リスク事象に対し，当局は，自己資本バッファー，LTV（担保掛目）比率など金融機関行動に影響を及ぼす政策手段を操作する（図表7-2）[7]。例えば，金融機関によるリスク・テイキングが過度に前傾化しているとマクロ・プルーデンス当局が判断した場合

---

5) わが国では，日本銀行は物価の安定のほか，金融システムの安定（信用秩序の維持に資すること〔日本銀行法第1条第2項〕）を目的としているが，金融規制・監督は金融庁の権限である。こうした状況下，わが国では，2014年6月に「金融庁・日本銀行連絡会」を設置し，自己資本バッファーを調整する場合は，同連絡会の協議を経ることとされた。
　　また，日本銀行はマクロ・プルーデンスの視点から金融システムの分析を行い，『金融システムレポート』として公表している。2011年10月からは，マクロ・ストレステストを用いた金融システムの安定性評価などシステミック・リスク分析を拡充している。
6) マクロ・プルーデンス当局の情勢判断指標としては，与信残高の対 GDP 比率やインタレスト・カバレッジ・レシオ（事業利益と金融費用比率の比率）のほか，不動産価格等資産価格およびその対 GDP 比率，不動産等の資産取引回転率，部門別与信残高（不動産関連融資等），対企業・家計信用増加率，企業債務の対収益比率，家計債務の対所得比率，金融資産・負債構成（金利更改期間，返済期日・満期，通貨別構成）等が挙げられる。
7) LTV 等については第6章の脚注18を参照。

図表7-2 システミック・リスク事象，同指標，マクロ・プルーデンス政策手段

リスク事象	監視対象となる指標	割り当てられる主な政策手段
資産価格の高騰エクスポージャーの急増	不動産価格 株式価格 与信/GDP比率 資産取引回転率	・可変的自己資本比率(自己資本バッファー，レバレッジ比率等) ・不動産融資LTV（担保掛目）比率 ・DTI（債務／所得）比率
エクスポージャーの集中	大口投融資 部門別信用増加率	・与信集中限度（連結基準で設定)[9] ・部門別資本賦課
流動性の低下	預貸率	・安定的資金調達比率
リスクの偏在	金融機関間貸借 デリバティブ取引	・可変的自己資本比率(自己資本バッファー，レバレッジ比率等)

出所：Osiński (2013); 宮内 (2015); 小立 (2017) 等を参考に著者作成

には，自己資本バッファーにより所要自己資本を引き上げる[8]。また，不動産関連与信など特定の部門に対する投資が過熱している場合は，部門別資本賦課や，不動産担保融資の担保掛目を調整するLTV比率などの手段が適用可能である。このように，マクロ・プルーデンス政策の長所は，金融政策との相反を克服しつつ（後述），問題となるシステミック・リスク事象に照準を合わせたピンポイント的な割当が可能なことである。

[金融システムをめぐる金融政策とマクロ・プルーデンス政策の相克と補完]

多くの国において，中央銀行の政策目標は物価の安定と金融システムの安定である（図表7-3)[10]。物価の安定のため，中央銀行は政策金利や公開市場操作等を用いた金融政策を割り当てる[11]。

ところが，金融政策は金融システムに副作用を及ぼし，この面から物価の安定と金融システムの安定に相反が生ずる可能性があることが指摘されてい

---

8) バーゼル銀行監督委員会における自己資本比率規制などの見直し（バーゼルⅢ）の一環として，各国プルーデンス当局は自己資本バッファーを設定する（第1章の[自己資本比率規制]を参照)。
9) 関係会社を迂路とした信用リスク・テイキングを制御するため，連結基準で設定する。
10) 例えば日本銀行は，物価の安定のほか，金融システムの安定（信用秩序の維持に資すること〔日本銀行法第1条第2項〕）を目的としている。

図表7-3 金融政策，プルーデンス政策の体系

	政策目標	主な情勢判断指標	主な政策手段
金融政策	物価の安定	総需要，生産，物価，企業業績，通貨，金利，資産価格，国際収支	・公開市場操作 ・政策金利 ・信用供与
マクロ・プルーデンス政策	金融システムの安定	資産価格，信用増加率，インタレスト・カバレッジ・レシオ，資産取引回転率，企業債務/収益比率	・自己資本バッファー ・部門別資本賦課 ・レバレッジ比率 ・担保掛目

出所：著者作成

る（Nier and Kang, 2016等）。例えば，金融緩和政策（とくに長期にわたる金融緩和）は，①金利低下が高い期待収益を求める投資家に高リスク投資を行う動機を附与すること，②金融緩和に伴う資産・担保価値の上昇が投資家のリスク許容度を引き上げること，③流動性の増加が金融機関のリスク・テイキングを前傾化させること，④金融危機時に能動的に対応する中央銀行の行動が投資家に暗黙の保証を与えることなどにより，資産バブルを助長する可能性がある（Nyberg, 2010）[12]。また，金融引締政策は，金利上昇に伴う債務者（企業・家計）の利払い負担の増加，生産・所得の減少に伴う企業・家計の返済能力の低下，資産・担保価値の低下による企業・家計の信用力の低下をもたらし，これらが債務不履行リスクを高める（IMF, 2013）。

このように，金融政策が金融システムに副作用を及ぼす場合，マクロ・プルーデンス政策を金融システムの安定に割り当てることにより，物価の安定

---

[11] 金融システムが不安定化した場合，金融危機管理の一環として，中央銀行は政策金利の引き下げなど通常時の金融政策手段を動員して対応することがある（第2章第2節を参照）。

[12] 祝迫（2010）は，「1980年代以降の先進国の経験は，インフレ期待を非常に低く抑えたままにする，実物経済を刺激するのに十分な金融緩和を行う，資産価格バブルを起こさない，という三つの政策目標を同時に達成するのは極めて困難であることを強く示唆している。実物経済に効率的な投資機会が十分存在しない時に，低インフレに強くコミットしつつ金融政策によって実物経済を強く刺激することは，金融システム内の金余り現象を引き起こし，それはしばしば資産バブルを引き起こす」と指摘している。

図表 7-4　金融政策の副作用とマクロ・プルーデンス政策による対応

金融政策が金融システムに及ぼす副作用		マクロ・プルーデンス政策対応
金融緩和	金融機関・企業等のリスク・テイキングを前傾化させる ―金融機関の与信基準の弛緩 ―投資家の高レバレッジ投資の増加[16] 資産価格を上昇させる ―信用供与，流動性の増加による不動産価格の高騰	・可変的自己資本比率の最低基準を引き上げる ・自己資本バッファーの上乗せを求める ・LTV（担保掛目）比率，DTI（債務/所得）比率の上限を設定する
金融引締	企業・家計の債務不履行リスクを高める ―金融引締による有効需要・所得の低下や金利上昇に伴う債務者企業・家計の元利払いの困難化 ―資産・担保価格の低下に伴う企業・家計の信用力の低下	・可変的自己資本比率の最低基準を引き下げる ・自己資本バッファーの取り崩しを容認する

出所：IMF 等（2016）に基づき筆者作成

と金融システムの安定の相反を克服することが理念的には可能である（図表7-4)[13][14]。例えば，金融緩和による資産価格の高騰がみられる場合には，自己資本バッファーの上乗せや不動産担保融資における LTV 比率の上限設定などにより対応することができる。

　中央銀行がマクロ・プルーデンス政策を担い，これを金融システムの安定に割り当てることにより，金融政策が金融システムに及ぼす副作用を低減しつつ，金融政策の自由度を高め，その機動性・有効性を改善することが期待できる。これはマクロ・プルーデンス政策の意義の一つであるといえよう[15]。

---

13) これは，「N 個の独立した政策目標を達成するには，少なくとも N 個（同数）の手段がなければならない」というティンバーゲンの定理の単純な応用である。
14) ミクロ・プルーデンスは，個々の金融機関の問題を是正・処分する手法であるため，金融システム全体を対象に金融政策の副作用を軽減する手段としては有効性を欠く。
15) Bernanke（2010b）は，「プルーデンス政策によって金融システムを安定させれば，金融政策は経済・物価の安定という目標に専念できる」と述べている。
16) ここでレバレッジ（財務レバレッジ）とは，自己資本収益率を高めるテコ（leverage）として銀行借入や社債等の負債（他人資本）を用い，自己資本だけの投資より高い収益を狙う投資行動である。レバレッジの高い投資には高い期待収益と高いリスクが伴う。

この間，中央銀行が金融政策を金融システム安定化という目標に割り当てる際には，場合を分けて考える必要がある。まず，物価と金融システムの目標が同方向である場合には相反は生じない。例えば，物価と資産価格の高騰をともに抑制する場合には，政策金利の引き上げ等金融引締を行う[17]。

　一方，金融政策とマクロ・プルーデンス政策の情勢判断が異なる場合（例えば，金融危機対応のため政策金利の引き下げが求められるが，期待物価上昇率が十分低下していない場合）には相反が生じうる。こうした状況下における金融政策の金融システム安定化への割当は，金融危機に対応するための緊急避難的に，時間軸を設定した上で行う場合にのみ正当化できるであろう。

　また，金融システムの安定化手段としての政策金利の調整は，blunt tool（切れ味の悪い手段）であるとの主張が少なくない（Bernanke, 2010b 等）。これは，システミック・リスク事象であるリスク・テイキングの前傾化，資産価格の理論値からの乖離などに対し，政策金利の調整が有効に機能するかは疑問であるためである。ことに，資産バブルの形成過程における投資家の期待収益率は高く，その行動を変更するためには政策金利の大幅な調整を要し，生産・雇用の減少など実体経済面の高いコストを伴う。このような場合には，政策金利とは別の，資産価格等への効果が大きい政策手段を用いて対処することが適切である（Svensson, 2010）。

　このようにみてくると，金融システム安定化に固有のマクロ政策手段が存在しない場合，中央銀行は困難に直面することが容易に想像される。マクロ・プルーデンス政策の導入により，物価の安定と金融システムの安定の相反を回避しつつ，資産価格の高騰や過剰なレバレッジなどのシステミック・リスク事象に対応することができる[18]。例えば，政策金利を低位に維持しつつ，資産価格の高騰を是正するため，自己資本バッファーにより所要自己資本を引き上げ，信用供与の拡大に歯止めをかけるといった操作が可能となる。

---

[17] ただし，この場合でも望ましい政策金利の引き上げ幅が，物価の安定の観点と金融システムの安定の観点で異なる可能性は残る。

[ミクロ・プルーデンスとマクロ・プルーデンスの協同]

マクロ・プルーデンス政策の導入に伴い，多くの国・地域では，ミクロ・プルーデンスとマクロ・プルーデンスの双方をプルーデンス政策の手立てとして併用する体制となった。こうした体制の下では，ミクロ・プルーデンス担当組織とマクロ・プルーデンス担当組織の間で，金融システムの安定のための協力が必要となる。EUを例としてみると，ミクロ・プルーデンスを担当するESAs（欧州金融監督機構）とマクロ・プルーデンスを担当するESRB（欧州システミック・リスク理事会）との間で，ESAsはESRBにミクロ・プルーデンス情報を提供し，ESRBはESAsにシステミック・リスクに関する勧告を行うという協力体制が構築されている[19]。

さらに，金融システムの安定性を維持するためには，ミクロ・プルーデンスとマクロ・プルーデンスが相互補完的に機能することが必要である。例えば，金融機関の信用膨張により資産価格が高騰している場合，ミクロ・プルーデンスによる対応としては，金融機関の検査・モニタリングを通じ，融資基準など金融機関のリスク管理を点検し，必要な是正指導を行う。しかし，信用膨張期には通常，金融機関の収益や自己資本は増加し，資金繰り面でも問題は生じない。また，金融機関に法令・規則や内部規程違反がない限り，行政処分を行うことは通常できない。このため，この段階ではミクロ・プルーデンスによって金融機関行動を変化させることは容易ではなく，システミ

---

[18] これは，金融政策の運営と金融システムの安定性が無関係であることを意味しない。金融政策が金融市場や金融機関行動を通じて効果を及ぼす以上，金融システムの安定性は金融政策が有効に機能するための重要な前提条件である。

　この点に関し白川（2009）は，中央銀行は，金融政策運営においても，マクロ・プルーデンスの視点をもち，物価と金融的な不均衡という両方のレンズを通じてマクロ経済を点検する必要があると述べている。これは，①高成長，低インフレ，低金利という良好な経済環境の下で流動性はいつでも望むだけ調達できるという感覚が生まれ，これが過剰なレバレッジや期間ミスマッチを通じてバブル発生の大きな原因となった，②短期的な物価動向だけをみて金融政策を運営すると，経済の大きな変動を招来し，ひいては中長期的に物価安定を毀損する可能性があるという認識に基づくものである。このように，金融政策において金融システムの安定性は重要な前提条件であるという認識は多くの中央銀行に共通しているといえよう。

[19] 第6章第3節を参照。

図表 7-5 信用膨張期のミクロ／マクロ・プルーデンスの政策対応

リスク事象	ミクロ・プルーデンス	マクロ・プルーデンス
・融資・投資の著しい増加 ・資産価格の急激な高騰 ・リスク・テイクの前傾化 ・過度に楽観的な経済予想 ・融資・投資基準の弛緩 ・企業・家計の債務の増加	金融機関の検査・モニタリングを通じ： ―金融機関のリスク認識を高め、貸出抑制など経営方針を慎重化させる ―融資・投資基準など金融機関のリスク管理を点検し、是正指導を行う	金融システムの耐性を強化するため： ―自己資本バッファーの上乗せを求める ―レバレッジ比率を引き上げる ―LTV（担保掛目）やDTI（債務/所得）比率に上限を設ける

出所：Osiński 等（2013）に基づき筆者作成

ック・リスクが顕現化する蓋然性が高い場合には、自己資本バッファーなどのマクロ・プルーデンスによって対応することが考えられる（図表7-5）。

[マクロ・プルーデンス政策に対する批判と対応]

マクロ・プルーデンス政策は、内容に差はあるものの各国で実施に移されている。しかしその一方で、一部の研究者や実務家の間では、マクロ・プルーデンス政策に対する批判がある[20]。こうした批判は、以下のように整理することができよう（宮内、2015）。

①マクロ・プルーデンスの有力な論者であるBorio（2003）等の、「ミクロ・プルーデンスは金融システムの安定を看過していた。よってマクロ・プルーデンスが必要である」という認識は、そもそも誤りである[21]。

②マクロ・プルーデンスの政策手段は、LTV（担保掛目）規制などにみられるように、金融機関の動機や期待形成を織り込まず、金融機関行動の細部に介入する単純なトップ・ダウン指令的な規制色が強い。このため、金融機関のリスク管理を改善する意欲を削ぎ、金融機関の期待形成を混乱させ、かえって金融システムを不安定化させる可能性がある。

---

20) マクロ・プルーデンス政策に対する批判については、宮内（2015）第6章を参照。
21) ミクロ・プルーデンス政策の目的は、金融機関の健全性を通じて金融システムの安定を図ることである（第1章第1節の［ミクロ・プルーデンス、マクロ・プルーデンス］を参照）。

③マクロ・プルーデンス重視は,プルーデンス政策をミクロとマクロを二分させ,ミクロとマクロの有機的連関を看過し,システミック・リスクを効果的に抑止できなくなる可能性がある。

④世界金融危機以前から国際機関等が行ってきたマクロ・ストレステストをはじめとするマクロ的なモニタリングは,危機の予測と対応に役立たなかった。これは,金融危機の原因を織り込むと極端なシナリオに基づくテスト結果となってしまい,金融機関に対して説得的でなくなるためである。

以上の批判に対しては,次のように指摘することが可能であろう。①の点については,マクロ・プルーデンス政策を導入した各国は,こうした誤解に基づいて行動したわけではない。②の点は,規制・監督に共通する問題であり,マクロ・プルーデンス政策に固有の問題ではない。③の点については,マクロ・プルーデンス政策を採用した当局の運用姿勢をみると,ミクロとマクロをことさらに対立させているわけではない。むしろ,EU の ESAs と ESRB にみられるとおり,ミクロ・プルーデンス情報の提供とマクロ・プルーデンスの観点からの勧告という形で,相互の連携を重視している。④の点については,マクロ・ストレステストによって金融危機を直接に予測することは難しいとしても,金融当局と金融機関の双方に金融危機への問題意識を喚起する端緒となる(宮内,2015)。

こうした状況下,各国金融当局や国際機関は,マクロ・プルーデンス政策を実践する中でその効果を検証しつつ,各国におけるマクロ・プルーデンス政策の経験を共有することにより,実効的なマクロ・プルーデンス体制の整備を進める方針である(神田,2016)[22)]。

第4節　中央銀行の「最後の貸し手」機能の変容

世界金融危機は,中央銀行の「最後の貸し手」(Lender of Last Resort;LLR)機能を大きく変容させた。以下では,LLR 機能に関する従来の考え方を整理した後,世界金融危機に対応する過程で変容した LLR 機能を考察する[23)]。

［LLR機能に関する従来の考え方］

　中央銀行のLLR機能のあり方については、19世紀後半にWalter Bagehotが、①支払能力を有する（solvent, 債務超過ではない）金融機関に対してのみ、②良質な担保により保全し、③相対的に高い金利を賦課し、④金額に上限を設けることなく、実行されるべきであるとする「Bagehot（バジョット）原則」を唱えた[24)25)]。Bagehot原則は、中央銀行による流動性供給の基本原理として、理論と実務に大きな影響を与えてきた。Bagehot原則をふまえ、Goodfriend and King（1988）は、中央銀行が貸出を用いて問題銀行を救済することを批判し、「中央銀行貸出は、健全な銀行が一時的な流動性不足のため債務不履行に陥ることを防止するためにのみ用いるべきである。このためには、流動性不足（illiquidity）と支払不能（insolvency）を区別する必要がある。また、金融市場は効率的であり、中央銀行が民間銀行より情報生産で優位にあるとはいえない。個々の金融機関への流動性の分配は金融市場の機能に委ね、中央銀行は市場全体の流動性管理に専念すべきである」と主張した。

　こうしたGoodfriend and King（1988）に代表される議論に対しては、Freixas（2009）により、①中央銀行は検査やモニタリングを通じ、金融機関・市場の動向を知悉しうる以上、中央銀行が民間銀行より情報生産で劣位

22）黒田（2017）は、「マクロ・プルーデンス政策手段や制度的な枠組みの整備は進んできていますが、マクロ・プルーデンス政策手段を実際に、効果的かつタイムリーに運用していくことは容易な課題ではありません。まず、監督当局や中央銀行が、金融システムの過熱や停滞の兆候を適切に把握することが大前提となります。また、発動する際には、政策の発動から効果が顕現化するまでのタイムラグや、規制の対象外となっているセクターへの効果の漏出、不動産市場に関しては住宅関連税制といった他の政策領域との関係調整など、数多くの問題が指摘されています。このように、新たに導入されたマクロ・プルーデンス政策手段の効果については、まだ十分にテストされているとは言えず、実践と検証を積み重ねていく必要があると考えています」と述べている。

23）世界金融危機以前におけるLLR機能をめぐる議論については、熊倉（2008）第3章「中央銀行とLLR機能」を参照。

24）Walter Bagehotは、英国のエコノミスト誌の編集長で、1873年に刊行された*Lombard Street: A Description of the Money Market*でLLRの考え方を広く普及させた。

25）上乗せ金利の適用は、Bagehotが唱導した時代には、金本位制の下でBoE自身にも流動性制約がある中で、不必要な流動性供給を排除することが目的であった。現在では、モラル・ハザード防止の観点から有用性が認められてきた。

にあるとはいえない，②個々の金融機関がカウンターパーティ・リスク，流動性リスクに対する警戒的な姿勢を一斉に取ることにより，自己実現的に市場流動性を低下させる可能性があるという反論がなされている。また，Goodhart（1987）は，銀行の資産変成機能，部分的準備制度に起因するリスクが金融システム全体を不安定化する可能性を根拠に，銀行が健全か不健全かを問わず，金融システムはLLR機能により保護されるべきであると主張している。

この間，LLR機能の担い手である中央銀行の考え方をみると，主要国の中央銀行は，LLR機能の活用に一定の要件（システミック・リスクが顕現化するおそれ，中央銀行の財務健全性の維持，他のすべての選択肢の検討等）を課しつつ，弾力的に対応しうる余地を残してきた（三重野，1995）。

それでは，対象金融機関の支払能力（solvency）をめぐる中央銀行のLLR機能のあり方は，どのように考えるべきであろうか。まず，社会的費用からみて閉鎖・清算が許容できない金融機関がないとはいえないであろう。このため，他に破綻を抑止する手段がない場合，LLR機能は支払能力を有する金融機関のみを対象とすべきであるという主張を貫くことは実務上不可能と考えられる。

金融市場の効率性については，1990年代後半のアジア通貨危機や今次の世界金融危機において，情報の非対称性に起因するカウンターパーティ・リスク認識の高まりと，これに伴う市場流動性の急速な枯渇が発生したことに鑑みれば，金融市場が常に効率的とはいえないことは明らかである。

このように考えると，中央銀行のLLR機能を支払能力がある（solvent）金融機関に限定することは，実務的にも理論的にも適切ではないと思われる。こうした見方は，世界金融危機の初期における象徴ともいうべき英国のNorthern Rockの破綻によっても支持されることとなった[26]。

---

26) Northern Rockは，当時の英国で業容第8位の銀行であったが，資金繰りが悪化し，2007年9月には預金者による取り付けに見舞われた。同行はBOEによる緊急的な流動性支援を受けた後，2008年2月に国有化された。

[世界金融危機での流動性支援に見られる LLR 機能の変容]

　世界金融危機の初期における象徴的なケースとなった Northern Rock の破綻は，中央銀行の LLR 機能に重要な教訓を残した（BoE, 2009）。すなわち，Northern Rock の事例は，中央銀行が LLR として流動性支援を行う場合，支援対象である金融機関の問題が liquidity（流動性，資金繰り）なのか，solvency（資産超過か債務超過か）なのかを限られた時間内に判断するのは，極めて難しいことを示した（BoE, 2009）。Northern Rock のケースは当初 liquidity の問題であるとうかがわれたが，solvency の問題を抱えていたことが事後的に判明した。こうした背景には，金融機関の財務は，先行きの金融環境のほか，金融機関の蹉跌により融資先企業が行き詰り，これが当該金融機関の不良債権を増加させるというループも考えられる。このため，中央銀行が緊急流動性支援を行う際に solvency の評価を求めれば，現時点のみならず先行きを勘案するという困難な判断を求めることになる。金融システムが不安定な中，緊急の危機対応に迫られる中央銀行がこうした判断を即時に合理的に下しうるかは極めて疑問である。

　また，世界金融危機に対応して各国中央銀行が行った流動性支援をみると，通常より低格付の CP を受け入れるなど適格担保が拡大され，また適用金利も弾力化され，事実上 Bagehot 原則から踏み出している（図表7-6）。

　さらに注目すべき点としては，図表7-6に示された支援のうち，CP や社債等の買取はマーケット・メイクとしての性格を有することである[27]。今次の世界金融危機では，金融市場でカウンターパーティ・リスク懸念が強まり，金融機関相互間の取引が急減した。このため，各国中央銀行は，金融機関から CP や社債等を買入れ流動性を供給することにより市場機能を維持した。このように，中央銀行は世界金融危機への対応の一環として，自らが能動的に取引先となって約定を成立させる「最後のマーケット・メイカー」（Market Maker of Last Resort）機能を担うに至った。

　また，第5章第1節でみたとおり，2007年12月の FRB と ECB およびスイス国民銀行とのドル資金スワップ契約を皮切りに，2011年には FRB，

---

[27] マーケット・メイクは第2章の脚注51を参照。

図表 7-6　世界金融危機における中央銀行の流動性支援

中央銀行	名称	直接の相手方	担保／買取対象	上乗せ金利
FRB	Term Auction Facility	預金取扱金融機関	窓口貸出適格担保	無
	Primary Dealer Credit Facility	プライマリー・ディーラー	投資適格証券	無
	ABCP MMMF Liquidity Facility	預金取扱金融機関	A-1格以上のABCP	無
BoE	Asset Purchase Facility	市場操作相手先，保険会社等	一定要件を満たす国債，CP，社債	有
	ターム物供給	預金取扱金融機関	通常適格担保，住宅ローン，証券化商品（一定格付以上）	無
BoC	Term Loan Facility	預金取扱金融機関	非モーゲージ貸出	無
Riksbank	企業金融支援ファシリティ	預金取扱金融機関	通常より低格付（A-2格等）のCP	無

参考：Term Auction Facility (TAF) 等については，図表5-1を参照。BoC は Bank of Canada（カナダ中央銀行），Riksbank はスウェーデン中央銀行。
出所：各国中央銀行ウェブサイト等

ECB，BoE，日本銀行など6中央銀行が多角的通貨スワップを締結するなど，各国中央銀行はスワップ網を構築し，外貨資金供給オペレーションによって金融機関の外貨資金繰りを支援した。こうした通貨スワップ網に基づく外貨資金供給は，国際金融業務の拡大や各国金融市場の連関を背景に，中央銀行のLLR機能が「国際的な最後の貸し手」(Global Lender of Last Resort) 機能に発展する必然性があったことを示す。

　このように，世界金融危機を経てLLR機能は，「最後のマーケット・メイカー」機能および「国際的な最後の貸し手」機能という新たな側面を担いつつ変容した。この点につきGoodhart (2009) は，「世界金融危機において，金融システム上重要な金融機関の無秩序な破綻は，経済全体に深刻な影響をもたらすことが改めて認識された。このため，中央銀行は，当該金融機関が支払不能（債務超過）である可能性があっても，銀行以外の金融機関に対しても，適格担保が徴求できなくとも，信用供与が長期間に及ぶ可能性が高くとも，流動性支援を行わざるをえない局面がありうる。中央銀行は，金融システム上重要な金融機関が流動性不足に陥らないよう，保険を与える機能を

果たしていると解釈すべきである」と指摘し、「Bagehot 原則は死にかけている」と述べた。

　以上みてきたとおり、世界金融危機を経て、中央銀行の LLR 機能は、Freixas（2009）が述べているように、①平時においては、良質の担保で保全した公開市場操作によって流動性供給を行い、社会的費用から破綻が容認できない金融機関に例外的な支援を与える、②システミック・リスクが高まった際には、金融システムの安定性からみて重要でない小規模な金融機関を除き、適格担保がなくとも、また solvency の問題があったとしても、金融システムの安定性を維持する唯一の手段である限り、原則としてすべての金融機関を支援対象とすることが、各国中央銀行や研究者の間ではほぼ共通認識となったものと思われる。

第5節　世界金融危機が提起したその他の論点

　本節では、今次の世界金融危機が提起した、プルーデンス当局の情報生産機能の向上、破綻処理制度の整備などの諸論点を考察する。

［プルーデンス当局の情報生産機能の向上］
　金融システムの不安定化を抑止する、ことに金融危機の初期段階における政策対応により金融危機を防止するためには、金融機関に内在するリスクと金融システムに内在するリスクを、プルーデンス当局が的確に認識することが前提となる。この中核的な手段となるのは、検査・モニタリングによる金融当局の情報生産である。検査・モニタリングは、個別金融機関の経営内容などミクロ・プルーデンスのみならず、マクロ・プルーデンスにおいても、当局の最も重要な情報生産手段である。マクロ・プルーデンスの情勢判断は、金融市場データの分析・監視のみならず、個別金融機関の経営・財務情報に対する当局のアクセスがあってはじめて可能である[28]。

---

28) 世界金融危機では、BoE が個別金融機関の情報にアクセスできなかったことがシステミック・リスクの認識を遅らせた。

ミクロ・プルーデンスのための検査・モニタリングでは，企業統治の機能度をはじめ金融機関の経営・リスク管理の点検が重要である。個別金融機関の財務内容の悪化，金融危機には，金融機関における内部規律の弛緩，リスク管理の弱体化が先行する。これは，邦銀の不良債権問題など1990年代の金融危機や世界金融危機において，金融機関の経営・リスク管理の脆弱性が金融機関の財務内容の悪化を招来し，ひいては金融危機につながったことに鑑みれば明らかである。世界金融危機においては，その初期段階で住宅ローンの与信規律が弛緩するなど信用リスク管理の基本が問題をはらんでいた。また，経営によるガバナンスの不全など経営・リスク管理の弛緩がみられた（第5章第2節を参照）。

　資産バブルの形成期など個別リスクが増嵩する段階では金融機関の自己資本比率，資産内容などの財務指標は良好であり，これらを理由とする是正指導が困難であることはすでに指摘したとおりである。この点からも，個別金融機関の健全性，ひいては金融システムの安定性の先行指標としての経営・リスク管理を点検し，金融機関の健全性を保持することは，リスク重視検査の限度があるにせよ，引き続きプルーデンス当局の重要な任務である。

　マクロ・プルーデンスのモニタリングにおいては，資産価格などの情勢判断指標のほか，レバレッジの状況などにつき，金融機関のみならず家計・企業の財務を点検することが必要である。これは，アジア通貨危機の誘因となった「二重のミスマッチ」が企業財務に形成されていたことや，世界金融危機の初期段階において元利払い能力が乏しい家計の債務が増加したことなどに基づく。金融取引に伴うリスクが家計・企業財務に内在し，これが家計・企業の財務・経営内容を弱体化させ，ひいては金融機関の資産内容の悪化や金融システムの不安定化につながる可能性は否定できない。これは，マクロ・プルーデンス政策の観点から企業・家計の財務内容に目配りをする必要性を示唆している[29]。

---

[29] わが国において近年，金融取引に伴い企業等の財務内容が悪化した事例として，オプション売買の組合せなど高レバレッジの金融派生商品取引において，多額の損失を計上したり破綻した中小企業や学校法人があった。

［ミクロ・プルーデンスの是正指導の改善──実効的なリスク重視検査］

　経営・リスク管理が個別金融機関の健全性の先行指標であるという認識は，これまでの金融危機の発生過程からみても支持される。この認識に基づくリスク重視検査は合理的な検査手法であるといえる。

　しかし，資産内容，収益，自己資本など財務内容が良好な段階では，金融機関には経営・リスク管理を改善する動機が乏しい。また，財務内容が良好な金融機関に対しては，検査における経営・リスク管理面での指摘は十分な説得性をもたず，経営・リスク管理の不備を是正するよう金融機関を動機づけることは困難である（第3章第1節，第5章第2節）。このため，個別的な金融リスクが増嵩しているものの，金融機関の財務内容が劣化していない金融危機の第1段階において，金融機関の財務内容の悪化，金融危機の顕現化を防止するためには，リスク重視検査を如何に実効的ならしめるかが課題となる。

　金融機関に経営・リスク管理を改善する動機を附与しつつ，リスク重視検査の実効性を強化する手立てとしては，経営・リスク管理に関する検査評定が低い金融機関に対し，貸倒引当率等の規制比率や検査の頻度を高く設定するなど，検査評定と規制・監督をより強くリンクさせることが効果的であろう。また，検査結果を示す総合評定の算定において，経営・リスク管理のウェイトを引き上げ，この評定結果に基づいて是正指導，必要な場合は処分を行うことも考えられる[30]。

　また，中央銀行が金融機関検査を行う場合には，検査結果と中央銀行取引・与信条件をリンクさせることにより，金融機関に経営・リスク管理の是正に向けた動機づけを行うことが考えられる。すなわち，中央銀行が行う検査において，経営・リスク管理が改善を要すると判断された場合，中央銀行による与信条件，適格担保の範囲・掛目などを検査結果に応じて調整し，金融機関が経営・リスク管理を改善するよう動機づけることが考えられる[31]。

---

30) 検査技術的な工夫としては，自己資本，資産内容などの財務内容が良好であっても，リスク・経営管理の内容に問題があると検査当局が判断した場合，ストレス・テストや下方シナリオを用いた収益シミュレーションなどを金融機関に提示し，リスク管理の改善を促す方法がある。

ただし,金融システム全体の不安定化に対処するため,個別金融機関の経営・リスク管理水準にかかわらず中央銀行が流動性支援を行うべき場合があることに留意が必要である。

[金融システムのインフラ整備——清算機関の拡充]

世界金融危機の後,個別金融機関の破綻などのショックに対する金融システム全体の耐性の向上のため,金融取引,清算・決済にかかるインフラ整備の必要性が唱えられている。個別金融機関による決済不履行の連鎖を遮断することは,金融システムの安定性を維持する上で重要な要素である。このための手段の一つとして,清算機関を経由した金融取引・決済の拡充がある。

清算機関は,有価証券,先物・オプション取引等において,売買の相手側に代わり,商品の受渡し,資金の受払について債務引受を行い,決済履行を保証する主体(セントラル・カウンターパーティ)である[32]。決済に係る債務の履行を担保するため,清算参加者は未決済残高等に応じた取引証拠金を預託する。取引の一方当事者が決済不履行に陥っても,その相手方は清算機関との間で資金・商品の決済機会を確保できる。このため,決済不履行の連鎖を遮断しうるほか,カウンターパーティ・リスク制御の枠組みとしても有効である。また,清算機関が受渡資金・商品のネッティングを行うことにより決済件数・金額を削減し,金融システム全体としての決済リスクを削減する効果がある。世界金融危機時のわが国においては,清算機関が決済不履行による損失を金融システム全体に波及することを防止し,システミック・リスクを制御する手段としての清算機関の有効性が改めて認識された[33]。

---

31) 検査結果と中央銀行取引条件のリンクは,自己資本,資産内容など,経営・リスク管理以外の検査項目における改善に向けた動機附与の手段としても適用可能である。
32) ここでいう債務引受は,取引の当事者(売り手,買い手)同士の取引を,清算機関を相手とする取引に置き換える行動である。
33) わが国における清算機関としては,日本証券クリアリング機構(株式等の取引所取引の清算機関),日本国債清算機関(国債店頭取引の清算機関)が存在する。世界金融危機の渦中におけるリーマン・ブラザーズ証券(日本法人)破綻時には,これら2社が未決済約定を処理し,同社が預託していた金銭等により損失をカバーした(日本銀行,2009a)。

世界金融危機の後，バーゼル銀行監督委員会等により，店頭デリバティブ取引の清算機関を通じた決済集中の促進や，清算機関を介さない店頭デリバティブ取引の証拠金規制などを内容とする改革が行われた[34)35)36)]。

このように清算機関を経由する市場取引が増加すると，信用リスク，事務リスクなど清算機関に内在するリスクが増加する。このため，清算機関に対する監視を強化する必要がある。これらの清算機関は，中央銀行の取引先となり，中央銀行による監視・監督を受けつつ，流動性支援を受けることが望ましい[37)]。

[破綻処理制度の整備]

今次の世界金融危機後の金融規制改革では，破綻処理制度の改善が重要な案件となった。破綻処理制度を構築する上では，個別金融機関の破綻に伴う金融システムや実体経済への影響を極小化しつつ，公的支援に対する期待から発生するモラル・ハザードを抑止する工夫を要する。また，預金金融機関のみならず，システミック・リスクを顕現化させうる保険会社などのノンバンクについても通常の企業倒産処理とは異なる破綻処理制度が必要である。

破綻処理制度に必要な機能としては，破綻金融機関の承継金融機関への資産負債・事業を譲渡する権限，株主の同意無しに処理対象金融機関の資産・業務を売却する権限，納税者負担を回避するため（少なくとも大幅な）債務

---

34) 店頭デリバティブ取引とは，証券取引所などの取引所を介さず，顧客と金融機関との相対で取引される金融派生商品取引（スワップなど債券等の原資産から派生した金融商品の売買等）である。

35) 店頭デリバティブ取引の清算機関を通じた決済集中の促進は，2009年9月のG20声明を受け，証券監督者国際機構（International Organization of Securities Commissions〔IOSCO〕，世界各国・地域の証券監督当局や証券取引所等から構成される国際機関）等の場で検討され，米国ではドッド・フランク法，わが国では金融商品取引法で施行されている。

36) 清算機関を介さない店頭デリバティブ取引の証拠金規制については，IOSCO等がガイドラインを公表し（2013年，2015年），取引相手が破綻した場合に想定される影響額をカバーできる証拠金を取引相互間で授受すること等を規定している。

37) ドッド・フランク法は，FRBは金融システム上重要な清算・決済機関のリスク管理基準（財務，参加者の破綻対応，担保管理等）を定め，金融市場に影響するリスク等を実査し，是正措置を勧告すると規定している。

超過に陥る前段階で破綻処理を発動する権限，処理対象金融機関の基幹的な業務（地域経済または金融システム上重要な預貸業務など）を承継金融機関に移管する権限，不稼働資産を資産管理会社に移管し事業再構築を行う権限，決済不履行の連鎖を回避するため債務を履行する権限などが挙げられる。

破綻処理制度は，金融システムに対する信認を保持し，また破綻処理の際の承継金融機関への資金供与，資産管理会社に対する出資などのため，強固な財務的基盤を有する必要がある。破綻処理のための基金は，規律維持の観点から恒常的に金融機関から徴求し，その料率設定に当たっては，資産内容，リスク管理などの個別金融機関の健全性と，金融機関の金融システム上の重要性を勘案することが必要である。景気変動増幅的（プロシクリカル）な影響を低減させるためには，景気が良好な時に徴収料率を引き上げ，景気悪化時に備えておくことが考えられる。

世界金融危機後の金融規制改革では，公的資金の投入を回避しつつ，大手金融機関の Too Big To Fail 問題を解決すべく，欧米諸国を中心にベイル・インが導入された[38)39)]。ベイル・インとは，金融機関が破綻した場合，適格債務の株式転換や元本削減を行い，株主のほか小口預金者等を除く債権者の損失負担により処理する破綻処理方策である。SRM（ユーロ圏の単一破綻処理制度）を例にとると，破綻または破綻懸念金融機関は，まず預金保険対象預金などを除く債務（ベイル・イン適格債務）の元本削減または株式転換により資本再構築を行う。破綻金融機関の総債務（自己資本を含む）の８％以上相当額までベイル・インによる処理を行った後，総債務の５％相当額を限度として SRF（SRM の基金である単一破綻処理基金）を用いた処理が認められる。公的資金の使用は，これらの処理を履行したことを条件に認められ

---

38) Too Big To Fail に伴うモラル・ハザードの問題とは，大規模・複雑な大手金融機関は，自らを Too Big To Fail であると認識すれば，破綻時には金融当局から救済されるであろうとの期待を形成する。破綻しても救済されると期待されれば，リスク方針の過度の前傾化や過度に高い金利を提示した資金調達につながるおそれがある。これが Too Big To Fail に伴うモラル・ハザードの問題である。

39) 米国ドッド・フランク法，EU 加盟国を対象とする BRRD（銀行再生・破綻処理指令），ユーロ圏を対象とする SRM（単一破綻処理制度）などで，ベイル・インが破綻処理方策として規定された。わが国でも，預金保険法が改正された。

る。

　このように,世界金融危機後の金融規制改革では,破綻処理に当たり公的資金の投入を回避しようと試みてきた。この背景には,破綻金融機関を処理するため多額の公的資金を投入したことに対する国民的な批判がある。

　しかし,破綻処理における公的資金の投入を排除することは,理論的にも実務的にも疑問である。金融システムが不安定化し,市場の信認が低下すると,市場で情報の非対称性が強く意識され,カウンターパーティ・リスク認識が高まる。このため,民間資本を調達し,自己資本を拡充することは困難となる。こうした状況下,公的当局による信用補完,多くの場合は公的資金注入による資本再構築に依存せざるをえない[40]。

　金融機関の拠出による破綻処理基金を設定しておくとしても,実際の破綻処理に十分な額を準備できるかどうかは疑問である。例えば,ユーロ圏銀行の破綻処理費用を負担するSRFでは,2023年末までに550億ユーロを拠出する計画であるが,これは邦貨換算額で7.4兆円に過ぎず,邦銀の不良債権処理におけるわが国預金保険機構による資金援助累計額が25.5兆円に上ることに鑑みても十分とはいえないであろう[41]。

　邦銀の不良債権処理から今次の世界金融危機に至るまで,公的資金を投入することなく処理しえた金融危機は存在しない。世界金融危機後,ベイル・インが導入された後の欧州においても,BRRD（銀行再建・破綻処理指令）が規定する予防的資本再構築（precautionary recapitalization）等により公的資金を投入して破綻処理を行った事例がある[42][43]。破綻処理における公的資金の投入を過度に制限することは,破綻処理制度への信認をかえって損なう

---

[40] 北欧銀行危機時のスウェーデンにおいて,銀行の不稼働資産を資産管理会社に移管するに当たり,政府がリスクを取らない限り,民間出資を誘引することは困難であったため,資産管理会社は100％国有とされた（Ingves, 1999）（第4章第1節を参照）。

[41] 1992〜2017年度における預金保険機構による資金援助は,金銭贈与19.0兆円,資産買取6.4兆円,貸付・債務引受0.1兆円の計25.5兆円である。

[42] 予防的資本再構築とは,BRRD（銀行再建・破綻処理指令）の規定により,金融システムの安定性を維持し,実体経済に対する深刻な打撃を回避するため,対象銀行が債務超過に陥っておらず,また劣後債を株式転換したことを条件に,例外的な措置として,公的資金の注入により資本を増強する破綻処理方策である。

おそれがある。

[プルーデンス政策，市場規律，動機の整合性][44]
　今後の金融危機管理のあり方を展望する上では，プルーデンス政策が，金融規制・監督の隙間を利用した裁定行動などを誘引しない整合的な体系であると同時に，マクロ／ミクロ・プルーデンスが民間金融機関の動機や市場規律と整合的であることが求められる。こうした観点から，規制・監督体制の設計・運用において，以下の点に留意する必要がある。
　ミクロ・プルーデンスと市場規律および動機との整合性については，金融機関が当局による検査を受けて経営・リスク管理や財務内容を改善し，これが格付，株価，資金調達費用など市場の評価を高め，顧客ベースなど営業基盤の強化や収益性の向上につながるという循環が望ましい。このためには，金融機関の経営・リスク内容の情報開示のほか，検査・モニタリングに当たり信用スプレッドなど市場の評価を織り込んで金融機関のリスクを評価するといった方法が考えられる。
　マクロ・プルーデンス政策の手段としての自己資本バッファー等は，金融システム全体の情勢判断に応じて操作される。このため，個別金融機関のリスク管理，財務内容などの良否は捨象されることとなる。ただ，金融機関のリスク管理改善に向けた動機を毀損しないよう，マクロ・プルーデンス政策における個別的な裁量の可能性につき検討の余地があろう。
　現在欧米を中心に進められている金融制度改革の焦点の一つが，金融シス

---

43) 2016年7月に公表されたEBA（欧州銀行監督機構）のストレス・テストにより資本不足を指摘されたイタリアのモンテパスキ銀行（Banca Monte dei Paschi di Siena.，同国で業容第3位の大手銀行）の場合，公的資金（普通株 Tier 1 比率の8％への再構築など処理費用88億ユーロのうち，政府支出66億ユーロ）を用いた予防的資本再構築による経営再建が行われた（伊豆，2017）。その後2017年6月，イタリアの中小銀行2行（Veneto Banca, Banca Popolare di Vicenza）についても，欧州委員会の承認により公的資金を用いた破綻処理が行われた（優良資産と不良資産に分離し，優良資産を同国銀行2位の Intesa Sanpaolo が政府の資金拠出（52億ユーロ）により買い取った）。
44) 市場規律については，第1章第2節の［金融システムの安定をめぐる市場規律と規制・監督の協同と相克］および第1章の脚注30を参照。

テム上重要な金融機関に対する監視・監督の強化である。これについては先ず、金融システム上重要な金融機関の認定基準が問題となる。金融システムの安定期において、一定の基準の下で金融システム上重要な金融機関を特定することは可能であろう。しかし、金融システムが不安定化し、カウンターパーティ・リスク認識が高まった場合には、小規模な金融機関であっても金融システム上の影響が高まる可能性がある。このためプルーデンス当局は、金融システム上重要な金融機関の認定を固定化せず、追加的な自己資本比率などの対象となる金融機関の適用範囲を必要に応じ弾力的に拡大する権限をもつ必要がある[45]。

また、金融システム上重要な金融機関は、他の金融機関に比べて厳格な健全性規制・監督や、自己資本などに関する追加的な規制が適用される。これは、金融システム上重要な金融機関の倒産確率を低下させ、市場における信用度を高め、資金調達費用の低下など競争条件を有利化させ、業容拡大への動機を附与し、金融システム上の重要性を更に高めるという矛盾に陥る可能性が否定できない。これを抑止するには、金融システム上重要な金融機関の存在を前提とする限り、検査・モニタリングによりこうしたメカニズムが働いていないかを点検し、個別に是正を行うほかないであろう。

［規制裁定］

世界金融危機を含め、金融危機の誘因として指摘されてきたのが、規制裁定である。規制裁定への対応として、翁（2010）は、規制の隙間ができないよう、できるだけ広い範囲に、金融機関の収益に致命的な影響を与えない比較的軽い規制をかけることを提示している。しかしむしろ、規制裁定を抑止するには、業態横断的な監視・監督（銀行・保険など異なる業態を単一の当局

---

[45] この点に関し、Brunnermeier et al.（2009）が、①金融機関の金融システム上の重要性を判断する指標として、レバレッジ、マチュリティ・ミスマッチ、業容拡大のテンポにより金融機関の金融システム上の重要性を判定する、②所要自己資本比率は、金融システム上の重要性のほか、流動性準備の十分性により調整するなど、金融システム上の重要性の判定における弾力性、自己資本規制と流動性規制の有機的な組合せ、十分な流動性保有への動機附与を勘案している点が注目される。

が監視・監督を行う），および業務ベースの監視・監督（銀行・非銀行など業態のいかんにかかわらず，同一の金融業務には同一の監視・監督を行う）がポイントであろう[46]。

　規制裁定に関して問題となるのはシャドー・バンキングである。シャドー・バンキングとは，証券会社など銀行以外の事業体による証券化商品の組成・販売など銀行与信以外の信用仲介業務の総称である。シャドー・バンキングは，銀行が提供できない資金運用手段を開発してきた一方，規制の及ばない分野で高いリターンを追求するという規制裁定を背景に増殖した，システミック・リスクの誘因としての側面を有する（金木，2015）。これは，シャドー・バンキング事業体に固有の問題であることにとどまらず，銀行がシャドー・バンキングを利用して規制回避を行うほか，銀行がシャドー・バンキングの信用補完や流動性補完を行うなど，シャドー・バンキングと銀行部門の連関に伴う問題でもある。

　世界金融危機の後，金融安定理事会（FSB）の提議を受け，銀行のシャドー・バンキングへの関与，証券化などシャドー・バンキングに関する五つの分野に対する規制のあり方がバーゼル銀行監督委員会等により検討されている（須藤等，2015）[47]。銀行のシャドー・バンキングへの関与についてみると，2017年10月にバーゼル銀行監督委員会がガイドラインを発出し，シャドー・バンキング事業体の破綻が銀行部門に波及するリスクを軽減するため，銀行が破綻懸念のあるシャドー・バンキング事業体を支援せざるをえなくなるリスク（「ステップイン・リスク」と呼称される）の大きさ（銀行の自己資本や流動性に及ぼす影響額）を適切に評価・管理し，金融当局の検証を受けることを提言している（佐原，2017）[48]。

---

46) この点に関し，米国の金融監督が，依然として連邦・州レベルで業態毎に異なる当局が監視・監督を行う体制（例えば，保険会社は金融システム上重要なものを除き，州当局が監視・監督を担当する）となっている点は，規制裁定の余地がある点で問題を残したというべきであろう。
47) 証券化については，証券化商品の組成による不適切なリスク移転を防止するため，証券化商品の組成者による一定量のリスクの保持や情報開示を内容とする。

[規制客体の拡大]

米国の金融規制改革のうち，商業銀行の自己勘定取引や，より投機的な取引を制限する「ボルカー・ルール」については，その根拠につきボルカー元FRB議長が，「預送金，貸出，決済など基本的な金融サービスを提供する商業銀行に対してセーフティ・ネットを用意することは公共の利益に合致する。しかし，自己勘定取引や投機的な活動を保護するために公的資金を用いることは不合理である。ヘッジ・ファンド，プライベート・エクイティ・ファンド，顧客のニーズや継続的な対顧客関係と関連しないトレーディングは，預金取扱金融機関に対する公的支援に含めず，自立して存在すべきである」という趣旨説明を行っている[49]。

こうした考え方に対し，金融機関が自己勘定取引を行うことにより，マーケット・メイクにおいて自己のポジションから顧客に良い価格を提供するなど，対顧取引の面でメリットがあることも確かである。ボルカー・ルールの考え方は，こうしたメリットと上記の問題点を比較考量し，後者に重きを置いたといえよう。もっとも，こうした行為規制は，トレーディングの定義など運用いかんによって効果にかなりの幅をもたせうる。また，銀行業務とトレーディング業務を切り離しても，両者間の取引等を通じてトレーディングから生じるリスクが銀行部門に伝播するリスクは遮断し難い。さらに，高リスク業務のみを禁止しても，それ以外で金融危機が発生する可能性は残る。銀行業務の中心である貸出によってシステミック・リスクが生じうることは歴史的に明らかである。したがって，こうした行為規制が金融システムを安定化する効果をどの程度有するかは疑問であるといわざるをえない[50]。

---

48) 既出の金融規制改革のうち，レバレッジ比率の算出に簿外のエクスポージャーを含めることや，ドッド・フランク法が銀行によるプライベート・エクイティ・ファンド投資を原則として禁止していることなどは，シャドー・バンキングを規制する効果を有する。

49) これは，2010年2月2日における米国上院銀行委員会における証言である（Volcker, 2010）。また，同じ委員会において，Wolin財務副長官（当時）は，「自己勘定取引は顧客ではなく，銀行自身の利益のために行われている。セーフティ・ネットがこうした活動に利益をもたらすという仕組みは正当化し難い」と述べている（Wolin, 2009）。

なお，行為規制の一つのあり方として，ナロー・バンクを実現すべきであるとの主張がなされている。ナロー・バンクは，銀行業務の分離を更に拡張し，負債は決済性預金，資産は短期国債等の流動性の高い資産のみを保有する。預金保険は決済機能に特化したナロー・バンクに限定する。その他の金融仲介機能については規制を原則撤廃し，市場規律を徹底させるため預金保険を適用しない。ナロー・バンクは，「破綻の可能性がない安定的な機関」であり，「守るべきところはしっかり守り，競争原理を働かせるところは徹底的に規制を外すというメリハリの効いたシステム」であり，「資源配分が最も効率的に配分される」と主張される（酒井・前多，2004）。こうしたナロー・バンクについては，世界金融危機後の金融制度改革においても，その導入が検討課題となった（Independent Commission on Banking, 2010）。

ナロー・バンクについては，継続企業として成り立つだけの収益を上げうるかという疑問のほか，ITリスクの顕現化による取り付けなどシステミック・リスクがないとはいえない。また，仮にナロー・バンク化によって預金と決済機能の安定のみを図ったとして，決済機能以外の金融業務分野でシステミック・リスクが顕現化し，これによる金融システムひいては実体経済の不安定化をプルーデンス当局が放置できない可能性がある[51]。このようにみると，ナロー・バンクによる金融システム安定化効果は疑問である。

[国際機関の役割]

IMFの国際機関がプルーデンス政策面で果たす役割を考えるに当たっては，金融機関・市場の動きをモニターするためには，多くの市場参加者にいつでも直接聴取できる関係，換言すれば市場との距離の近さが必要である。国際機関にこうした機能を求めることは非現実的である。むしろ，各国における金融システム，市場の動向を横断的・包括的に分析できるというIMF

---

50) ボルカー自身，こうした行為規制は金融システムの安定性のために必要な枠組みの一部に過ぎないと述べている（Volcker, 2010）。
51) 世界金融危機においては，預金者にはほぼ損失が発生せず，決済システムも機能不全に陥らなかったものの，金融システムと実体経済は不安定化するという事象が観察された。

に固有の強みを活かした機能に特化すべきであろう。例えば，各国の金融システムが内包するリスクを，与信・投資の集中，リスク・テイクおよびリスク管理手法の同一化傾向の有無，金融システム上重要な金融機関の行動，市場の相互作用といった観点から横断的に分析すること，時系列的な視点から傾向分析を行うこと，これらに基づいた政策提言を行うことなどが，国際機関の果たすべきプルーデンス機能であると思われる。

第6節　小括

　本章では，マクロ・プルーデンス政策の導入，中央銀行のLLR機能の変容など，世界金融危機を中心に金融危機が提起したプルーデンス政策の論点を検討した。

　世界金融危機を契機として，金融システムを安定させるため，マクロ的な観点から金融市場のリスクを分析し，早期に適切に対応すべく，欧米など各国でマクロ・プルーデンス政策が導入された。マクロ・プルーデンス政策は，マクロ的な経済・金融分析のノウハウや，金融市場に関する知見を有する中央銀行が担う国が多い。

　マクロ・プルーデンス政策は，家計・企業財務を含む経済・金融データや市場情報を用いたシステミック・リスク分析に基づき，ミクロ・プルーデンス政策との協働，金融政策との補完を通じて，金融システムの安定化に寄与することが期待される。先行する英国をはじめ各国でマクロ・プルーデンス政策は実施に移されているが，未だ政策実務の蓄積が乏しく，実践的な政策として確立しうるかどうかは今後の課題である。各国当局は，マクロ・プルーデンス政策の決定過程や効果を検証しつつ，経験を共有することにより，実効的なマクロ・プルーデンス体制を整備する方針である。

　世界金融危機では，システミック・リスクの急速な顕現化に対応すべく，通貨スワップによる外貨の供給など，各国の中央銀行による流動性支援が危機管理手段として需要な役割を果たした。こうした中で，中央銀行のLLR機能は実質的に変容し，「最後のマーケット・メイカー」，「国際的な最後の貸し手」としての機能を包含するに至った。中央銀行のLLR機能は，シス

テミック・リスクが高まった際には，適格担保やsolvencyの問題があったとしても，金融システムの安定性を維持する唯一の手段である限り，原則としてすべての金融機関を支援対象とすることが，各国中央銀行の間でほぼ共通認識となったものと思われる。

　金融危機管理を含む今後のプルーデンス政策のあり方を展望すると，上記のほか政策運営において留意すべき点としては，①プルーデンス当局の情報生産機能の向上，②ミクロ・プルーデンスにおける是正指導の改善，③清算機関など金融システムのインフラ整備，④破綻処理制度の整備，⑤プルーデンス政策，市場規律，動機間の整合性の確保，⑥規制裁定への対応などが重要であろう。

〈終　章〉
金融危機の再発は防止できるか

　本書は，金融危機管理の国際比較分析により，プルーデンス政策上の含意の導出を試みた。金融危機管理の理論的・制度的基礎，危機管理を中心とする中央銀行のプルーデンス機能，金融危機の発展段階と政策対応を整理した後，政策決定過程を中心的な視点とする金融危機管理のケース分析を行った。分析の対象は，1990年代の北欧銀行危機（スウェーデン），アジア通貨危機（インドネシア），邦銀の不良債権問題（日本），および今次の世界金融危機である。また，世界金融危機を契機として欧米諸国を中心に進められている金融規制改革を考察した後，金融危機が提起したプルーデンス政策の論点を検討した。

　[**本書の分析から得られた政策的含意**]
　本書の分析から得られたプルーデンス政策上の含意を要約すると以下のとおりである。政策実務の観点からはいずれも常識的な内容である。
　①金融危機に対するプルーデンス当局の公的介入が，情報の非対称性と負の外部性による市場の失敗によって正当化されうることは，かねてより認識されていた。今次の世界金融危機では，カウンターパーティ・リスク認識の高まりにより市場流動性が急激に枯渇するなど市場機能が毀損した。こうした状況下，中央銀行が信用リスクを取って流動性を供給す

るなど市場機能を代替し，当局による金融危機管理の必要性が再認識された。

②カウンターパーティ・リスク認識の急激な高まりによる金融取引の忌避など，市場価格が公正価値を示す前提が喪失した状況下においては，市場は金融システムの安定に対する桎梏となりうる。この場合，市場性資産の時価評価を一時的に停止する措置は合理的である。

③金融危機管理においては，市場との意思疎通を通じた政策問題の的確な認定，これに基づく政策アジェンダの合理的な設定，政策目的および顧慮すべき政策環境（considerations）と政策手段の整合性，経済合理性の高い危機管理機構の設計（動機整合的で，コア・コンピテンスを極大化させる資産管理会社の組織運営など）が重要である。

④政策問題を的確に認定する上では，金融市場の恒常的・直接的なモニタリングを通じ，市場に内在するリスクと市場心理を正確に把握することが不可欠である。

⑤金融規制・監督の不備は，金融機関行動に与える動機の面からも，金融システムに内在するリスク認識・対応能力の面からも，金融危機の重要な誘因となりうる。このため，規制・監督のあり方を金融・経済の発展段階に照らして常に見直すことが必要である。

⑥世界金融危機後，マクロ・プルーデンス政策の権限附与など各国で中央銀行のプルーデンス機能が拡充されている。これらの中央銀行は，金融政策との互恵作用を活用しつつ，物価の安定と金融システムの安定の両立という責務を担う。なかでも，金融政策とマクロ・ミクロ両面にわたるプルーデンス政策を担うこととなった英国の中央銀行 Bank of England は，歴史的にも重大な権限と責任を担うこととなった。

⑦世界金融危機を契機とする金融規制改革の一環として，多くの国でマクロ・プルーデンス政策が新たに導入された。マクロ・プルーデンス政策は，家計・企業財務を含む経済・金融データや市場情報を用いたシステミック・リスク分析に基づき，ミクロ・プルーデンス政策との協同，金融政策との補完（金融政策の副作用を抑制しつつ，金融政策の自由度を高める）を通じて，金融システムの安定化に寄与することが期待される。今

後は，マクロ・プルーデンスを実践的な政策として確立すべく，経験を蓄積する一方，政策決定過程や実効性を常に検証していく必要がある。

⑧世界金融危機は中央銀行の「最後の貸し手」機能を大きく変容させ，「最後のマーケット・メイカー」，「国際的な最後の貸し手」としての機能を包含するに至った。金融業務が国際的な展開を映じ，システミック・リスクの顕現化によって市場機能が著しく毀損した場合，中央銀行の流動性支援は，従来の指針であった Bagehot 原則を踏み出すべきことが，概ね共通の認識となった。

⑨金融危機管理を含む今後のプルーデンス政策のあり方を展望すると，政策運営において留意すべき点としては，①プルーデンス当局の情報生産機能の向上，②ミクロ・プルーデンスにおける是正指導の改善，③清算機関など金融システムのインフラ整備，④破綻処理制度の整備，⑤プルーデンス政策，市場規律，動機間の整合性の確保，⑥規制裁定への対応などが重要であろう。

［全体を振り返って］

以下では，実務出身者としての感慨を交えた全体的な総括を行う。

世界金融危機以前の各国におけるプルーデンス政策の運営を振り返ると，まず体制面では英国 FSA に代表される統合モデルの採用など，各国は金融業務のコングロマリット化やグローバル化に対応すべく，金融監督体制を改革してきた。ミクロ・プルーデンスでは，リスク重視検査をはじめ金融機関経営を早期に是正する措置を講じ，金融システムの安定を維持しようと試みてきた。この間，銀行の財務体力の根源である自己資本比率規制は，先進国のプルーデンス当局の英知を結集したバーゼル銀行監督委員会が国際統一基準を制定し，数次にわたる改正を経て新興国を含む世界標準となった。一方，金融機関の側でも信用リスクや市場リスクの計量化やストレス・テストの導入などリスク管理を高度化し，財務・経営体質の強化に努めてきた。さらに，各国のプルーデンス当局や金融機関は，資産バブル崩壊後にわが国が直面した邦銀の不良債権問題など，数多くの金融危機から学んできたはずであった。しかし，これらをもってしても，今次の世界金融危機を防止することはでき

なかった。

　世界金融危機後の金融規制改革をみると，マクロ・プルーデンス政策の導入，中央銀行のプルーデンス機能の拡充，金融システム上重要な金融機関に対する自己資本比率等の追加規制，EU銀行同盟など破綻処理を含む国際的な金融監督体制の整備などが進められてきた。こうした新たな施策をみる限り，金融システムの頑健性は向上したと考えてよいであろう。

　金融規制改革の一環として，中央銀行のプルーデンス機能は，ECBに対する銀行監督権限の附与など，各国で拡充されている。なかでも注目されるのはBoEである。英国における金融政策を担ってきたBoEは，個別金融機関に対する健全性規制・監督（ミクロ・プルーデンス）を直接所管する権限を附与されたほか，マクロ・プルーデンス政策の導入・実施で他国に先行している。BoEは，マクロ・プルーデンス政策によって理念的には自由度が増加した金融政策と，ミクロ・マクロ両面のプルーデンス政策を互恵的に運営しつつ，物価（ないし期待物価上昇率）と金融システム双方の座標軸で金融・経済のポジショニングを担う。これは，中央銀行にとって政策実務的にも歴史的にも重大な挑戦である。

　世界金融危機を契機とした金融規制改革は，マクロ・プルーデンス体制の導入など全体としては合理的な内容であると思われる。ただ，①米国のドッド・フランク法が，世界金融危機の一因となった米国における分断・分権的な金融監督体制を根本的には改革していないこと，②EUではマクロ・プルーデンス政策を一元的に担うESRB，銀行・証券・保険を対象とするESAs，ユーロ圏の銀行監督を担うECBから成る重層的な構造となったことなど，監督体制面で懸念が払拭されたわけではない。

　さらに重要な点は，1990年代の北欧，アジアや日本の金融危機，また今次の世界金融危機を振り返ると，金融危機を防止できるかどうかは，監督体制のいかんにかかわらず，プルーデンス当局がシステミック・リスクを的確に認識する能力を有するか否かに依る。プルーデンス当局が検査・モニタリングによって情報を生産し，金融機関に内在する金融システムへの脅威を把握できるか，また金融システムに内在するシステミック・リスクを的確に分析できるかが，金融危機を防止しうるかどうかの第一の分岐である[1]。

世界は20世紀に至るまで多くの金融危機を経験した後，21世紀に至っても金融危機から解放されることはなかった。われわれは今度こそ安定した金融システムを構築できるであろうか。

---

1) 例えば，資産バブルは各国で金融危機の誘因となったが，不動産や株価などの資産価格の高騰がバブルかどうかの判定は容易ではない。これに関し，伊藤・黄 (2010) は，バブル発生の認知の手段として，銀行貸出あるいは資金供給の量と質，キャピタルゲインの対GDP比，資産のファンダメンタルズ価格（理論価格）の推定など，いくつかの指標を提唱している。このうち，日米における地価，株価データを用いた計測結果に基づき，資本還元法を用いて地価等の資産の理論価格を推定し，これと現実価格との乖離を観察することによって，致命的な遅れなしに，ある程度の確かさをもった認知は可能であると論じている。

参考文献

【邦文】

雨宮卓史（2015）「欧州債務危機と銀行同盟―金融システムの安定化と金融市場の統合へ」．『調査と情報』第862号

荒巻健二（2006）「資本取引規制と国際資本フロー」．『PRIディスカッション・ペーパー』No. 06A-22

池尾和人（2010）「金融危機と市場型金融の将来」．『フィナンシャル・レビュー』2010年第3号，5-21頁

伊豆久（2017）「モンテパスキ銀行の救済とベイルイン」．『証研レポート』1705号，26-33頁

伊藤修，黄月華（2010）「バブル発生の認知と膨張の抑止」．伊藤修・埼玉大学金融研究室編著『バブルと金融危機の論点』日本経済評論社，第3章，79-106頁

井樋三枝子（2010）「アメリカ 金融規制改革法」．『外国の立法』No.244-1・2

祝迫得夫（2010）「サブプライム危機の深層と米国金融システムが抱える諸問題」．植田和男編著『世界金融・経済危機の全貌 原因・波及・政策対応』慶應義塾大学出版会，第1章，67-108頁

内野好郎（2008）「インドネシアにおける通貨・金融危機の再考」．『立教経済学研究』第61巻第3号，171-205頁；第4号，227-246頁

大江清一（2010）「銀行検査とバブル」．伊藤修・埼玉大学金融研究室編著『バブルと金融危機の論点』日本経済評論社，第7章，203-232頁

大塚茂晃（2017）「欧州銀行同盟における単一預金保険制度の実現可能性」．『千葉商大論叢』第54巻第2号，213-227頁

大山剛（2009）『世界金融危機後のリスク管理』金融財政事情研究会，21-68頁

岡田功太（2017）「米財務省による金融規制改革提言に関する考察」．『野村資本市場クォータリー』2017年夏号ウェブサイト版

翁百合（2009）「金融規制監督政策におけるマクロプルーデンスの視点―金融危機後の新しい規制体系への模索」．『Business & Economic Review』2009年12月号，157-214頁

翁百合（2010）『金融危機とプルーデンス政策』日本経済新聞出版社，1-170頁

小田信之，清水季子（1999）「プルーデンス政策の将来像に関する一考察：銀行システムの効率性・安定性の両立へ向けて」．『金融研究』第18巻第3号，99-120頁

柏谷泰隆（2005）「金融危機対応の比較分析―1990年代前半のスウェーデンと日本」．村松岐夫編著『平成バブル先送りの研究』東洋経済新報社，第8章，313-338頁

金木利公（2015）「超金融緩和と規制強化がもたらすシャドーバンキングの拡大」．『三井住友信託銀行調査月報』2015年6月号，1-2頁

河合正弘，小関譲，徳丸浩（2004）「東アジアにおける邦銀の経営動向―進出と撤退」．V.

K.アガワル，浦田秀次郎編『アジアにおける日本企業の成功物語』早稲田大学出版部，第3章，69-108頁

神田眞人（2016）「杭州G20サミットと金融規制」．『ファイナンス』2016年10月号，15-19頁

北野友士（2015）「イギリスにおける金融規制監督アプローチの変化と課題」．『金沢星稜大学論集』第48巻第2号，27-35頁

吉川雅幸（1995）「北欧諸国の金融機関救済」．『財界展望』130-153頁

熊倉修一（2008）『日本銀行のプルーデンス政策と金融機関経営』白桃書房

黒田東彦（2017）「頑健な金融システムの構築に向けて—金融危機後の取り組みと今後の課題（預金保険機構・国際預金保険協会国際コンファレンスにおける講演）」日本銀行

国際金融情報センター（1994）「不動産関連不良債権処理への各国金融機関の対応」国際金融情報センター

小谷幸生（1996）「北欧諸国における金融危機と公的支援(1)，(2)，(3)」．『金融財政』

小立敬（2010）「米国における金融制度改革法の成立—ドッド＝フランク法の概要」．『野村資本市場クォータリー』2010年夏号，127-152頁

小立敬（2016）「米国の厳格なSIFI規制と規模に応じた銀行規制—銀行規制システムにおける階層アプローチ」．『野村資本市場クォータリー』2016年冬号ウェブサイト版

小立敬（2017）「マクロプルーデンス政策に関する国際的な動向—実行段階に入ったEU，慎重姿勢の米国」．『野村資本市場クォータリー』2017年秋号，87-109頁

小林慶一郎（2002）「銀行システム危機への政策対応—実証研究および事例研究とその教訓」．『RIETIディスカッション・ペーパー（日本語）』02-J-016

小林襄治（2013）「英国の新金融監督体制とマクロプルーデンス政策手段」．『証券経済研究』第82号，21-39頁

酒井良清，前多康男（2004）『金融システムの経済学』東洋経済新報社

佐久間裕秋（2015）「欧州銀行監督規制改革の現状と課題—銀行同盟をめぐる状況」．『麗澤経済研究』23巻，39-50頁

櫻川昌哉（2006）「金融監督政策の変遷：1992-2005」．堀内昭義編著「金融危機とその対応策の評価」．『フィナンシャル・レビュー』2006年第7号，122-141頁

佐藤隆文（2003）『信用秩序政策の再編 枠組み移行期としての1990年代』日本図書センター

佐藤秀樹（2016）「欧州銀行同盟の方法論—ECB・EBA・FSBの関係を中心に」日本金融学会国際金融部会報告論文

佐原雄次郎（2017）「転機を迎えた国際的な金融規制改革」．『みずほ総合研究所緊急リポート』

清水誠一（2010）「米国の金融規制改革について—金融システム安定へのインプリケーション」日本金融学会中央銀行部会報告

庄司克宏（2014）「欧州銀行同盟に関する法制度的考察」．『法學研究』第87巻6号，94-137頁

白川方明（2008）『現代の金融政策—理論と実際』日本経済新聞出版社，298-320頁

白川方明（2009）「マクロ・プルーデンスと中央銀行（日本証券アナリスト協会における講演）」日本銀行

白塚重典，田口博雄，森成城（2000）「日本におけるバブル崩壊後の調整に対する政策対応」．『金融研究』第19巻第4号，261-322頁

須貝直，平良耕作，中村康治（2015）「シャドーバンキングの現状―金融危機後の国際的な動向と監視・規制に関する取組みを中心に」．『日銀レビュー』2015-J-10

高木信二（2009）「国際金融アーキテクチャーの改革について―G20声明の実現性を考える」．『ESP』2009年1・2月号，39-42頁

デイビス，ハワード，デイビッド・グリーン（五味廣文監訳・野村總合研究所訳）（2009）『金融監督規制の国際的潮流―変革の道標』金融財政事情研究会

徳丸浩（2009）「アジア通貨危機と日本の金融機関行動」．内閣府経済社会総合研究所企画・監修　伊藤元重編著『国際環境の変化と日本経済』（バブル／デフレ期の日本経済と経済政策3）慶應義塾大学出版会，第6章，201-234頁

徳丸浩（2010）「金融危機管理の国際比較」．伊藤修・埼玉大学金融研究室編著『バブルと金融危機の論点』日本経済評論社，第5章，139-168頁

西口健二（2010）「リスク管理を中心とした金融ビジネスの将来展望」．『フィナンシャル・レビュー』2010年第3号，141-178頁

西村吉正（2006）「金融機関破綻処理方式の手法とその変遷」．中北徹・西村吉正編著『金融機関の破綻事例に関する調査』金融庁，14-24頁

西村吉正（2009）「米国発の金融危機と日本の経験」．『ESP』2009年1・2月号，30-33頁

日本銀行（1996）「金融機関の平成7年度決算」．『日本銀行調査月報』1996年8月号，43-57頁

日本銀行（2008）『金融システムレポート』2008年3月号

日本銀行（2009a）『金融システムレポート』2009年3月号

日本銀行（2009b）『リーマン・ブラザーズ証券の破綻がわが国決済システムにもたらした教訓』

日本銀行（2015）「マクロ・ストレス・テストのシナリオ設定について」．『金融システムレポート別冊』

樋口修（1998）「スウェーデンの金融機関救済策―公的資金の導入による金融機関救済型破綻処理の実例」．『外国の立法』No.203，67-111頁

樋口修（2004）「スウェーデンの不良債権処理策」．『レファレンス』No.645，34-55頁

樋渡淳二，足田浩（2005）『リスクマネジメントの術理』金融財政事情研究会

藤田勉（2015）『グローバル金融制度入門』金融財政事情研究会，51-204頁

淵田康之（2010）「システミック・リスクと金融規制・監督」．『野村資本市場クォータリー』2010年夏号，47-75頁

星野郁（2015）『EU経済・通貨統合とユーロ危機』日本経済評論社，173-292頁

松下千明（2011）「EUの金融監督体制の改革　その影響と日EU・EPAへの視座」．『外務省調査月報』No.2，23-43頁

三重野康（1995）「金融システムの安定と日本銀行の役割」．『日本経済と中央銀行』東洋

経済新報社，193-209頁
みずほ総合研究所（2017）『国際金融規制と銀行経営』中央経済社，27-122頁
宮内惇至（2015）『金融危機とバーゼル規制の経済学』勁草書房，287-371頁
山上秀文（2008）『東アジアの新しい金融・資本市場の構築』日本評論社，1-39頁
山口泰（1997）「金融システム不安─日本の経験からの教訓（香港貿易発展局主催コンファレンスにおける講演）」日本銀行
山田能伸（2001）「スウェーデンに見る危機対応─企業価値高め債権を処理」『日本経済新聞』経済教室（2001年6月25日）
若園智明（2015）『米国の金融規制変革』日本経済評論社，49-140頁
若園智明（2017）「アメリカ共和党が考える金融規制」『証券レビュー』第57巻第6号，122-137頁

【英文】

Andersson, M. and Viotti, S. (1999). "Managing and Preventing Financial Crises – Lessons from the Swedish Experience." *Sveriges Riksbank Quarterly Review No.1*, pp.71-89.

Bank Indonesia (1998). "Banking Crisis Resolution: An Experience of Indonesia." Presentation at *SEACEN Seminar on Financial Crisis in the Asian Region*.

Bank of England (2009). "The Role of Macroprudential Policy." A Discussion paper by the Bank of England.

Bank of England (2014). "A Policy Statement: The Financial Policy Committee's powers to supplement captial requitrements."

Bank of England (2015). "A Policy Statement: The Financial Policy Committee's powers over leverage ratio tools."

Bank of England (2017). "News release 28 February 2017 The Prudential Regulation Committee."

Bernanke, B. S. (2010a). "The Public Policy Case for a Role for the Federal Reserve in Bank Supervision and Regulation." *An Official Document to the United States Senate Committee on banking, Housing, and Urban Affairs*.

Bernanke, B. S. (2010b). "Causes of the Recent Financial and Economic Crisis." *Testimony before the Financial Crisis Inquiry Commission*.

Blanchard, O. (2009). "The Crisis: Basic Mechanisms, and Appropriate Policies." *IMF Working Paper, WP/09/80*.

Blanchard, O., Dell'Aricca, G., and Mauro, P. (2010). "Rethinking Macroeconomic Policy." *IMF Staff Position Note, SPN/10/03*.

Board of Governors of the Federal Reserve System (FRB) (2016). *The Federal Reserve System: Purposes and Functions*, pp.54-117.

Borio, C. (2003). "Towards a Macroprudential Framework for Financial Supervision and Regulation?" *BIS Working Papers, No. 128*.

Borio, C., Vale, B., and von Peter, G. (2010). "Resolving the financial crisis: are we heeding

the lessons from the Nordics?" *Norges Bank Working Paper 2010, No.17.*
Brunnermeier, M., Crocket, A., Goodhart, C., Persaud, A. D., and Shin, H. (2009). "The Fundamental Principles of Financial Regulation." *Geneva Reports on the World Economy 11.*
Claessens, S., Ariccia, G. D., Igan, D., and Laeven, L. (2010). "Lessons and Policy Implications from the Global Financial Crisis." *IMF Working Paper, WP/10/44.*
Committee on the Global Financial System (2003). *Credit Risk Transfer.*
Corrigan, E. G. (1992). "Strengthening of International Cooperation between Banking Supervisirs." Presentation at *the 7th International Conference of Banking Supervisors.*
Demirgüç-Kunt, A. and Detragiache, E. (2005). "Cross-Country Empirical Studies of Systemic Bank Distress: A Survey." *IMF Working Paper, WP/05/96.*
Djiwandono, J. S. (2007). "Indonesian Financial Crisis: Some Notes on Lessons Learned and Prospects." Presentation at *Ten Years after the East Asian Crisis,* International Symposium sponsored by the Japan Bank for International Cooperation.
Dournbusch, R. (2001). "A Premier on Emerging Market Crises." *NBER Working Paper, No. 8326.*
Drees, B. and Pazarbaşioğlu, C. (1998). "The Nordic Banking Crisis, Pitfalls in Financial Liberalization?" *IMF Occasional Paper, No. 161.*
Daniel, D. (1998). "Crises in Asia – Macroeconomic Aspects." Presentation at *Annual Seminar for Senior Bank Supervisors from Emerging Market Economies.*
Estrella, A. (2001). "Dealing with Financial Crises: The Central Bank's Took Kit." *Sveriges Riksbank Economic Review, No. 2.*
European Central Bank (2016). *Macroprudential Bulletin Issue 1/2016,* pp.4-24.
European Commission Directorate-General for Economic and Financial Affairs (2009). "Public Finances in EMU – 2009." *Commission Staff Working Document.*
Freixas, X. (2009). "A New LOLR Policy for the Twenty First Century?" Presentation at the Bank of England Center for Central Banking Studies *Forum for Lender of Last Resort, Crisis Resolution and Liquidity Policy.*
Fries, S. M. (1993). "Japanese Banks and the Asset Price Bubble." *IMF Working Paper, WP/93/85.*
Goodfriend, M. and King, R. (1988). "Financial Deregulation, Monetary Policy, and Central Banking." In: Haraf, W. S. and Kushmeider, R. M. (eds), *Restructuring Banking and Financial Services in America,* Washington, D. C.: American Enterprise Institute for Public Research.
Goodhart, C. (2009). "Central Bank Liquidity Provision." Presentation at the Bank of England Center for Central Banking Studies *Forum for Lender of Last Resort, Crisis Resolution and Liquidity Policy.*
HM Treasury (2010). "A New Approach to Financial Regulation: Judgement, Focus and Stability." Consultation Paper Presented to Parliament.

Honohan, P. and Klingebiel, D. (2000). "Controlling the Fiscal Costs of Banking Crises." *World Bank Policy Research Working Paper, No. 2441.*

Independent Commission on Banking (2010). "Issue Paper: Call for Evidence."

Ingves, S. (1999). "Swedish Experience and Solution Procedures of Non-Performing Loan Problem including its Macroeconomic Impact." *Economic Research, No.7.*

Ingves, S. and Lind, G. (1996). "The Management of the Bank Crisis – In Retrospect." *Sveriges Riksbank Quarterly Review, No.1.*

Ingves, S. and Lind, G. (1997). "Loan Loss Recoveries and Debt Resolution Agencies: The Swedish Experience." In: *Banking Soundness and Monetary Policy*, International Monetary Fund.

International Monetary Fund (1993). *International Capital Markets: Systemic Issues in International Finance.*

International Monetary Fund (1995). *International Capital Markets: Developments, Prospects, and Policy Issues.*

International Monetary Fund (2004). "The Netherlands Model of Financial Sector Supervision." *IMF Country Paper, No. 04/311.*

International Monetary Fund (2013). *The Interaction of Monetary and Macroprudential Policies.*

International Monetary Fund (2015). "United States: Financial Sector Assessment Program- Financial System Stability Assessment." *IMF Country Report, No. 15/170,* pp.23-27.

International Monetary Fund (2016). "United Kingdom: Financial Sector Assessment Program- Macroprudential Institutional Framework-Technical Note." *IMF Country Report, No. 16/160,* pp.7-31.

International Monetary Fund, Financial Stability Board, and Bank for International Settlements (2016). "Elements of Effective Macroprudential Policies – Lessons from International Experience."

Kawai, M., Ozeki, Y., and Tokumaru, H. (2002). "Banking on East Asia: Expansion and Retrenchment of Japanese Firms." In: Aggarwal, V. K. and Urata, S. (eds), *Winning in Asia, Japanese Style,* New York: Palgrave Macmillan.

King, M. A. (2010). "Speech by Mervyn King Governor of the Bank of England at the Lord Mayor's Banquet for Bankers and Merchants of the City of London at the Mansion House."

Klingebiel, D. (2000). "The Use of Asset management Companies in the Resolution of Banking Crises: Cross-Country Experience." *World Bank Policy Research Working Paper, No.2284.*

Kohn, D. L. (2009). "Comments on *Interpreting the Unconventional U.S. Monetary Policy of 2007-2009.*" Speech at the Brookings Institution, Washington, D.C..

Koskenkylä, H. (1998). "Recent Banking Crises and Lessons Learned." Presentation at *the International Deposit Insurance Conference.*

Lind, G. (1998). "The Use of Asset Management Corporations in the Swedish Crisis." Presentation at *World Bank and Monetary Authority of Singapore Conference on Global Lessons in Banking Crisis Resolution for East Asia, May 1998.*

Melecky, M. and Podpiera, A. M. (2015). "Placing Bank Supervision in the Central Bank: Implications for Financial Stability Based on Evidence from the Global Crisis." *World Bank Policy Research Working Paper, WPS 7320.*

Meltzer, A. H. (2009). "Regulatory Reform and the Federal Reserve." *Testimony, July 9, Subcommittee on Monetary Policy, House Committee on Financial Services.*

Mishkin, F. S. (2009). "A Systemic Regulator for Financial Markets." *Testimony to United States House of Representatives Subcommittee on Monetary Policy and Technology.*

Nier, E. W. (2009). "Financial Stability Frameworks and the Role of Central Banks: Lessons from the Crisis." *IMF Working Paper, WP/09/70.*

Nier, E. W. and Kang, H. (2016). "Monetary and Macroprudential Policies – Exploring Interactions." *BIS Papers, No. 86.*

Nyberg, L. (2010). "After the Crisis: New Thoughts on Monetary Policy." Speech at Nordea.

Osborne, G. (2010). "Speech at The Lord Mayor's Dinner for Bankers & Merchants of the City of London by The Chancellor of the Exchequer, The Rt Hon George Osborne MP, at Mansion House." London: HM Treasury.

Osiński, J., Seal, K., and Hoogduin, L. (2013). "Macroprudential and Microprudential Polcies: Toward Cohabitation." *IMF Staff Discussion Note.*

Ryback, W. A. (2006). "Macro Prudential Policy: A New Name for Some Old Ways of Thinking?" Presentation at *Macro Prudential Supervision Conference: Challenges for Financial Supervisors.*

Spillenkothen, R. (1996). "Statement by Richard Spillenkothen – Federal Reserve System Banking Supervision and Regulation Director Richard Spillenkothen – Statements to the Congress." *Federal Reserve Bulletin, May 1996.*

Svensson, L. E. O. (2010). "Some Problems with Swedish Monetary Policy and Possible Solutions." Speech at *Fastighetsvärlden's Conference.*

Takagi, S. (2007). "The Legacy of the East Asian Crisis: An Academic Perspective on Four Great Lessons." Presentation at *Ten Years after the East Asian Crisis,* International Symposium sponsored by the Japan Bank for International Cooperation.

Taylor, J. B. (2009). "Monetary Policy and Systemic Risk Regulation." *Testimony before the Subcommittee on Monetary Policy and Technology, Committee on Financial Services, U.S. House of Representatives.*

Turner, A. (2009). *The Turner Review: A Regulatory Response to the Global Banking Crisis.*

UBS (2008). "Shareholder Report on UBS's Write-Downs."
Valukas, A. R. (2010). "Lehman Brothers Holdings Inc. Chapter 11 Proceedings Examiner's Report."
Volcker, P. A. (2010). "Statement of Paul A. Volcker before the Committee on Banking, Housing, and Urban Affairs of the United States Senate."
Wolin N. S. (2009). "Statement of Neal S. Wolin, Deputy Secretary of the Treasury, before the Committee on Banking, Housing, and Urban Affairs, United States Senate."
World Bank (1998). *East Asia: The Road to Recovery*, pp.43-69.

あとがき

　改めて読み返してみると，あたかも塹壕の中で書いたような，エレガントさに欠ける作品だと感じます。二十代の最後に書いた，ほとんど計量経済学のような国際関係学の修士論文の方がよほど美しく見えます。それでも，長年現場実務を経験した研究者にしか書けないこともあるのではないでしょうか。エレガントさに欠ける点はご海容をお願いする次第です。

　情けない話をもう一つ申し上げると，著者が資産バブルや金融危機を経験してわかったのは，「その渦中にいる時は，何が起きているか認識できないものだ」ということです。

　著者が日本銀行で景気分析を担当していた1980年代，わが国では資産バブルが形成されつつありました。今振り返れば，あれはバブルだったと悲しいほど鮮やかに見えるのですが，当時は，「そもそも資産価格は中央銀行マターなのか」などと議論していたのです。バブル崩壊後も，日本経済の低迷があれほど長く続くとは予想できませんでした。わが国が過重債務・設備・人員の解消という後ろ向きの調整に時間を取られる間，新興国企業は目覚ましく発展し，多くの日本企業が世界市場での地位を後退させていったのです。

　アジア通貨危機の際，著者がIMF代表団の一員として訪れたインドネシアではIMFも現地当局も危機の実態を十分に把握できませんでした。IMFは，石を投げればPh.D.に当たる経済学の専門家集団ですが，それでも危機の実態を正しく認識し，その後の展開を予見することはできなかったのです。

　ではどうすればよいのかといえば，万能薬はないのです。謙虚に歴史に学び，知見を積み重ね，データを徹底分析し，最善と信じる策を講ずるほかありません。30年以上も中央銀行や国際機関で実務を経験した挙句，「わからないものだ」とは，われながら情けない限りです。

　本書はこうした非才な著者の作品ですが，ご参考になれば望外の喜びで

す．少なからずあるであろう誤りはご叱正をいただきたいと存じます．
　最後に私事ながら，海外勤務を含め長年共に暮らしてくれた妻の智子に，感謝とともに本書を捧げたいと思います．

徳丸　浩

索　引

（数字の後ろのf, n はそれぞれ図表，脚注であることを示す）

【ア行】

アジア通貨危機　59, 66, 75, 95, 171
安定調達比率　20n, 144n　→ NSFRも参照
エクスポージャー　19f, 143f, 179f
欧州銀行監督機構　152, 197n　→ EBAも参照
欧州金融監督機構　142f, 152, 158f, 183　→ ESAsも参照
欧州金融監督制度　142f, 150, 151f, 152, 158f　→ ESFSも参照
欧州システミック・リスク理事会　142f, 152, 158f, 175, 183　→ ESRBも参照
欧州証券市場監督機構　152　→ ESMAも参照
欧州中央銀行　38, 175　→ ECBも参照
欧州保険年金監督機構　152　→ EIOPAも参照
大口融資規制　15f, 156n
オーバーナイト　22n, 57f
オペレーショナル・リスク　18, 22n
オペレーション　57n, 124f　→ 公開市場操作も参照

【カ行】

外国為替　59, 99, 104n
カウンターシクリカル資本バッファー　19f, 149, 156, 175　→ CCyBも参照
カウンターパーティ・リスク　9, 22n, 57, 187
格付会社　24, 72, 164
貸倒損失　56n, 67, 79, 87n, 111n
貸倒引当・償却　33n, 56n, 67, 109, 111
貸出
　中央銀行による―　15f, 43, 51, 67, 124f
　可変的自己資本比率　17f, 178, 179f, 181
監視　44n
監督　14, 24
規制　14, 24
　―裁定　29, 198
行政処分　17f, 43f, 48
銀行間市場　40n
銀行同盟　141, 151, 153, 158　→ Banking Unionも参照
金融安定化政策委員会　144　→ FPCも参照
金融安定監視評議会　160, 175　→ FSOCも参照
金融安定理事会　12n, 140　→ FSBも参照
金融緩和　41f, 180
金融機関改革救済執行法　160f
金融危機　9, 63
金融規制改革　33, 73, 139
金融規制緩和　164
金融行為規制機構　33, 146　→ FCAも参照
金融システム　7
　―上重要な金融機関　11, 141, 154, 159, 197
　―レポート　178n
金融自由化　76f, 78, 114, 160
金融政策　40, 179
金融仲介機能　65f, 68f, 81f
金融庁　14, 178n

金融引締　41f, 180
金融リスク　63, 64, 126, 192
金利感応度　40
グッドバンク・バッドバンク方式　68, 80, 88
グラム・リーチ・ブライリー法　160f
クリアリング・バンク　53, 71n
グローバルな金融システム上重要な銀行　12n, 162n　→ G-SIBs も参照
景気循環増幅効果　20n　→ プロシクリカリティも参照
決済システム　43f, 60, 126
検査　14, 45, 113, 130, 154, 192
健全性監督委員会　145　→ PRC も参照
健全性監督機構　145　→ PRA も参照
健全性規制　15, 26, 130, 144
コア・コンピタンス　76, 172
行為規制　15, 26, 130, 144
公開市場操作　15f, 43f, 57, 179　→ オペレーションも参照
考査
　日本銀行―　45n, 113
国際決済銀行　18, 140　→ BIS も参照
国際通貨基金　2　→ IMF も参照
「国際的な最後の貸し手」　189
護送船団方式　110n, 113n
コマーシャル・ペーパー　58f, 125f
コングロマリット　27
コンディショナリティ　80, 88, 99n
コンプライアンス　14, 130

【サ行】
「最後の貸し手」　31, 51, 54n, 173, 185　→ LLR も参照
最後のマーケット・メイカー　188
債務／所得比率　149, 179f, 184f　→ DTI も参照
債務超過　18n, 41, 54, 67, 186
先送り政策　77, 85, 117
サブプライム・ローン　72, 123, 126-127
資金不足　51
自己資本　12, 18, 45, 121f, 155
　―バッファー　19f, 143f, 156, 178
　―比率　15f, 18, 66, 150f
　―比率規制　12, 15f, 18, 141
資産管理会社　68, 76f, 90, 120
資産査定　33n, 87n, 113n
資産担保証券　58f
資産内容　17f, 33, 45, 65f, 113, 191
資産バブル　66n, 75, 106, 113, 180
市場規律　24, 109n, 112n, 197
市場の失敗　20
市場リスク　18, 64, 72
市場流動性　9, 21, 65f, 99, 187
システミック・リスク　8, 16, 43, 70, 140, 174, 178
　市場型―　9n
支払能力　41, 51, 125f, 186, 187　→ ソルベンシー, solvency/solvent も参照
支払不能　52, 71n, 189　→ insolvency も参照
資本拠出　43f, 54
資本保全バッファー　19f, 143n
シャドー・バンキング　199
償却原資　56, 76f, 111
証券化　9, 58f, 72, 126, 163
情報生産　43, 45, 69, 186, 190
情報の非対称性　9, 20, 47, 65f, 68, 80, 101
信用供与
　中央銀行による―　43f, 51, 162, 180f
信用補完
　中央銀行・政府による―　53, 81f, 88, 196
信用ライン　53
信用リスク　18, 57, 64, 114, 124f
ステップイン・リスク　199

ストレス・テスト　133, 153, 162
政策金利　40, 56, 107, 124f, 179
政策広報　42, 47, 65f, 102
清算機関　193
世界金融危機　9, 33, 71, 123, 173, 188
セキュラム　83f, 89, 121
是正指導　15f, 48, 65f, 183, 192
セーフティ・ネット　15, 23, 102, 141
セントラル・カウンターパーティ　193
早期是正措置　15f, 50f, 161f　→ Prompt Corrective Action も参照
総損失吸収力　142f, 162　→ TLAC も参照
双頭モデル　27, 30, 33, 144
ソルベンシー　54n　→ 支払能力, solvency/solvent も参照

【タ行】
対外債務　76f, 80, 82, 97f
代表者仮説　21n
単一銀行監督制度　142f, 153, 158f　→ SSM も参照
単一破綻処理基金　195　→ SRF も参照
単一破綻処理制度　142f, 154, 157, 195　→ SRM も参照
単一預金保険制度　154n
担保掛目　149, 178, 184f　→ LTV も参照
中央銀行　7, 14, 27, 37, 64, 123, 140, 144, 176, 179, 185, 192
貯蓄貸付組合　121f, 161f　→ S&L も参照
通貨スワップ　124f, 125, 188
ディスクロージャー　20, 109
適格担保　52, 57, 124f, 188
店頭デリバティブ取引　22n, 194
統合モデル　27, 28, 33, 129, 144
ドッド・フランク法　34, 159, 168f

【ナ行】
ナロー・バンク　201
「二重のミスマッチ」　66, 76, 98, 104, 172
日銀　→ 日本銀行
　―特融　52, 107
日本銀行　37n, 52, 58, 111, 124f
ノンバンク金融会社　162, 168f

【ハ行】
ハイブリッド・モデル　27, 31
バジョット原則　186　→ Bagehot 原則 も参照
バーゼル銀行監督委員会　18, 140　→ BCBS も参照
バーゼルⅠ・Ⅱ・Ⅲ　19
破綻処理　15f, 65f, 68, 141, 194
ハンモック・アプローチ　81f, 87
評定　45, 50, 132, 155, 192
フェデラル・ファンド市場　57f
不稼働債権（資産）　65f, 80, 88, 120, 125f
普通株式等 Tier1　18f, 142f
物価　40, 147, 177, 179
負の外部性　20, 23, 65f
部門別資本賦課　149, 179　→ SCR も参照
プライベート・エクイティ・ファンド　169f, 200
ブランケット保証　65f, 76f, 80, 86
不良債権（資産）　49f, 56, 65f
プルーデンス
　―政策　14, 37, 40, 103, 173, 197
　―当局　14, 20, 63, 190
　マクロ・―　→ マクロ・プルーデンス
　ミクロ・―　→ ミクロ・プルーデンス
プロシクリカリティ　20n, 174n　→ 景気循環増幅効果も参照
ベイル・イン　157, 195
北欧銀行危機　75, 77, 171

ボラティリティ　10, 133
ボルカー・ルール　143f, 163, 169f, 200

【マ行】

マクロ・ストレステスト　156, 175, 185
マクロ・プルーデンス　16, 144, 148, 151f, 156, 175
マーケット・メイカー　58, 188
ミクロ・プルーデンス　16, 144, 151, 154, 183
無税償却　112n
モーゲージ・バンク　127
モニタリング　14, 43, 46, 65f, 154, 190
モラル・ハザード　15, 69, 121, 195n

【ヤ行】

有税償却　112n
ユーロ圏　154
預金金融機関規制緩和・通貨管理法　161f
預金保険　14, 103, 107f, 170f
預金保険機構　7, 14, 65f, 109n, 196

【ラ行】

リーグル・ニール法　161f
リスク・ウェイト　18, 144n
リスク管理　45, 114, 130, 133
リスク重視検査　130, 192
リスク・プレミアム　14n
リスク・マネー　22
リテール・リングフェンス　143f
リーマン・ショック　25, 71n
流動性カバレッジ比率　20n, 143f, 170f　→LCRも参照
流動性供給　14, 39, 52, 65f, 123, 186
流動性リスク　20n, 106

レバレッジ（財務レバレッジ）　181n
レバレッジ比率　19, 143f, 179f
連邦準備銀行　28f, 32, 48
連邦準備制度　28f, 32, 37n, 48, 127
　→Fedも参照
　―理事会　32n　→FRBも参照
連邦預金保険公社　31, 163　→FDICも参照
　―改善法　161f

【アルファベット】

ABCP（Asset-Backed Commercial Paper）125f, 189f
ABS（Asset-Backed Securities）58f
Asset Purchase Facility 189f
Bagehot 原則 186, 190 →バジョット原則も参照
Banking Union 141, 142f, 150, 153 →銀行同盟も参照
BCBS（Basle Committee on Banking Supervision）18, 140, 142f →バーゼル銀行監督委員会も参照
BIS（Bank for International Settlements）18n, 140n →国際決済銀行も参照
BoE（Bank of England）27, 28f, 33, 38, 53, 55, 124f, 142f, 144, 148, 175, 189f
BRRD（Bank Recovery and Resolution Directive）143f, 195n, 196
CAMELS 評定 45n
CCyB（Countercyclical Capital Buffer）149, 150f →カウンターシクリカル資本バッファーも参照
CDO（Collateralized Debt Obligation）72, 127
CFPB（Consumer Financial Protection Board）160, 164, 170f
CP（Commercial Paper）58f, 96, 124f, 188 →コマーシャル・ペーパーも参照
de Larosière 報告 152, 155n
DTI（Debt-to-Income）Ratio 149, 179f, 181f, 184f →債務／所得比率も参照
DVP（Delivery versus Payment）125-126
EBA（European Banking Authority）152, 158f, 197n →欧州銀行監督機構も参照
ECB（European Central Bank）38, 124f, 142f, 151, 154, 159, 175, 188 →欧州中央銀行も参照
EIOPA（European Insurance and Occupational Pensions Authority）152, 158f →欧州保険年金監督機構も参照
ESAs（European Supervisory Authorities）142f, 152, 158f, 183 →欧州金融監督機構も参照
ESFS（European System of Financial Supervision）142f, 150, 151f, 152, 158 →欧州金融監督制度も参照
ESMA（European Securities and Markets Authority）152, 158f →欧州証券市場監督機構も参照
ESRB（European Systemic Risk Board）142f, 152, 158f, 175, 183 →欧州システミック・リスク理事会も参照
EU（European Union）130, 142f, 150, 175
FCA（Financial Conduct Authority）33, 146 →金融行為規制機構も参照
FDIC（Federal Deposit Insurance Corporation）31, 129, 163, 170f →連邦預金保険公社も参照
Fed（Federal Reserve System）32n →連邦準備制度も参照
FIO（Federal Insurance Office）169f
Formal Enforcement Actions 48
FPC（Financial Policy Committee）142f, 144, 146f, 176f →金融安定化政策委員会も参照
FRB（Board of Governors of the Federal Reserve System）28f, 32, 38, 47n, 50f, 124f, 129, 142f, 162, 168f, 176, 188 →連邦準備制度理事会も参照
FSA（Financial Services Authority）25, 28, 129-130, 140, 145n, 146
FSAP（Financial Sector Assessment Program）142f, 174

FSB（Financial Stability Board） 12n, 140 →金融安定理事会も参照
FSOC（Financial Stability Oversight Council） 129, 142f, 160, 168f, 175 →金融安定監視評議会も参照
G7 140n
G20 140
G-SIBs（Global Systematically Important Banks） 12n, 13n, 142f, 162n, 170f →グローバルな金融システム上重要な銀行も参照
IMF（International Monetary Fund） 76, 95, 174, 201 →国際通貨基金も参照
IMF-Supported Program（IMFプログラム） 95n, 100, 103
Insolvency 186 →支払不能も参照
LCR（Liquidity Coverage Ratio） 20n →流動性カバレッジ比率も参照
Letter of Intent 99n, 103
Living Will 141, 143f, 161
LLR（Lender of Last Resort） 51n, 173, 185, 188 →「最後の貸し手」も参照
LTV（Loan-to-Value）Ratio 149, 178, 184 →担保掛目も参照
management integrity 51
MBS（Mortgage-Backed Securities） 124f
NSFR（Net Stable Funding Ratio） 20n →安定調達比率も参照
OCC（Office of the Comptroller of the Currency） 31, 129, 168f
OCR（Office of Credit Ratings） 164, 169f
OFR（Office of Financial Research） 168f
OLA（Orderly Liquidation Authority） 163
OLF（Orderly Liquidation Fund） 163

PDCF（Primary Dealer Credit Facility） 124f
PRA（Prudential Regulation Authority） 145, 146n, 148 →健全性監督機構も参照
PRC（Prudential Regulation Committee） 145, 146f, 147 →健全性監督委員会も参照
Prompt Corrective Action 50n →早期是正措置も参照
Riksbank 77n, 82f, 189f
RMBS（Residential Mortgage-Backed Securities） 72, 127
RTC（Resolution Trust Corporation） 90n, 120, 161f
S&L（Savings and Loan Association） 121f, 161f →貯蓄貸付組合も参照
SCR（Sectoral Capital Requirements） 149, 150f →部門別資本賦課も参照
SEC（U. S. Securities and Exchange Commission） 30n, 129, 164
SIFIs（Systemically Important Financial Institutions） 11, 13 →金融システム上重要な金融機関も参照
Solvency/Solvent 41, 186, 187, 190 →支払能力も参照
SRB（Single Resolution Board） 157
SREP（Supervisory Review and Evaluation Process） 155
SRF（Single Resolution Fund） 157, 195 →単一破綻処理基金も参照
SRM（Single Resolution Mechanism） 142f, 154, 157, 195 →単一破綻処理制度も参照
SSM（Single Supervision Mechanism） 142f, 153, 158 →単一銀行監督制度も参照
Supervisory Board 155
TAF（Term Auction Facility） 124f

TARP（Troubled Asset Relief Program） 125f, 169f
Tier1, Tier2 18, 59, 143f
TLAC（Total Loss Absorbing Capacity） 142f, 162 →総損失吸収力も参照
Too Big To Fail 13, 141, 159, 195
VaR（Value at Risk） 9, 10n, 72, 133

■著者紹介

徳丸　浩（とくまる　ひろし）
立命館大学国際関係学部教授。博士（経済学）。
1955年生まれ。1979年東北大学法学部卒業，同年日本銀行入行。調査統計局，国際大学大学院留学，IMFアジア局出向，世界銀行金融セクター開発局出向，金融機構局等を経て，2012年より現職。

主な論文・著書に，*Winning in Asia, Japanese Style*（共著，Palgrave Macmillan, 2002年），『国際環境の変化と日本経済』（共著，慶應義塾大学出版会，2009年），『バブルと金融危機の論点』（共著，日本経済評論社，2010年）などがある。

きんゆうき　き　かんり　　せいこう　　しっぱい
金融危機管理の成功と失敗

2018年9月25日　第1版第1刷発行

著　者——徳丸　浩
発行者——串崎　浩
発行所——株式会社　日本評論社
　　　　　〒170-8474　東京都豊島区南大塚3-12-4
　　　　　電話 03-3987-8621（販売）-8601（編集）
　　　　　https://www.nippyo.co.jp/
　　　　　振替 00100-3-16
印刷所——精文堂印刷株式会社
製本所——牧製本印刷株式会社
装　幀——神田程史
検印省略　Ⓒ TOKUMARU Hiroshi 2018
ISBN978-4-535-55922-6　　　　　　　　　　　　　　Printed in Japan

JCOPY <（社）出版者著作権管理機構　委託出版物>
本書の無断複写は著作権法上での例外を除き禁じられています。複写される場合は，そのつど事前に，（社）出版者著作権管理機構（電話 03-3513-6969，FAX 03-3513-6979，e-mail: info@jcopy.or.jp）の許諾を得てください。また，本書を代行業者等の第三者に依頼してスキャニング等の行為によりデジタル化することは，個人の家庭内の利用であっても，一切認められておりません。